云南民族大学社会学学术文库

边疆与现代性

老挝西北部阿卡人社会变迁的民族志

Frontier and Modernity: An Ethnographic Account of the Social Change among the Akha in Northwest Laos

李云霞 著

天津出版传媒集团

天津人民出版社

图书在版编目(CIP)数据

边疆与现代性：老挝西北部阿卡人社会变迁的民族志 /
李云霞著. -- 天津：天津人民出版社，2023.8
（云南民族大学社会学学术文库）
ISBN 978-7-201-19269-7

Ⅰ. ①边… Ⅱ. ①李… Ⅲ. ①民族志—研究—老挝
Ⅳ. ①K334.8

中国国家版本馆 CIP 数据核字(2023)第 057929 号

边疆与现代性：老挝西北部阿卡人社会变迁的民族志
BIANJIANG YU XIANDAI XING LAOWO XIBEI BU AKAREN
SHEHUI BIANQIAN DE MINZU ZHI

出　　版　天津人民出版社
出 版 人　刘　庆
地　　址　天津市和平区西康路 35 号康岳大厦
邮政编码　300051
邮购电话　(022)23332469
电子信箱　reader@tjrmcbs.com

策划编辑　王　康　吴　丹
责任编辑　李佩俊
封面设计　汤　磊

印　　刷　河北鹏润印刷有限公司
经　　销　新华书店
开　　本　710 毫米×1000 毫米　1/16
插　　页　5
印　　张　15
字　　数　210 千字
版次印次　2023 年 8 月第 1 版　　2023 年 8 月第 1 次印刷
定　　价　158.00 元

献　给

我的父亲李建新，哈尼族名洛则（1953—2010 年），一位从不惧怕改变的哈尼帕。

"云南民族大学社会学学术文库"
总序

　　植根边疆,砥砺学术;深入田野,耘获真知。"云南民族大学社会学学术文库"即将在天津人民出版社付梓发行,内心充满欣慰与期待。

　　云南民族大学社会学院成立于2019年,其社会学专业办学的历史可以追溯至20世纪90年代,近30年风雨兼程,创造了云南省乃至我国西部地区的诸多第一。1998年,云南省首家社会学硕士学位授权点在云南民族大学生根发芽,至2013年结出硕果,云南民族大学社会学成为我国西部地区第一个社会学一级学科博士学位授权点。2017年,云南民族大学社会学获准设立省级博士后科研流动站;2019年,获批设立国家级博士后科研流动站;2020年1月,社会学专业入选教育部"双万计划"首批国家级一流本科专业建设点。云南民族大学社会学学科形成了由本科至硕士研究生、博士研究生及博士后的完整的教学科研培养体系,云南民族大学也成为全国首家实现民族学、人类学、社会学"三科并立"的高校。在教育部第四轮学科评估中,云南民族大学社会学一级学科进入B-,为我国西部地区排名第一。在2022年的云南省高校本科专业综合评价中,云南民族大学社会学院的社会学、社会工作、人类学三个专业均排名全省第一。

　　为进一步加强社会学学科建设,我们不仅整合校内相关学科资源,设立社会学系、社会工作系、人类学系,还特别重视学术研究,积极申请建设省部级研究平台,推出一系列有深度、有特色、有价值的研究成果。云南民族大学社会学院的专任教师中,有中组部"万人计划"哲学社会科学领军人才、中宣部国家文化名家暨"四个一批"人才、人事部等七部委"新世纪百千万人才工程"国家级人选、首批云岭学者、享受国务院特殊津贴专家、教育部"新世纪优秀人才支持计划"入选者、云南省万人计划青年拔尖人才、中国宗教学会副会长、中国社会学会常务理事、教育部高等学校社会学类专业教学指导委员会委员、国家社科基金项目会议评审专家和通讯评审专家等。

云南民族大学社会学院教师在主持国家社科基金项目、发表学术论文、出版专著、获取省部级各类奖励等方面，当之无愧地位列云南民族大学各教学部门中的第一梯队。近5年，社会学院教师共主持和完成各类科研课题50余项，其中国家级项目20余项，包括国家社科基金重大项目2项、重点项目5项、省部级项目20余项；在《中国社会科学》《社会学研究》《民族研究》《世界宗教研究》等刊物公开发表论文300余篇，多篇被《新华文摘》列为封面要目并全文转载，荣获省部级各类奖励30余项。在边疆、民族、宗教相关的社会问题研究领域成绩斐然，在咨政研究方面取得优异成绩。

社会学院建成了总面积达600平方米的6个社会学类专业实验室。其中，社会学类专业定量分析室1个、社会工作综合实验室1个、社会工作VR虚拟仿真实验室1个、社会心理学实验室1个，建有1个省级联合培养基地、15个教学科研实习研究基地，形成了教学、研究、服务三位一体的教育培养模式，在本科和研究生教学中彰显了学校"立足边疆、服务边疆、服务民族团结繁荣发展"的办学方针。特别是社会学一级学科博士授权点设置了应用社会学、人类学、社会管理与社会政策等3个专业方向。其中，应用社会学专业下设的宗教社会学、民族社会学、环境社会学3个研究方向，经过长期凝练，具有鲜明的学术特色；人类学专业下设的西南边疆地区社会文化研究方向，社会管理与社会政策专业下设的边疆民族地区社会管理与社会政策研究方向，也突出了边疆性与民族性。

"云南民族大学社会学学术文库"计划出版17部专业学术著作，荟集我校社会学、社会工作、人类学专业教师的最新学术成果，充分体现学校与学院的办学特色、研究风格。文库的出版，对于我校社会学科发展和专业建设具有重要的支撑作用，也必将进一步推动我校社会学院教学、科研和人才培养等各项事业迈上新的台阶。当然，文库还存在不足之处，恳望专家学者和广大读者提出宝贵意见，为云南民族大学社会学学科的发展出谋划策！特别感谢为文库出版付出辛勤工作的出版社同仁！期望云南民族大学社会学院师生推出更多更好的学术成果！

张桥贵

云南民族大学校长、教授、博士生导师

2022年7月

前　言

本书通过于2008年至2011年之间发生在琅南塔省的"橡胶热"这一棱镜,来探讨老挝西北部的社会变迁。在对外贸易、投资以及发展的合力催化下,老挝在西北部山区开始了一系列疆域化实践,而将罂粟地变为橡胶地就是其中的举措之一。橡胶热从一个方面来讲与老挝的国家建构进程相并行,从另外一个方面来讲对于农村生活产生了巨大影响。我的关注对象在于,生活在老挝西北部地区、逐渐从以自给自足为导向的农业生产方式向以市场为基础的经济转型的阿卡人。通过问题化"边疆"这一概念,我将促进橡胶种植广泛传播的人际关系层面纳入思考。我认为边疆是个多重接触与互动的地带,并且激发了物质和情感层面的多种可能性和渴求。

琅南塔省橡胶种植的急速攀升得益于中国与老挝历史上的商贸和流动,以及长久的民族纽带。然而橡胶热也反映了更为广泛的全球进程:老挝面临着国内发展困境,同时,却又受到了重新树立国际和区域形象的挑战。政府治理模式的转变和经济转型使得其公民们憧憬一个更好的未来。通过与外来人员的经济和社会网络互动,阿卡开始了以橡胶为基础的商品生产,并逐渐自我导向了一种现代性的想象。本书涉及国际、国内和个体层面的分析。当阿卡抓住了国家和区域发展所赋予的新机遇的时候,我们可以看到一种"自我塑造"的进程,而这种进程混合了物质生产、社会资源整合以及愿景。在对"边疆积累"及其所依赖的跨境互动分析的基础上,我提出阿卡的橡胶种植的生计选择是高度投机的,从一些方面看是积极的,从另一些方面看则是消极的。

出于个人隐私保护目的,除了在学术会议、出版文章、报纸等媒体已经熟知的人物、公司、机构名称外,在本书中出现的访谈者的名字、村名和公司名称均使用化名。书中的图片和照片除了特别注释,均属作者所摄。在书中最常出现的三种音译是汉语、老挝语和阿卡语。

自称为阿卡的群体分布在泰国、缅甸、老挝和中国的西双版纳。在中国,阿卡这个群体归属哈尼族的爱尼支系,而在其余国家主要使用自称。按照这一惯例,本书使用哈尼族、爱尼人、老挝阿卡、缅甸阿卡和泰国阿卡进行区别。自称为"汉家"的群体在近几个世纪从云南省迁入老挝西北部,尽管这个群体的民族构成复杂,但是群体内的主要语言是云南汉语方言,生活习惯和习俗都与汉族相似。鉴于上述群体特征描述,尽管"汉家"无论在中文还是英文出版物中都有不同的对应(Haw, Ho, Yunnanese Chinese;华族,霍族),在此所使用的是自称。

除非有特别注释,所有从英语到中文或者从阿卡语到中文的翻译均出自本书作者。文中英语的拼写遵循澳洲英语规则。通常情况下这些音译都放在括号里,提示其语言并省略这些语言所涉及的音调的标注。老挝语的音译依照美国国家标准学会中老挝语、高棉语和巴利语的罗马拼音方式。但是依照法国音译方式,老挝地名中出现的"S"发音写做"X"。例如 Xiangkhaeng 而不是 Siangkhaeng。书中也加入了依照保罗·刘易斯(1969)音译的以下阿卡词汇:Dzoema(建立村子的人),Baji(铁匠),Pima(批玛),Boemaw(shaman/reciter)与 Nyipa(尼玛:spiritual medium/shaman)。老挝的一些地名在中文中主要存在多种对应(例如芒新,勐醒),本书中所使用的是出版物中常见的地名翻译。

目　录

引　言

我于2008年8月3日初次来到老挝琅南塔芒新县（Muang Sing）。在到达当天的下午，我步行到城里的街上游荡的时候，突然被一些售卖手工纪念品的阿卡妇女围起来。作为少数民族，我对在旅游景点消费本民族文化并不感兴趣，出于回应之便，我用阿卡语对她们说我没有钱，之后立即走进了旁边的一个中餐馆。

其中的一个妇女慢慢地跟着我走到餐馆，然后靠在门边，盯着看电视里的中文节目。不知道为什么，我决定邀请她和我一起坐下。她显得稍微有点吃惊，犹豫了一下，最后决定和我坐在一起。她的名字叫妹四（Mae Se），和其他从山上搬迁到低地的阿卡妇女一样，她也会从新安置的村子步行到城里找零工，有时候也会向游客兜售旅游纪念品。当我告诉她我是哈尼族的时候，妹四回答我说她觉得我生在中国是件很幸运的事情。我对她所说的还有她想说的非常好奇，接着就有了以下的对话：

> 妹四："你妈妈还有这些吗？"（指着她头饰上的银币饰品）
>
> 我："不完全像这些，但是她有一些相似的银币。"
>
> 妹四："那你妈妈还保存着吗？"
>
> 我："是的。"
>
> 妹四："你知道我为什么只剩下这几颗了吗？"
>
> 我："不知道。"
>
> 妹四："因为我们政府没有你们政府有本事，所以我们赚不到足够的钱，需要钱的时候就只能卖掉银币。"

图0-1 琅南塔省芒新县清铿乡新兴的橡胶种植(2009)

妹四对我直言不讳是基于我作为不同国家的同一种民族从而能对她的处境感同身受的设想。但是同时引起我的兴趣和困扰我的是:作为一个身处老挝边远地区的普通村民,是什么驱使她做出这种结构性的比较?对于她来说,日益紧密的区域联通对老挝阿卡意味着什么?在之后的田野调查中,我不断地听到老挝阿卡以同样的口吻对自己生活和影响自己生活的政府作出评述。这变成了一个我一直在思考的问题:外来投资给老挝阿卡带来了什么?这些问题促使我进一步探寻老挝阿卡和外来人员的互动,以及他们对当地变迁的感受。由此,这本书就是一个核心问题领域相关联主题的研究。我们怎么理解和看待老挝西北部从以自给自足为导向到以经济作物种植为主导的快速的生计转型和当地对此的矛盾态度?从整个区域来看,湄公河上游地区处于从"战场"到"市场"的转型过程。①我

① 把该区域实现"战场到市场的转变"最早由泰国总理差猜·春哈旺在1988年提出。参见 Jerndal, Randi and Rigg, Jonathan. Making space in Laos: constructing a national identity in a "forgotten" country, *Political Geography*, Vol, 17, No.7(1989), pp. 809–831。

认为这个转型的实质源于更大的全球化进程,随着老挝的治理转型力量而被推动。

从20世纪80年代中期开始,老挝政府逐渐制订和开展一些结构性转型的尝试性举措(Gunn 1990;Rigg 2005;Pholsena and Banomyong 2006)。从1986年起,老挝开始了类似于中国改革开放政策的"革新开放"(NEM)的尝试。在这个框架下,老挝政府在1989年和世界银行及世界货币基金组织达成了旨在扩大改革范围、执行货币及财政的政策、支持私人企业、国外援助和投资及加强金融系统等一系列举措。1997年老挝加入了东南亚国家联盟(ASEAN),通过这两条路径,老挝才逐渐走入亚洲经济发展的洪流。对于这些在当时看来非常激进的改革措施,波尔德(Bourdet 2000)指出,老挝的经济仍然受制于脆弱的政治体系,在236,800平方千米的国土上居住着少量人口(2009年人口约为六百万),稀疏的人口密度(每平方千米25人),薄弱的基础设施,导致了较高的交通运输成本,进而限制了人口流动和信息交换。同时老挝经济的本质和作用主要是对其他东盟国家的补充。尽管如此,老挝还是在探索"革新开放"的过程中产生了一些意义深远的变革。在市场逻辑的指导下,通过法令、法律、规章和计划的制订,其人口、土地、森林和其他自然资源以前所未有的速度与国家和区域经济发展相接轨。

王爱华(Ong 2006a)认为与当代的全球化平行的是国家和公民之间的一种在新自由主义框架下的认可关系。这样的背景给个体创造出了在更全球化的空间里打造经济、文化和宗教生境位(niche)的可能性。她把这些可能性概括为"个体自由的实践"(2006a:1)。我将王爱华对经济全球化所带来的国家—公民关系调整的观点作为本研究的一个主要视角,但是"新自由主义"背景下和书中所涉及的"自由"有所不同。王爱华与张鹂(Zhang and Ong 2008)把社会主义国家所释放的"自由"看作是限制在"私有领域"(消费、个人行为等)与主导意识形态不冲突的机会和可能性。①埃文斯认为(Evans 2002)从20世纪50年代早期开始,皇家老挝政府开始了对国内社会关系的调整——力图把前现代(pre-modern)的社会关系转变到现代民主所要求的社会关系。②埃文斯认为这些早期的调整从制度上为老挝少数民族的社会平等纳入提供必要前提并领先于周边的一些邻国。比起社会主义阵营的其他国家,老挝的社会主义革命是不太彻底的,特别是在农村和山区(Evans 1990),从而在民众中,特别是处于山区的少数民族中,缺乏一种统一的和强烈的国家与地域意识。本书的主要讨论范围在老挝疆域边缘的农村山区,边境地区的复杂地形给政府管控设置了天然障碍;在这个地区,主体老族人占人口少数,少数民族和文化构成却比较杂合,这种杂合性为构建统一的国家和民族意识带来了挑战;在民族国家兴起之前就存在的跨境地区历史、商贸、文化和民族纽带,在新的时期仍然展示出其韧性。

下文我在王爱华的"个体自由的实践"的基础上作出调整并使用"个体机会的实践"(experiment of opportunities)这个概念,来避免老挝的政府治理是基于新自由主义范式的模式的一种预设。在这里,我所强调的是目前老挝的政策导向放松了之前对个体的一些束缚和控制(Sigley 2006; Rofel 2007; Holly High 2008)。多年前,幸顿(Hinton 2000)归纳道:东南亚区域资本流动形成了一种指令性经济和市场经济的混合。这个描述在今天看来还是非常恰当的。老挝政府在投入区域经济自由化的过程中,仍然面对政府管制效力不足,国内市场经济基础薄弱,民族国家建构进程中疆域化与再疆域化迟缓等问题和困境。同时,老挝这个国家对边境的管理还具有不可预测的"时紧时松"(loosening and tightening)的特点(Antonella Diana 2009;2013),这样的不确定性对于依赖中老边境贸易以及跨

---

① 就跨国性与个体自由的关系而言,王爱华指出随着福利国家的隐退,政府采用了"自由实践"逻辑为指导的政策,以实现公民身份的资本化。在全球南方,尽管主导政治不同,治理技术却和不断扩展的新自由主义逻辑纠缠在一起,进而重新定义了公民权的价值。参见王爱华(2006a,2006b)。

② 其标志性的举措为1947年体现民族平等的宪法的确立。

境商品链的人们,有着日常和微妙的影响。

本书以老挝西北部的边疆地区从2003年逐渐升温,2010年至2011年达到高潮的橡胶种植热潮为棱镜,以探究当地与更为广泛的全球社会经济和政治变迁之间的关系。在此基础上并将说明老挝阿卡是怎么抓住、利用、使用和理解这些随着全球化、区域互通和国家内部调整而获得的机会。从这个意义上来看,我把妹四看似非常平常的生活描述作为开篇引文。

一、缘起和政策意义

这本书是在我2013年提交的博士论文基础上翻译和修改形成的。2007年我有幸获得澳大利亚麦考瑞大学(Macquarie University)的励志奖学金(Macquarie Excellence Scholarship),并于2008年初赴悉尼求学。我的第二导师匈牙利裔学者聂保真(Pal Nyíri)教授的研究重点在于全球流动和移民议题。我的主导师克里斯·利特尔顿(Chris Lyttleton)和保罗·T.科恩(Paul T. Cohen)两位教授长期从事老挝和泰国,特别是老挝北部的发展及经济社会变迁研究。在结合了三位老师的建议和我的研究兴趣之后,我选取了距离云南比较近的老挝作为研究地点。

作为一种外来物种,橡胶树在20世纪20年代首次由法国人引进到老挝南部的占巴塞省。①自此之后橡胶树种植在老挝其他气候以及地形条件不同的省份得以传播,但是无论在南部还是北部其迅猛的发展态势均出现在2003年之后。从2004年至2006年以来,橡胶种植在琅南塔省逐渐攀升,橡胶投资热潮在2010年至2011年达到顶峰。在芒新和芒龙县,这两个琅南塔省主要的橡胶树苗生产地,由于投资过热导致胶苗价格下降。然而这样的状况恰好让准备进行橡胶种植而手头没有充足投资资金

---

① 早在1920年法国殖民当局就在占巴塞省进行橡胶种植,但是仅仅限于这个省所处的南部地区,参见 Thongmanivong et al. 2009。相似观点详见 Manivong and Cramb. Economics of Small-holder Rubber Production in Northern Laos. Contributed Paper at 51st Annual Conference of the Australian Agricultural and Resource Economics Society. Queenstown, New Zealand, 2007。中国个人在老挝进行橡胶种植的投资可以追溯到20世纪90年代后期,但是这种个人投资的规模非常有限。

的小农户们受益。在2008年中期当我到达芒新县清铿乡的时候,地形和土壤适合种植橡胶树的村子普遍都种上了橡胶树。这种突发的种植和投资(特别是个人和家户)热潮,使得在老挝进行发展和建设的国际非政府和政府间合作机构措手不及,和橡胶热同时升温的是学术界对该问题的研究。

在2004年,受老德合作机构(Lao-German Cooperation)委托,沃顿(Charles Alton)、布卢姆(Bluhm,D.)和萨娜尼科内(Sananikone,S.)等专家对老挝种植橡胶业进行研究,并在2005形成了《帕拉橡胶研究:老挝橡胶树》(*Para Rubber Study: hevea barsiliensis Lao PDR*)这份报告,报告从立法、土地和市场规范及种植技术培训等方面提出了一系列比较完善的建议和意见。除了发展机构委托的研究,在琅南塔省爆发的橡胶种植热潮同时也吸引了很多来自不同学科背景的学者和学生进行研究,在此不一一列举。对这些研究进行综述,可以归纳为以下几方面:①橡胶种植对土地使用的影响。②家户型橡胶种植的经济回报。③从社会、经济角度剖析为什么琅南塔省会成为老挝橡胶种植热开始的省份。

如上所述,本研究以橡胶热为切入点,在我看来,这场种植热潮折射了当地,乃至该区域的社会、经济和文化变迁。尽管本研究主要立足于在2008年至2010年期间的田野调查,在此之后无论是老挝橡胶种植的发展趋势,还是当地的文化经济事项方面都出现了重大的变化和调整。然而,本研究仍然具有其参考价值,理由如下:耶恩达和里格(Jerndal and Rigg 1998)认为老挝作为一个国家在东南亚的想象里是一个被"遗忘的国家"(forgotten country)。这种被遗忘与老挝的"多重边疆"的地理位置、历史上国家、殖民历史、经济上的欠发达有关。而这种遗忘也体现在了对老挝特别是山区少数民族的研究不足方面。以问题分析为本位,本书主要运用的是人类学的方法论对境外的少数民族社会进行的研究。此外,从政策意义上来讲,对老挝这个"一带一路"沿线国家的少数民族民情进行深度解读,对于我国"一带一路"倡议实施过程中所涉及的不同族群或者种族的互动,对于我们了解这一地区,以及国家"一带一路"倡议的落实具有参考价值。

二、老挝琅南塔省芒新和芒龙县

我的田野研究地点主要包括老挝西北部琅南塔的芒新和芒龙两个县。琅南塔处于与中国和缅甸交界的老挝西北部,距离中国边界沿着R3国道(在2004年由亚洲发展银行进行道路更新)不超过一个小时的车程。琅南塔省由南塔(Namtha)、芒新(Muang Sing)、芒龙(Muang Long)、汶普卡(Vieng Phukha)和那勒(Nale)5个区县组成。这个省的地貌主要是山地,海拔范围为560～2094米(Thongmanivong et al. 2009)。在南塔区的东北方向是一条盐田带,直至20世纪80年代,这些盐田的盐一直是当地乃至该地区的重要商品,芒新(Muang Sing)和芒龙(Muang Long)位于琅南塔省的西北方向,芒新的东北面与中国云南的西双版纳接壤,西边经湄公河与缅甸交界。芒新县行政中心所在地处于老挝的最北边,是湄公河流域山脚下的一条狭长的低地。由于湄公河从芒龙和芒新山区的边缘流过,到达这两个县高山地区的最方便的方式是乘船通行。

芒新县的土地面积约为1624平方公里,根据科恩(Cohen 2008)的调查,2008年芒新的人口在31,764人左右,人口密度大约每平方千米20人。行政和经济中心是在芒新县城城区,城区海拔在680米左右。在2005年前城区主要由一些村落聚集而成,这个低地土壤肥沃,农业化集中程度很高,有着大量成片的雨水或者人工浇灌的稻田。除了芒新低地和该县北边曼(Mom)乡的一小部分平地外,县城的主体地貌是山区,海拔最高点达到2023米,最低点为460米位于经流该县的湄公河河岸(埃普雷希特Epprecht 1998:1)。从行政组织上来讲,芒新县分为7个区,分别为:清铿(Chiang Khaeng/Xieng Khaeng),班赛(Ban Sai),勐曼(Muang Mom),先猜(Xiang Chai),南坎(Nakham),叫琅(Keo Luang)和筒迈(Thong Mai),这些区又由不同的村子构成。在老挝,"区"的旧称是法语词"tasseng",行政级别上相当于中国的"乡"一级,现在普遍使用"khet"一词。芒龙县从1962年开始设立为一个行政区域,行政中心芒撒(Muang Sa)处于与湄公河交界处。其土地面积比起芒新来说要大,但是平地面积只是芒新的1/3。由于喃玛河(Nam Ma)、喃龙河(Nam Long)和喃安河(Nam An)流经该县低地,灌溉条件比较成熟,水稻产出要比芒新高。有史以来,芒龙就是联结芒新和芒龙的山区与低地的重要贸易据点,也是汇集从中国而来的驮畜商人以及经过清锅(Xiengkok)而来的缅甸及泰国商贩的商道。

芒新和芒龙两个县在18世纪之前的历史很大程度上都不为人所知(Grabowsky 1999;2002)。芒新县曾经是一个屯军之地,在16世纪上半叶与现今的景洪存在着进贡关系,也是当时的西双版纳、缅甸和暹罗通往景栋、清迈与难府的重要通道(Cohen 1998)。越南人类学家阮维绍(Nguyễn Duy Thiêu 1993)论述道,芒龙在过去的一个世纪里是芒新的一部分,除了现在的芒新外,现属缅甸境内的桑拉普(Siang Laap)也属于芒新的地域范围。格拉波斯基(Grabowsky 2002)认为在15世纪乃至20世纪初,芒新的地域延展至缅甸的孟约(Muang Yu)。这样说来,历史上芒新的区域面积要比今天大,是在昭法洒利诺(Cao Fa Sali NÒi)统治下的封邑组成部分。国内外历史研究所达成的共识为,这个区域是在15世纪到1914年之间的众多傣泐封邑(Principality)之一。①清铿(Chiang Kaeng),这个处于中老缅交界之地的封邑由于自身力量的薄弱,必须向周围强大的政体进贡。在19世纪90年代之后,它成为英法两国扩张的殖民领地之间一个"缓冲地带"(buffer zone),至此,以湄公河为界,芒新分裂为东清铿(湄公河以东)和西清铿(湄公河以西),西清铿于1896年成为法国保护下的一个自治政体,但是直到1916年它才被法国直接统治(Cohen 1998)。1914年芒新傣泐人昭孟昂坎(Phra Ong Kham),这位继位不久的亲王,领导当地百姓与法国人进行了两年的战斗,其原因是法国人削弱了他的君权(Evans 2002)。这场起义失败后,昭孟昂坎流亡到景龙(现景洪)并在1924年去世,之后清铿这个封邑逐渐被并入法属印度支那下老挝版图中。

---

① Grabowsky, V. Introduction to the history of Muang Sing (Lao PDR) prior to French Rule: the fate of a Lu principality, *Bulletin de I 'Ecole Francaise d 'Extreme-Orient*, Vol. 86:(1999),pp.233-291.

从 20 世纪 40 年代末期到 1975 年之间,老挝陆续陷入了"皇家老挝政府"(RLG)和"巴特寮"(Pathet Lao,前身为老挝爱国战线领导的"寮国战斗部队")所引发的内战中(Pholsena 2006:2)。①从 20 世纪 50 年代开始,发展于巴特寮的老挝人民革命党(LPRP)开始在越南共产党的扶持下进行革命活动。②在从 1963 年到 1975 年的越南战争中,中国共产党也尝试把立足于云南的革命模式输出到老挝,尽管是在小规模的范围内(张晓明 Zhang Xiaoming 2002)。

在经过了将近 20 年的革命斗争之后,老挝人民革命党在 1975 年结束了统治老挝将近 600 年的君主制。在 1989 年恢复关系后,中国开始和老挝在商贸、援助、外交和党派方面的联系展开合作(葛恩 Gunn 1991)。③从 20 世纪 90 年代开始,西方援助和发展项目到达芒新和芒龙两县,并在很长时间内成为在这些地区的注入变化的最大来源。GTZ④作为最大的资助者,和老挝政府在规划和卫生、教育、农业扩展、生计保障等服务提供方面紧密合作。在芒龙,"反饥饿行动组织""挪威教会援助""荷兰难民保护""无国界学校"和欧盟在不同时期进行过供水、卫生设施、安置和保健方面的发展项目。在芒新和芒龙两地,鸦片需求削减成为替代发展活动的核心要素。很明显的是,中国最近在农业经济领域的介入,从基本上改变了村子(特别是在芒新县)的西方模式的发展,由此西方机构的影响在比较下相形见绌。阿卡村民们对我抱怨到他们没有时间和国际发展机构

---

① "巴特寮"一词是在 1950 年 8 月 13 日以苏发努冯为领导的老挝抗战政府成立大会上提出的。它指的既是第一次印支战争中老挝共产主义力量从法国统治下解放的老挝解放区,也指老挝苏发努冯亲王为首的共产主义组织。具体参见代兵:《论巴特寮的源起及其与越南党的关系》,载《东南亚之窗》2013 年第 1 期(总第 21 期)。

② 老挝人民革命党的前身为老挝人民党(LPP),1972 年第二次代表大会上改为此名。

③ Gunn, G. C. Laos in 1990: winds of change, *Asian Survey*, Vol. 31, No.1 (1991), pp.87–93.

④ GTZ(Deutsche Gesellschaft für Technische Zusammenarbeit),德意志技术合作公司,是服务于公众利益的联邦企业。该企业协助德国政府,特别是德国联邦经济合作与发展部在全世界 130 多个国家进行经济技术合作与开发。在 2010 年更名为 GIZ(Deutsche Gesellschaft für International Zusammenarbeit 德意志国际合作公司),该机构网址为 https://www.giz.de。后文均简称为 GTZ

合作,为了收入来源他们要忙着进行中国的订单农业和其他雇佣劳动。相应地,从2009年开始大多数西方发展机构撤出或者减少了在芒新和芒龙的项目。

从字面来看,"Muang Sing"(芒新)和"Muang Long"(芒龙)这两个地名中的"Muang"(勐)为传统傣泰文化中王朝、国家、省份、城镇及某些特定区域。村落构成小"勐",大小不一的众多"勐"又进而构成大"勐"。根据谭拜尔(Stanley Jeyaraja Tambiah 1976)的观点,在大多数东南亚上座部佛教国家政体中,"勐"是一种向心状的政治中心区域,即同心圆状的曼荼罗系统(Mandala)。①在琅南塔一种更为普遍的观点认为,在16世纪,一群泰语族的佛教徒在琅南塔坝子建立了与更为强大的"勐"关系紧密的小型政体。这个小型政体以水稻种植为主,并且成为后来迁入该地区,生活在泰人世界边缘的少数民族的社会政治中心。②然而,这并不代表山区少数民族完全被隔绝于低地政治体系之外。一般情况下,如沃克(Walker 1999)所指出的,来自低地的人充任山区与低地之间经济和行政中间人(老挝语:laam)。以口述史为主要依据,巴德诺赫与富田晋介(Badenoch and Shinsuke 2013)却提出充当中间人的不一定是低地泰语民族,并且不是所有的当地少数民族都被Laam体系所牵制。这种"复线历史"(bifurcated history)视角,一方面体现了少数群体对于在当地历史中发出声音的诉求,同时也提醒着我们用一种细致的方法来研究当地人际互动的历史复杂性。③

总的来说,少数民族在老挝的民族构成中占有不小的比例。奔舍那(Pholsena 2006)认为老挝的少数民族划分是一个还在争议的问题。卡罗尔和兰德尔(Carol and Randall 1991)认为学界对老挝的少数民族估算是

---

① 参见 Tambiah, J. Stanley. The Galactic Polity: the structure of traditional kingdoms in Southeast Asia, *Annals New York Academy of Sciences*, vol.293(1977),pp.69–97;李佛一译:《泐史》,国立云南大学西南文化研究室,1947年。

② http://www.tourismlaos.org/show_province.php?Cont_ID=77,accessed December 1, 2013.

③ Duara, P. *Rescuing History from the Nation Questioning Narratives of Modern China*, University of Chicago Press,November 20,1996.

68个少数民族（老挝语：sonphao），老挝社会科学委员会民族所则认为有38个，老挝官方认可的有49个。根据"三分法"，即按照其所处的海拔为标准来进行民族划分，老挝的民族分为老龙（Lao Loum）、老听（Lao Theung）和老松（Lao Soung）。在芒新和芒龙，人口的少数民族多样化程度是一致的。傣泐、泰朗姆（黑泰）、泰讷（Tai Nua）、泰皓（白泰）、泰亮（红泰）、克木人（Khmu）、蓝靛（Lantan）①、阿卡、赫蒙②、瑶族、慕梭（Muser）③、拉祜（Kui）、倮倮（Lolo）、达（Doi）和普滶（Phounoy）等民族在两个县均有分布（Lyttleton et al. 2004）。

在老挝北部，现今很多被归为少数民族的群体是这个地区的后来者。阿卡语属于汉藏语系藏缅语族彝语支，学界普遍认为阿卡从他们初始发源地云南南部或者更远的青藏高原迁徙而来的（汪格索1983；斯特金2005）。然后一部分阿卡从云南持续迁入到泰国、老挝、越南和缅甸（Alting von Geusau 1983；Sturgeon 2005）。流传在阿卡村落里的口述历史表明，阿卡相继迁徙到芒新的山区已经长达100多年（Lyttleton et al. 2004）。一些东南亚研究学者（Leach 1960-61；Condominas 1980）倾向于使用"二元对立"的视角描述山区（upland）与低地（lowland）的区别。也即，山区民族进行轮作（贬称：刀耕火种），其主要信仰为万物有灵，而低地民族进行水稻生产，以佛教为主导信仰。奔舍那（Pholsena 2006）指出，尽管以上"山区与低地文化体系"的观点忽视了两者之间以经济交换为主导的联系（前殖民时期），但是这不意味着低地和山区两个群体之间在文化、生态、政治和地理上的距离，而老挝曼荼罗宗教—政治秩序合理化了非傣泰语族的社会边缘地位。针对芒新的情况，科恩指出傣泐守护神灵（phi

---

① 蓝靛（Lantan又为Lanten）在老挝的主要分布地为老挝北部。根据Nathan Badenoch 和To-mita Shinsuke 对Takemura（1981）的解释，Lantan是一个外来词，借自中文"蓝靛"，一方面他们的服装主要是蓝靛染制的，另外一方面是因为在很久以前他们曾经垄断了中国的蓝靛市场。Bade-noch, Nathan and Shinsuke, Tomita. Mountain People in the Muang: Creation and Governance of a Tai Polity in Northern Laos ,*Southeast Asian Studies*, vol.2 No. 1, (2013),pp.29-67.

② 赫蒙又称苗族，而Meo（苗）在东南亚的语境里通常被看作是一种蔑称。

③ 慕梭有两支：黑慕梭（Musedam），红慕梭（Musedeng）。

muang)这个象征维持着低地傣泐的优越性,使得傣泐既不同于其他山区民族又优越于包括阿卡(Akha)在内的山区民族(Cohen 1998)。[①]老挝1995年人口普查估算居住在老挝的阿卡有66,108人(National Statistical Center, n.d.)。在琅南塔省,阿卡主要分布在芒新和芒龙两个县;在2008年,阿卡分别占芒新31,764人口的48%和芒龙30,461人口的70%的比例(Cohen 2009:424—425)。

西面和西南面与缅甸交界,南面和东南与越南接壤,正南面与老挝毗邻的云南不仅仅是中国西南边疆的前哨,还是"区域间交通的一个中点"(Tapp 2010:98)而且是拥有丰富自然资源的一个省份。在20世纪90年代中期,云南开始被打造为通往东南亚经济的国际门户。而云南省政府最近强调以出口为导向的经济战略为优先。为此,云南省积极发展与东南亚国家,例如缅甸、老挝和越南等邻国的边境贸易。这不仅提升了与在该地区的包括泰国在内的国家之间的关系,而且对"金四角"的构建起到了积极作用。亚洲开发银行在1992年发起了由云南和湄公河流域各国组成的大湄公河次区域经济合作(GMS),其目的在于促进在贸易、国外直接投资和旅游方面的经济合作,而最终使这些互邻的国家连接起来(Poncet 2006)。云南在从一个资源库转变成为连接边境地区的"资源大通道",并向东南亚和南亚辐射其影响(GOSC of PRC 2011)。随着"走出去"和"一带一路"建设的推进,云南这个富有生机的省份逐渐将中国的影响力延伸至老挝。和矿业、道路修建以及即将开通的从云南到万象的高速列车一起,橡胶将成为农村最重要的发展特色。

老挝处于大湄公河次区域的中心位置。虽然是一个内陆国家,但老挝是唯一和大湄公河次区域各国接壤的国家,所以它成为连通周边国家的一个交通枢纽。由亚洲开发银行、老挝、中国和泰国资助的北部经济走

---

① 奔舍那总结道,在法国殖民时期,民族志书写、传教士的传教活动、行政管理等需求强化了低地傣泰语族与"佧"(kàa,奴仆或者奴隶,泛指山区信仰万物有灵的民族)之间的区别。具体参见 Pholsena, Vatthana. *Post—war Laos: the politics of culture, history and identity*, ISEAS Publication, 2006, pp.24-37。

廊项目（3号路）穿过琅南塔省，并连接了缅甸、老挝、泰国和越南。为了提高大湄公河次区域的贸易和劳动力流通，亚洲银行资助了一些其中包括连接中国昆明和泰国曼谷的高速公路基础设施的建设。这些促进跨境联结、双边贸易协定的倡议旨在为这个区域创造一个联结更为紧密的未来。

由世界银行出资修建并在2000年完成的17B号公路把变化带到了芒新和芒龙县。利特尔顿等人（Lyttleton et al. 2004）在一项报告里描述了由于政府主导的几次迁徙所带来的国内土地和人口的变迁，导致了人口在低地的集中，乃至在当地释放出了大量劳动力。1994年老挝政府试图把小农户橡胶（smallholder rubber）引进到南塔区，但是其提供种植技术的作用非常有限（Alton et al. 2005）。在从芒新县城到处于山区的清铿乡的道路得到改善之前，以及橡胶苗在芒新县城出现供过于求的局面之前，大部分的种植材料是由湄公河的水路从西双版纳运到位于芒新和芒龙山区边缘的村里。最近几年里这种情况在剧烈的变化中。琅南塔最大的投资实体云南橡胶集团，把一部分幼苗的种植外包给了私人的苗圃，现在芒新低地的部分地区已经被打造成了橡胶幼苗市场枢纽。这些生产节点除了供应云南橡胶在南塔区和芒龙的大面积种植，还满足了芒新县本地的需求。甚至芒新县为边境另一方的西双版纳州提供胶苗以满足需要大面积复种的需要（ShiWeiyi 2008）。

从2004年开始，一种不同于以往基础设施的建设与发展模式在芒新和芒龙出现。对于我在老挝遇到的中国人来说，这两个县的未来依赖于农业发展和自然资源的开发。当迁入平坝低地的阿卡从事甘蔗、橡胶种植和各种一年一收或者季节性的蔬菜和水果栽培时，山区阿卡则主要把改善生活的希望寄托在橡胶树上。区域间的经济整合也吸引着人员流动，在中老边境地区西双版纳的边民使用边境通行证入境老挝，在"罂粟替代发展方案"框架下的橡胶产业从业者也可以获得快捷的出境服务。[1]最主要的是,随着人和商品的流动,琅南塔省的橡胶种植引发了其他的商业和服务链。无论在省会南塔,还是芒新和芒龙县街边,中国人所有的餐馆和客栈的服务也跟随着橡胶树生长的节奏。这些餐馆老板告诉我,生意最为兴盛的时期是2006年中国企业涌入琅南塔进行橡胶考察和投资的时候,但是由于现在的很多项目都已经从签订合同转移到了实际的培植和种植阶段,餐馆的生意一般就由中国的监工、农业推广人员和卡车司机维持着。尽管当前的饮食产业不太景气,但是大部分人都不愿意退出和离开老挝,因为他们相信任何行业特别是餐饮业,会在4~5年之后橡胶树大面积割胶的时候回潮。这样,随着外来人员的拥入,芒新和芒龙县将会从人口稀疏的地区和罂粟之地转变成橡胶为主导的地景。[2]

三、理论框架与相关概念

(一)国家构建与跨境生计共生性

我和妹四在餐馆里的对话从某种角度折射了老挝阿卡的日常生活在近几年的飞速变化。里格(Rigg)认为老挝的社会转型很大程度上源自对农业领域的调控,他把这种以农业领域为核心的转型定义为"……一系列相互联系和相互覆盖的进程"(2005:9)。[3]换句话说,这些进程不是由单一或者特定政策所推动的,但都表达了这个特定的民族国家长久以来的诉求:从1976年以来老挝政府开始尝试的农业现代化。但是不可忽视的是在与中国接壤的老挝西北部地区,与农业现代化并行的是老挝国家的疆域化要求的表达:国家对社会(特别是偏远山区)的权力强化,市场逻辑

---

[1]在"替代发展方案"下的企业和公司负责和组织其人员的入境事宜。在2009年1月1日前,这些员工在西双版纳勐腊县申请出入境证明。云南省公安厅颁布的一项新规定允许这些公司和企业在云南省省会昆明申请员工的入境证明。(来源:《春城晚报》2009年1月6日。)

[2]而从2012年起橡胶种植逐渐被香蕉种植所取代,上述两个县的低地形成了以经济作物种植为主导的多样化地貌。

[3]Rigg, J. *Living with Transition in Laos: Market Integration in Southeast Asia.* OXON: Routledge, 2005, p. 9.

下的自然资源控制,国家与民众之间的财产关系的确立与土地规划的实施。

然而国家意志下的规划往往忽略了当地社会的复杂性以及边疆民族社会的实际生存状况。著名老挝研究者埃文斯指出,由于老挝国内统一市场的缺位和国内各地区的经济沟通不畅,造成了各省与毗邻的外国经济联系更为密切,甚至与所属国家相比较,与相邻国家的地方经济整合程度更大的状况(Evans 1988)。埃文斯的这个观点立足于国家这个分析单位,而从跨区域的视角出发我们可以得出,跨境生计的紧密性,历史上的跨境以及跨区域的联系及意义往往被民族国家的制图法所蒙蔽。①边境社会的人们由于边界两边在历史上的经济、文化、民族联系而保持着地界以及人际交往的连续性,而与民族国家逻辑产生了紧张的关系(Willen van Schendel 2005)。

中老连接地带有着无数山路和小径,这也是边境两边的少数民族维系贸易、互动和民族关系的通道。跨境民族的亲属和民族纽带为逃避所处国家的灾害及政治动荡提供了有利条件。无疑,新的市场形式给中老跨境之间的交往和生计共生性注入了新内容。在埃文斯的上述观点提出的将近20年之后,处于中老交界山区的阿卡社会出现的的生计转型,一种逐渐向农产品供应链的转型,也和中国这个全球商品的需求、生产和出口的重要之地有关。商品链(supply chain)作为商品市场和输送的载体在人类历史上并不陌生。霍普金斯和沃尔斯坦(1986)提出作为一种资本的组织力量和结构现实,全球商品链在1800年之前已经存在。他们把"商品链"这个词语定义为"以完成商品为结果的劳动力网络和生产过程"(1986:159)。依照这个定义,我们现在也可以把芒新和芒龙的山区和低地想象成为老挝西北部提供新的跨境商品链的重要组成。罗安清(Anna

---

① 冯·申尔德(Van Schendel 2005)所用的制图法(Cartography)概念表明了主观性普遍存在于所有制图过程中,然而这并不代表所有制图者都是别有用心的。相关研究参见 Cederlöf, Gunnel.Fixed boundaries, fluid landscapes: British expansion into Northern East Bengal in the 1820s, *Indian Economic Social History Review*, Vol.46,No. 4(2009), pp.513-540。

Tsing 2009)将商品链的讨论进一步深化,她认为当代供应链经济的拓展和延伸的基础是多样性,并归结于"非经济"因素的辅助作用。在以下的章节中,我将描述中老跨境民族纽带,历史上的跨境联系孕育了在芒龙和芒新的小农户橡胶树种植,并且伴随着特定实践,个体和族性(ethnicity)变成了来实施和维系市场经济拓展的重要生境位(niche)。

在对近期老挝农村生计转型的研究中,越来越多的学者对当地人对市场力量介入的适应和影响持有乐观的态度。[①]在巴尼(Barney 2008)对老挝的自然资源争夺的分析中指出,面对外来商业化的土地征用,当地老百姓也自发而起进行了经济作物的种植,从而强调了当地人在维持管理家户经济和经济利益过程中所展现出的能动性(agency)。基于对老挝国家主导的安置政策研究,海(High 2008)有力地论证道,老挝村民不把他们的未来想象为静止的,因为他们把迁徙看作是通向现代生活的轨道。就目前老挝社会的进程来说,里格(Rigg 2005)谈道:"从'普通人'的角度来看……居住在老挝的农村地区,背负着一种'新思维'(New Thinking)的期待,对国家改革进程有着出乎意料的很低的认可程度。……但是,这些深刻变迁的某些方面是'解放的、赋权的和有新意的'。"(2005:12-14)我赞同里格所说的老挝的政策和执行总的来说比较模糊与低效,而且这些政策对于一个在大部分地区识字率都比较低的人口组成来说理解和接受程度会比较低。[②]但是对于阿卡来说,我们可以提出这样的论点:老挝的农业现代化进程加上外来投资和发展所作用的合力,不仅推动着生产方式的改变,而且创造了社会经济实践的机会和新视野。

---

① 越来越多的学者对于"外来投资对于当地的剥削"的宏大叙事持有质疑态度,从而转向更为细致的分析。相关讨论参见珍妮弗·弗朗哥(Jennifer Franco):《资本的谎言:考问全球土地攫取的宏大叙事》(The Lie of the Capital: Challenging the Grand Narratives of Global Land Grabbing),叶敬忠主编:《农政与发展当代思潮》,社会科学文献出版社,2016年,第58~84页。

② 参见 Carol Ireson and Randall Ireson(1991)和 NPEP(2003)对老挝的人口识字率的分析和报告。根据埃文斯,老挝在20世纪80年代进行过扫盲运动,但是教育程度和识字水平的地域差异性较高,少数民族的受教育程度最低,其中少数民族女性的识字率最低(Evans 2002: 213)。

（二）人类学视野中的"边疆"

从 21 世纪初以来老挝这个被陆地包围着的国家卷入了资源开发和商品市场的循环，与此同步的是在国际学术界又开始了对"边疆"这个当代对实践和空间社会想象的中心概念的讨论（罗安清 2003，2005；巴尼 2008；福德和赫斯 2009；赫斯 2009）。在西方学界的语境里，"frontier"这个词通常和自然资源获取、政治边缘化的地方或者少数民族聚居地相联系。在历史上边疆这个概念主要有两类不同的定义，而且这两类定义都是根深蒂固的。费雷德里克·杰克逊·特纳（Fredrick Jackson Turner）在 1894 年讨论美国的殖民征服的文章里把边疆定义为"野蛮和文明的交汇点"（1894：200）。他对美国和欧洲的边疆作出了区分，提出与美国的边疆相比较，欧洲的边疆是"纵贯密集人口的一条防御性分界线"（1894：201）。

赖德懋（Owen Lattimore 1940）将特纳对边疆的定义作为他对亚洲内陆边疆的研究基础。赖德懋把边疆描述为一个连续流动性的地带，中国现代性向边缘地区和人群的进军的构成。[①]他论证到驯服边疆实属不易，而且是需要大量工作和财力才能获得成功。这样看来这种空旷与人口集中、落后与现代之间的两元对立也是体现在美国的边疆研究模式里。无疑，在学术界早期的边疆研究中带有一些明显的民族中心主义倾向。在对拉丁美洲的研究中，克利里（Cleary）对费德里克·杰克逊·特纳的"通过资本主义扩张来对边缘区域进行吸收"（1993：331）的命题作出了持续的学术批评。在对东南亚的研究中也有持有同样观点的学者，比如说基思·巴尼（Keith Barney 2009：147）认为这样的命题允许了"边疆发展的循环中经济结构和社会关系同质化的倾向"。对于查尔斯·帕特森·纪若诚（C. Pat Giersch）来说，边疆是"各种人相遇的领地或者地带；至少一个群体是闯入者，其他的是本地人"（2006：3）。除了包含"中心（center）/边缘

---

① 赖德懋又称欧文·拉铁摩尔，对于这个译名，在《边疆社会工作》一书李安宅作出如是说明："Owen Lattimore，报纸译名而不为他所承认者为拉铁摩尔。"（2012：7）

(marginal)"的关系外,边疆往往与"野蛮"和"未开化"的地域空间联系起来。赫斯(Hirsch)认为边疆是处于"(两者)中间"的决定某种转型的空间。福德和赫斯在对东南亚的边疆进行概念化时把边疆定义为"新生发社会和环境关系空间的混合体"(2009:96)。相似地,罗安清称边疆"是一个能够铸造地点和过程的富有想象力的工程"(Tsing 2003:5120)。在扩展了罗安清的边疆是一个资本积累的想象的组织方式这个论点的基础上,巴尼提议了一种"相对"的方法来分析老挝作为边疆的资本化过程。他认为老挝之所以成为"资源边疆",与各项表达性政策和这些政策的具体结果相关之外,还与各类建设性商业化举措和来自所涉民众的行为密不可分。伴随着市场转型和相关发展进程,资源边界(resource frontier)逐渐形成,当地村民也通过自发种植经济作物来应对日益减少的土地资源。因此,对于巴尼来说,老挝资源边疆的资本化是多层次的,而且取决于不同的参与者和各种市场合理性。

巴尼的"相对方法"与我的研究里的共同之处在于他所强调的当地人的能动性(agency):具体来说就是面对商业化所导致的土地征用,老挝的民众也是通过积极建立自己的经济作物种植来主动地争夺土地资源。同时,人类学视野下的边疆证实了人际关系可以是理解边疆形成的主要依据(实现边疆制造的个体能动性和欲望只是简略地在这些研究中被提及)。而我认为社会网络和本土化现代性(indigenising modernity)这两个分析参数,在老挝西北部边疆的分析中是非常有必要的。

1.情感经济与社会网络

在萨拉·艾哈穆德(Sara Ahmed)的《情感经济》一文里,她借用马克思主义对资本逻辑的分析将情感(affect)与经济要素进行创造性结合。她论述道:"情感像一种资本一样运作:情感并不存在于符号或者商品里,而是作为自身的一种流通产生的效应而存在。"(2004:120)艾哈穆德通过恐惧如何在西方反恐世界里被集体性地保持下去的例子,以证明情感经济应该被看作是社会、物质和心理现象。即在不同的时空和地点,情感是集体共享的,正因如此它具有了特定的交换价值。在这里情感不仅是一种个体心理活动而且是嵌入到社会关系中,并产生了社会行动,即一种情感—社会关系—行动的循环。按照这个逻辑,老挝西北部边疆,两国的不同经济发展层次催化了一系列欲望(desire)和渴望,边疆不仅是政治和社会精英或者是其他具有竞争优势的人所有效地呈现出的资本积累的空间,而且也包含了普通人自我想象和对于成就自我的渴望。在情感经济(effective economy)以及可见的发展道路和有利的市场条件交相呼应的作用下,老挝阿卡向往着迎接和参与到市场经济中去。这一点非常具体地体现为边境线两方的阿卡都把橡胶树作为美好前景的象征符号并融入橡胶种植的情感经济里。①同时也为老挝当地人对外来资本和投资的反应并不是单一或者直截了当的观点提供了佐证。

很显然,跨国/境投资具有风险,除了橡胶树种植和营销与全球胶价本身具有的风险之外,投资者在异国还面临着调控能力有限、政策变化无数所带来的不稳定因素。贝克(1999)论述到以弹性积累为特点的后资本主义也包含风险分配。在哈维所述"弹性积累(flexible accumulation)"时代,市场风险可以以外包或者转包的方式被对冲或者重新分配到广大的代理人身上。贝克论述到政治和经济试验滋生了一种普遍风险的全球道德观,一种强调可控力有限的风险同时也对个人自由进行重置,在边疆,这个资源开拓的前沿,上述两种风险的结合产生了一种普遍而又特定的社会实践。

在老挝,中国人(无论是阿卡还是汉族和其他民族)倾向于用"关系"这个词描述和概括他们与老挝人的生意和社会交际活动。"关系"从字面上可以翻译为"一系列社会关系"。这个词通常被模糊地理解为不同的人类交往的复杂总和以及交往的道德、意识和原则。翟学伟认为关系生发于"人类联系和个体和他人的心理距离的操纵"(1995:88)。和翟学伟观点

---

① 参见 Lyttleton, C. and Li, Yunxia. Rubber's Affective Economies: Seeding the Social Landscape in Northwest Laos, in Vatthana Pholsena and Vanina Bouté, eds., *Changing Lives: New Perspectives on Society, Politics and Culture in Laos*, Singapore: National University of Singapore Press, 2017, pp.301-324。

一致,罗亚东(Luo 1997)认为"面子"和"人情"是解读中国人社会和心理行为的两个重要概念,同时也是决定"关系"和道德原则的准则之一。"面子"是无形社会货币的一种形式,而个人的地位取决于物质财富和所处的社会位置。"面子"也是关系动力中的关键组成部分,因为人必须要有足够的面子来在社会上培植可行的社会联系。同时,"人情"是作为和另外一方开启关系一种还未偿还的义务。它和英语中的"gratitude"(感激)有所不同。一个人可以通过一些行动或者赠礼来表达感激之情。一旦完成之后,此人可能会感觉比较舒坦,因为此人亏欠他人的感觉已经消失,从而被一种"已经偿还"的感觉替代。然而,人情却很难达到一种平衡,除非其中一方想要结束这种交换关系。如此一来,当行动者培养人际关系时,他们同时也是在编织着一个在不久以后要偿还的义务网络。罗亚东总结道:"本质上来说,人情给隐含在所有关系中的理想的互惠和平等性提供了道德基石。如果你在进行人情交往和互换时忽略了平等性原则,你会颜面尽失,伤害到对方的感情,还会破坏到你的关系网络。"(1997:45)

对关系的相关学术研究进行简略评述可以得出以下几个方面的结论:应该在人类互动的因果条件下和在涵义的符号学情景下理解关系(Smart 1993;Hefner 1998;杨美惠1994;阎云翔1996;张雯勤2004;王爱华2006b)。杨美惠把关系定义为互动的一方面:

> (关系)涉及礼物,恩惠和宴席;个人关系和相互依赖的网络的培养,和义务和亏欠的加工制造。这些实践和本土的描述所传达的是人际关系的约束力概念和满足日常所需和欲望的重要性。(1994:6)

杨美惠和其他学者指出,作为嵌入在中国社会的一种人际关系的网络,关系在改革开放后变得更加明显。通过礼物交换的关系运作无处不在,以至于杨美惠(1994)把关系的作用提高到挑战国家权力结构这个层面。以布迪厄的"资本"概念为基础,艾伦·斯玛特(Alan Smart 1993)关于在改革开放时期香港商人在内地投资的例子,说明了策略性的社会行为可以使非经济资产转化为经济资源。斯玛特描述了长期社会关系的培养可能会帮助减少"所需的社会和法律设施还不够完善的这样一个社会里,交易成本和资本投资受到任意专横的官僚干预所带来的难以预计的风险"(1993:404)。

从在老挝进行投资的一些中国人角度来看,"关系"所涉及的社会互动和文化期待等要素如今还是非常适用的。张雯勤(Wen-chin Chang 2004)以祖籍云南的玉石商人的跨境贸易为例子,阐述了"关系"在非中国情景下的实践和变异。张雯勤认为在制度正式化程度越高的情景中,"关系"实践的必要性和工具性减弱,从这个角度来说,"关系"失去了其特定的文化符号和意义,而退却为人类社会互动和社会网络构建普遍实践方式。

在近期,网络理论也被用于重现历史上的跨界人类活动。例如在《与商人、僧侣和麝香跨越佐米亚——过程地理、商贸网络与内亚、东亚和东南亚边疆》[①]一文中,纪若诚考察了19世纪和20世纪连接起康区(西藏南部和东部)的佐米亚各社区和中国四川、云南两省及东南亚大陆的贸易链,同时展现了这些区域同环喜马拉雅地区及印度、中国西北部的青海、甘肃,以及相隔遥远的上海与香港的联系。他揭示了这些贸易网络和商贸活动是如何整合到地方、国家权力中。在此,对微观与宏观的人际交往网络的文献综述,我的意图在于强调在本研究中,"关系"是一种主位的视角,即研究对象所持的行动原则,从客位的角度所要强调的是本书对于边疆这个概念的解读视角——用人际间交往和互动的角度去看待边疆,以及这些互动所造成的情绪与情感影响以及物质后果。

谭拜尔(Stanley Jeyaraja Tambiah)提出应该将考察地点的当地政治经济社会状况放在"全球"(global)和"历史化"(historicised)的背景里进行研究。这一个观点无疑对于当代的跨境研究是一个有益的补充。相应地我所持的观点是中老接壤的边疆地区在历史上的族际互动和纽带与现今新

---

① 英文标题为 Across Zomia with merchants, monks and musk: process geographies, trade networks, and the Inner-East-Southeast Asian borderlands。

的市场机会存在着共生关系(symbiosis),即新的市场关系嵌入在现有和旧有的跨境关系纽带中。"边疆"成为由于历史渊源、跨境联系和松弛的政府管控所滋长的市场与投机机会之边疆地区以及资本流入地的比喻。对边疆的这种理解范式似乎把边疆看作是一个无政府、缺乏政府规制和调控影响的空间。但这是因为国家调控的有效程度在各县之间和地方与地方之间有所不同。①而且在这里我强调一种不同层面的边疆生活状况,对这种层面的分析证明了族际间与人际间的关系是理解边疆动态的关键。同时我的意图在于强调本土化现代性、社会亲密性和社会网络等概念如何相互交织而成为我对边疆民族志的分析参数。

2. 本土化现代性与自我塑造

在《现代性与自我认同:现代晚期的自我和社会》一书里,吉登斯论证道晚期现代性是后传统的一种秩序,其特征是一种成熟的制度性的反思性入侵,并调整着个体活动。而伴随着大量的社会科学的发展和日常生活方式指南和指导的出现,自我变成了"反身性工程"。②他提出"去嵌"的进程引发了时间和空间的变迁,结果产生了普遍的质疑和一种带有相对主义(relativism)的感觉(1991:32)。在此吉登斯提出了一种解释现代性与自我的新框架,而本研究借用这一思路对在非西方情境下现代性的理解与自我(self)之间的关系进行探索。

通过对雷蒙德·威廉把"现代"视为一种"感觉结构"(1961;1980)这一视角进行延展,沙因提出"现代"感觉结构体现于人们的社会性中(Louisa Schein 1999:363)。对于沙因(1999)来说,人们将"自我"与个体的社会交往向现代性进行调整。在强调现代性与个体之间关系的基础上,从全球化的视角出发,阿帕杜莱(1996)提出电子媒体和大量移民推动个体对现

---

① 麦克·德怀尔(Mike Dwyer)的例子显示了中国人投资的橡胶种植加强了老挝政府的执政力度并产生了与人口管理策略性相联系的一系列进程(2014:382)。具体参见 Dwyer, M.Micro-geopolitics: capitalizing security in Laos' Golden Quadrangle, Geopolitics, vol.19, No.2(2014), pp.377-405。

② Giddens, Anthony.*Modernity and Self-Identity: Self and Society in the Late Modern Age*, Malden: Polity Press, 1991.

代性的想象,而这种想象可以发生在任何地点,由此使得在现代性的推导中所需的西方主导性失去稳定性。与这种解释性的现代性相似的是罗丽莎所提出的"现代性以一种话语、寓言和比喻的形式而存在"(Lisa Rofel 1999:13)。她认为现代性是一种叙述性的想象,与他人相关的一种故事叙述,它以一种强大的国家叙事相交互的形式而存在。在本研究中,关于现代性的讲述与叙述并不是一种"自觉的政治行为"①,而是广泛存在于跨境区域间的一种叙事工具。②在老挝特别是偏远山区,个体对现代性的追求产生于民族国家建构下共同政治意识的打造、外资注入、国家—公民关系的调整过程中。③

那现代性的内容是什么呢?伊恩·巴适考(Ian Bashkow 2006)在《白人的含义:厄若开瓦文化世界里的种族和现代性》中提出现代性存在于比较中,是一个"相关"的事物,只有通过比较才能揭示现代性的内容。④巴适考在通过新几内亚岛的厄若开瓦(Orokaiva)的研究得出当地人通过承认自己的"不足"和"缺乏"来诠释一种以种族为基础的现代性。他写道:"一种被诠释为可以解决自己的问题的现代性,能非常有效地纳入当地文化过程,并提供榨取道德秩序的动力,利用其弱点并引导人们贬低与(这种现代性)对立的传统文化。"⑤(巴适考2006:14)厄若开瓦人对白人的模仿源于殖民时期的欧洲中心霸权,以及存在于新几内亚的社会经济障碍。如今,这样的模仿仍然和全球发展体系及西方的种

---

① 关于"自觉的政治行为"(Self-conscious political act)的研究参见 Anagnost, A. *National Past - Times: Narrative, Presentation and Power in Modern China*, Durham: Duke University Press, 1997.

② Davis, Sara. Pre-modern Flows in Postmodern China: Globalization and the Sipsongpanna Tais, *Modern China*, vol.29, No.2 (2003),pp.176-203.

③ Pholsena,Vatthana,*Post-war Laos: the politics of culture, history and identity*, ISEAS Publication, 2006.

④ Bashkow, I .*The Meaning of Whitemen: Race and Modernity in the Orokaiva Cultural World*,Chicago and London: The University of Chicago Press, 2006.

⑤ Bashkow, I. *The Meaning of Whitemen: Race and Modernity in the Orokaiva Cultural World*,Chicago and London: The University of Chicago Press, 2006.

族和权力观念复杂地交织在一起。如吉登斯(1991)所论断的,现代性和关于"进步"理念不只局限于西方(Ong 1996；Rofel 1992,1999)。在这里我要强调的是,与巴适考对现代性的分析相似的是老挝阿卡在全球化过程中所面临的社会经济障碍和文化与民族边界问题,从而使得对于现代性的追求成为一种生存必要。

同样萨林斯(1999)也对非西方背景下的现代性作出了论述。他认为现代性或者任何全球性的指令都会在当地"本土化",这意味着经济上和政治上处于弱势的群体的确会在外来压力下被改变,但是也会运用他们所有的力量来解读、适应甚至颠覆这些伴随全球化而来的现代化要素。这就是萨林斯对于"本土化"现代性(indignized modernity)的阐释。根据他的思路,特纳、波恩和米肖等人(Turner et al. 2015)指出了存在于当地人中的主观能动性。他们在《边疆生计:在中越边境上的赫蒙人》(*Frontier Livelihoods: Hmong in the Sino-Vietnamese Borderlands*)一书中,对处于非西方的欠发达边境地区的现代性提出了新的见解。赫蒙人(Hmong)在应对市场整合和民族国家建构的力量过程中积极适应和对自己的生计投资策略进行调整。而且赫蒙人在市场经济扩张的山区还巧妙地保存了自己的一些文化因子。面对经济理性化趋势,他们采取一种"隐蔽的反抗"(covert resistance)来平衡所获得的生计机会,从而实现了在他们生活世界里的现代性的地方化。与巴适考,罗丽莎和特纳等人(Rofel 1992；2007；Turner et al. 2015)一致,我认为现代性的内容和组成以及意味着什么仍然是个人的一种解释,从而强调了个体和群体的能动性。老挝阿卡所呈现的是在日常中对于现代化和现代性的一种杂合理解,即把现代性表达为一种物质获取,在这里现代性与现代化混为一体。

老挝的现代化建设是通过符合理性化的进步标准的五年国家发展计划来进行的。一些评论显示,由于老挝政府的意愿在于将农村定位在以农业为核心的发展方向,所以老挝现代化进程的"现代"程度不够充分(Rigg 2005)。然而,以自然资源商业化为特征的农业现代化进程在老挝产生的紧迫感将其民众置于"要么进行现代化,要么消失"(to modernize or to perish)的境地。①在老挝,国家和公民财产关系的转变已经成为促进以自给自足为主导的少数民族群体生产方式转型的机制。在确立合法性社会身份的过程中,1998年信息和文化部呼吁老挝公民构建"新文化时代生活",旨在向识字率低下的人口灌输对现代理念的认知。实际上老挝的现代化过程是老挝开始从自由经济和全球贸易所带来的可见的物质变化所推动的。和这些可见的物化进程相比,现代性是一种更为抽象概念并且因人而异的定义参数。而最近到达老挝的现代性淡化和冲击了老挝政府一直在寻求却又模糊的现代性愿景。

从这个视角出发,与老挝的"现代"公民的制造过程并行的是和全球化的现代概念一致的一种"自我塑造"(self-making)的进程,就这一点来说,亨丽埃塔·摩尔(Henrietta L. Moore 2011)论述到"自我"总是和"他人"相对应的。在全球互通的时代特点下,她提出了"自我塑造"和"自我风格化"的分析概念来向我们呈现人们如何工具性地使用文化资源来重新塑造自己。摩尔把文化定义为一种生活的艺术,一种适应世界的方式,分析变迁和社会转型的新概念,还是一种强调归属、意义和价值的新表达。这样的论点似乎又回到了吉登斯对现代性的理解,即全球化削弱了民族国家力量,却凸显了本土身份意识(吉登斯 2008)。②结合以上对现代性的论述,我将说明伴随着橡胶种植而来的现代性和现代化趋向,也可以看作是一种让老挝阿卡重塑自己的文化资源。随着与外来人的更多的理念、财物和商品的交换,老挝阿卡不断地汲取从媒体、集市和其他与外界社会互动的渠道所得到的想法和经验。他们运用这些资源来重整、重塑并导向一种自我认识的现代性——通过本土化运用的现代性。

3. 处于边疆的阿卡人

如上,我已经论述了新形势下边疆的体验涉及物质生产、社会资源动

① Michaud, Jean. Adjusting livelihood structure in the Southeast Asian Massif , in Dan Smyer Yü and Jean Michaud, eds., *Trans-Himalayan Borderlands: Livelihoods, Territorialities, Modernities*, Amsterdam: Amsterdam University Press, 2017,pp.45–63.

② [英]安东尼·吉登斯:《全球时代的民族国家》,郭忠华、何莉君译,《中山大学学报(社会科学版)》2008年第1期。

员和夙愿性的努力。在我们观察这些异质接触的出现如何重塑边界社会空间的同时，我们也注意到人们如何应对急剧的变化这一层面，并作为分析的一部分。克莱曼(Kleinman)和菲兹·亨利(Fiz-Henry)指出在大规模的政治和经济进程重塑着人们生活和当地的社会交往参数的同时，"这些进程也在微调人们的心路，比如说情绪，认知形式，记忆和自我认同"(2007:55)。换句话说，伴随着自由经济到来的机会和可能性给个体带来的是变化、潜在的收获以及剥削和被剥削(Lyttleton and Vorabouth 2011)。在近期不断生发的亚洲民族志记录和研究表明，对于个体的研究并不局限在单一民族国家和公民之间关系的解读，而同时要考虑区域间和全球进程所带来的物质和非物质层面的影响。正是从这种多层面的意义上，我将讨论阿卡如果看待自己，以及怎么在橡胶种植的新世界里寻求"作为阿卡"(being Akha)的意义。

本书以我和妹四的偶遇开篇。三个月后，我跨过边境线到云南西双版纳的勐润镇进行关于橡胶初级加工市场的一个调查时和妹四的女儿相约见面。妹四的女儿和一个曾经去老挝进行橡胶种植管理的汉族男子结婚。她说着一口流利的当地方言，并告诉我她无法理解我，一个受过良好教育的中国女性为什么要去老挝如此"落后"的国家。在和她的交谈中，她甚至把阿卡描述为蛮昧群体，而"现代人"会觉得很难与阿卡交往。正如妹四的女儿所述，阿卡在老挝甚至在整个大湄公河次区域有着特殊的含义，而更为矛盾的是，这些含义经过社会再加工后的结果往往是贬义的。[1]就如埃斯科瓦尔(Escobar 1994)和弗格森(Ferguson 1990)表明发展与援助最终不一定实现预计的结果，它甚至往往会产生一定的无法控制的影响，在发展、现代化和国家构型的尺度下，作为高地少数民族之一的阿卡几乎等同于一个需要改变的群体(Cohen 2000; Cohen and Lyttleton

---

① 关于国际发展组织对当地人的再现与其后果请参阅：David M. Anderson and Vigdis Broch-Due (eds), *The Poor are not Us: Poverty and Pastoralism in Eastern Africa*, James Currey: Ohio University Press, 2000; Vigdis Broch-Due and Richard A. *Schroeder (eds), Producing Nature and Poverty in Africa*, Uppsala: Nordiska Afrikainstitutet, 2000。

2002；Lyttleton 2004；Sayanouso 2011）。

从1975年开始，老挝人民革命党力图打造一种国家文化。老裔法国学者奔舍那（Pholsena 2002）阐述到这个时期的老挝文化构建，试图在泰国和西方文化中间寻找一种文化独特性。尽管政治言辞把"老挝文化"描述为基于多民族和对其自治历史的定义，它也符合发生在区域其他地方的模式。和东南亚其他少数民族一样，阿卡被引导和国家文化相呼应的生活方式，而在老挝即是一种低地老族文化（Michaud and Mckinnon 2000）。

在老挝西北部，老挝政府对阿卡的控制和治理体现从地景（生计方式）到身体（婚恋和性风俗）等层面。这些转变的总和已经对老挝阿卡的主观性产生了影响（Lyttleton 2004）。就如我将呈现的，在老挝阿卡内化了他们"需要者"和"缺乏者"的地位的同时，他们也在积极应对其边缘化地位。对于泰国农民状况，约瑟·桑塔松巴 写道："与资本主义穿透的无力的接收者（这一刻板化印象）相反，在很多社会政治条件和背景下这些农民以不同的方式进行回应。"（Yos Santasombat 2006：141）和本书相似的是，尽管处于不断变化的生活状况中，老挝阿卡也在积极地适应和应对，而理解这些适应方式的前提是细致的调查和对当地社会和生活的深入体验。

四、调查方法与方法论

（一）调查方法：调查地点和语言运用

我通过GTZ在芒新的山区农村发展项目组（RDMA）开展在老挝的调查研究，芒新和芒龙两县在2009年一共有120多个阿卡村子，由于近年来老挝山区民族经历了向低地迁徙以及向山区的回迁潮，在这种反复的过程中又产生了新寨的建立，所以上述村子的总数不是精确的。据2009年的统计，在这两县的阿卡人口数量在35,000人左右。在调查中我按照三个不同的地理区位：山区、低地以及距离中老边境线的远近选取了12个阿

卡村落和一个赫蒙族村子进行实地研究(见表0-1)。为期15个月的调查
分为三个阶段：第一个阶段我参考了芒新和芒龙的老德技术合作(Lao-
German Cooperation)和法国反饥饿行动组织(Action Contre la Faim)这两
个机构所提供的关于这些村子经济发展的一些基本数据,之后我与这两
个机构的社区工作人员随机走访各个村子;在第一阶段的走访基础上我
根据这些村子的橡胶种植和发展情况选定了12个村子;并对每个村进行
入户调查,调查内容包括家庭成员和劳动力数量、经济收入、当年土地使
用面积、农作物和经济作物的种植种类和收益、家畜养殖情况等。尽管在
论文写作过程中,我没有把定量研究作为主要研究方法,数据的收集过程
和走访对于定性研究是必不可少,因为这是一个调查者与调查对象的熟
悉过程。在对这些阿卡村子基本有了一些了解后,在最后一个阶段我逐
渐把调查范围缩小到4个村子以进行集中的定性研究。将田野调查集中
于老挝境内的同时,我采用了多点调查法(multi-sited fieldwork),跨境到
位于西双版纳勐腊县的勐润镇和勐海县的勐满镇的一些村子进行走访。
走访的目的在于获得更多的跨境族际交往的信息与线索。

表0-1　调查所覆盖的村子和地点

地理区位及(村子所在地)海拔(米)	芒新县	芒龙县	南塔区	西双版纳	重点调查村子及民族组成
山区(990~1060)	洒腊村;帕甲	回简告村 回简迈村			洒腊村(Pouly支系)
低地(132~299)	普村;嘎洒村; 仰伦村;	那麻告 那麻迈	哈鸟村(赫蒙族);泰国橡胶加工厂	勐润镇、勐满镇	普村(Pouly支系) 嘎洒村(Tchichor, Pouly支系)
边境线附近(193~590)	曼卡村;帕巴仰	庞仰格屏小寨		勐润镇	曼卡村(Pouly支系, 哈尼族、汉族)

　　为了了解和接触更多的当地人,我租住在芒新县城毗邻菜市场和车
站的一处房子。由于市场和车站是当地人比较集中的地方,部分来往县
城进行打工、务工、探亲访友的阿卡村民也会趁闲暇来串门。部分在县城
务工的阿卡女性也会在我租住的房子里借宿,以便于第二天能准时到达
打工地点。这种互动空间的转换与对村子现场的调查是一种有效的补

28

充:在村子之外,村民们显得可以更轻松地谈论村内的情况。对于一个调查者来说,这样的居住地点选择还能够更为直观地感受到当地人的日常生活及其变化。

在这个边境地区,历史上的族际交往以及近期区域间市场联结形成了当地人语言使用的多样性。老挝北部在19世纪下半叶迎来了太平天国和潘泰起义后的残军,这些人被老族人称为云南"华族"(Haw)(格兰特·埃文斯 2002:33)。这个群体中一部分留在了老挝丰沙里,并自称为"汉家",其中约3000人又在近10年中搬迁到老挝芒新县。这些掌握云南方言和老挝语的群体在芒新县迅速增长,并和新近迁入的中国人结成了生意伙伴。在这样语言环境里的田野调查对调查者的多语言能力是一个挑战。阿卡语主要运用在对来自不同社会背景的老挝阿卡人的采访和交谈中。同时我在对60多名中国商贩、中间人、国企和个人橡胶投资者、种植承包和转包人以及农业技术推广人员的访谈中使用普通话或者云南方言。老挝语主要用于与老龙族的日常交流。为了保证信息更为准确和及时地传达,与老族官员和一些非政府组织工作人员的采访和交流使用的是英语,或者在老挝语口译人员的帮助下完成。在田野调查即将结束的前1个月,即2000年1月我在琅南塔省投资与规划厅(DPI)进行实习,在那里我获得从更为宏观的视角来审视当地变迁的机会。

(二)方法论:田野调查中的"局内人"和"局外人"

国际学界倾向于把出生自某个少数族群的研究者称为"本土"人类学/民族学家,在局内人和局外人之间进行区别的传统观念下,"本土"人类学家被视为掌握更"真实"的关于某个族群或者群体的内部文化知识。由于我的哈尼族身份,我常常被标签为"本土"人类学家和所谓哈尼族的"局内人"。我承认我的哈尼族背景给我在老挝阿卡社区的调查带来了语言上的便利和获得一定程度的民族信任感。例如在平常状况下很难想象一个不会说阿卡语的人或者没有相似的文化背景的人会发生像我和妹四在食馆里的对话。但是,我相信任何一个对研究群体保持专业性关注的人，一定会努力和研究群体产生类似的互动。柯瑞·纳拉扬（Kirin Naray-an 1993）对"native anthropologist"（本土人类学家）这个概念进行了解构。她认为无论是"本土"还是"真正"的人类学家，无论是被调查者对我们的身份认同或者我们自己的身份认同，随着时间和空间的变换都是在变化中的。

对于我来说，我具有多重身份：出生在红河南岸多民族杂居的边疆小县城的哈尼族家庭，通过家人日常对话和走亲戚的过程中学会哈尼语的一个中国人和接受过7年西方教育和学术训练的女性。和纳拉扬一样，这些身份和背景无论在我的日常生活还是在老挝的田野调查中常常处于转换之中，从这个角度上来讲，我并不能提供一种纯粹的当地人的视角。相应的，在不同情况下村民们会选择性地强调我的某些身份。他们会在节日和婚礼的时候让我用我的照相机为村民拍照，他们也很乐意在这样的欢庆场合邀请我并把我介绍为"labe"（中国人/汉人）。在中国人特别是汉族人面前，他们倾向把我介绍为中国人，从而强调我的中国身份。但是在中国哈尼族或者老挝阿卡人面前他们会着重强调我来自哈尼族家庭。而经过一段时间后我也发现选择性地介绍自己的身份有助于调查的展开。

在阿卡村子之外，我不会主动向别人说明我的哈尼族身份，这是为了让人们不会因为我的民族身份而在与我的交流中有所回避。由于阿卡村民经常出入我所租住的房子，房东（一个傣泐妇女）觉得非常不解，从她的不解和对阿卡这个群体的评论中我也体会到了长久以来污名化对老挝阿卡的影响。尽管在很多场合，我被视为"局内人"，由于我的女性这个社会性别身份，我也不能参与到一些祭祀活动中，但是女性身份也给了我一定便利：母亲们和女孩子们非常乐意和我交流。当看到我能自如地用阿卡语回应村民的玩笑时，我的文化根源得到了强调，村民会欣慰地说："她是阿卡，只不过是改变了的阿卡。"尽管我所寄居的家庭把我作为亲戚来看待，但是我还是被排斥在一些局限于家户范围的祭祀活动之外，这一个经历也让我觉察到阿卡社会中"家户"的严格边界（见第四篇关于家户的讨论）。

柯瑞·纳拉扬提出的杂合实施（Enactment of hybridity）这个概念说明无论民族和种族的异同，观察者身份往往是杂合的，同时我认为在一些情况下，观察者与被观察者在互动中也是信息传播和再制造的过程，这也造成了主体与客体界限的模糊。在与调查对象密切的互动过程中，我发现我的研究对象也同时在"研究"我：村民们会互相打听我的背景、身份和来村里的意图。印象最深的是有一次一个17岁的阿卡男孩子抱着一个半岁左右的男婴来到我所寄居的家庭，出于好奇我就抱起了孩子，同时观察着婴儿颇具特色的穿戴。婴儿的父亲待了一个上午就带着孩子走了。之后我经过琢磨才明白，由于我的年纪（当时29岁）在阿卡看来应该有孩子了，如果没有自己的孩子他们就认为我有生育问题，男婴父亲是带着我会收养孩子的希望来到村子里的。在进一步了解之后，我发现在阿卡中出现的不孕率上升与区域流动以及疾病传播的关系。其实，如果我们对田野调查中发生的一些事情进行问题化分析，是很有启发意义的。我经常会被问及"你家里也种橡胶吗？"或者"西方人（老挝语：falang）有钱是因为他们种橡胶吗？"这类问题。一些年轻女孩子会向我询问如何能找到中国（汉族）丈夫，他们在向外人介绍我的身份时的选择性及这些互动将我引向了对一个问题的探寻：大量拥入老挝的中国人对于阿卡意味着什么？在写作过程中这些问题又成为"本土化现代性"讨论的来源，在这些一点一滴与当地人的互动中发生的偶然事件所触发的思考形成了这本书。

布鲁纳提出"每个人类学家都带有一个个人自我和作为调查者的自我"（Edward Bruner 1993）。尽管我因为文化身份和成长经历的杂合，从民族身份这个意义上将自己视为哈尼/阿卡中的一员。作为一名自我标签为"本土人类学家"的日裔文化人类学家，大贯惠美子又指出"本土人类学家"在对于行为的感性层面以及心理层面的认识有着更大优势（Ohnuki-Tierney 1984）。从很大程度上，我能体会到阿卡，这个社会意义上的弱势群体所面临的困境以及内心挣扎。如开篇我和妹四的对话中所提及的银饰所代表的意义，即便无须通过调查了解，我从她的一举一动中也能体会到他们到城里打工时的拘谨，对城里亲属的依赖，以及在低地民族面前显现的过度谦卑。可能和我同样的其他少数民族的调查者,在田野调查中经常所面对的是作为少数民族的主观性(subjectivities),这使得我在老挝的实地调查研究初期变得非常感性:2008年是我第一次到访老挝。老挝山区阿卡人的物质匮乏程度是难以想象的:人们通常会来回6~7个小时往返在旱谷地和家之间,但是收成并不能满足家庭成员消费所需。蔬菜主要是来自于山里的野菜,山里的野禽类和野猪是主要的蛋白质来源,而且这种来源是非常不稳定的。几乎每户都有母亲向我诉说由于没有及时获得医疗帮助而导致了孩子夭折的经历,这些阿卡人所承受的社会磨难,无论对"作为一个个人的自我"还是"调查者的自我"都是巨大的心理挑战。

随着这种感同身受和同情渐渐成为一种情感负担,相应的我在"多点调查"基础上进行"distancing"(疏离)的方法。大贯惠美子提出:"疏离不仅在以我们的才智为基础的进行对模式的抽象和行为模式与模式的行为的抽象中需要,而且也是为抽象情绪模式和模式的情绪所需要的"(Ohnuki-Tierney1984:584)。她举例说明人类学家在研究本民族文化的过程中,随着调查时间的推移,研究对象的行为模式会变得越来越不明显,因为在此过程中调查者变得更像调查对象。当日常生活逐渐替代了调查场景,很大程度上降低了田野调查中研究对象的"表现"程度。在我的调查里的"疏离"并不是要刻意追求一种绝对的客观性,而是需要刻意地扩大一种情感距离,从一种更为客观的角度看待阿卡这个民族以及其社会所经历的变迁,与"绝对客观性"的追求相对,通过选择性地使用"局内人"和"局外人"的视角,我在书中所要强调的是调查主体的经验和调查主体与客体的互动的叙事形式和方法在知识构建中的作用。①

---

① Jackson, M., *Paths Towards a Clearing: Radical Empiricism and Ethnographic Enquiry*, Bloomington: Indiana University Press, 1989.

第一章　民族国家建构下的老挝西北边疆

"爷爷①,洋烟②好吸吗?"

"是的,非常香。"

"……你能不能不吸了? 一旦政府的人发现,他们会来把你抓起来的。"(引起旁人的大笑)

（2009年11月2日笔者在芒新县清铿乡洒腊村的田野笔记）

在经过更多的互动和了解之后,我意识到这个以吸大烟度日的阿卡男子已经不在意我这个外来者目睹他吸食了。和阿卡村子里其他中年成瘾者一样,他用捕获到的野生动物和有剩余鸦片的家户进行物物交换。在老挝西北部,罂粟种植在殖民政府、军阀的推进,以及皇家老挝政府的默许下,成为当地经济和财政税收的重要来源。在西北山区政局动荡时期,鸦片甚至代替了纸币成为经济交易的媒介。尽管这个五岁的阿卡小女孩无数次看见过这样的吸食场景,但是老挝政府(GoL)日常宣传中对吸食鸦片的惩罚却成为她的担忧,于是就有了以上的对话。

以上的场景是与老挝近期打击和铲除罂粟种植话语中的"进步"密切相关与同步的。在鸦片吸食者逐渐被贴上社会政治污名标签的时代（Cohen and Lyttleton 2002；Lyttleton 2004),新一代的国家成员指出并提醒,吸大烟的人有比鸦片成瘾本身还要告急的"副作用"。从20世纪90年

---

①阿卡语里的"爷爷"(阿卡语:abo)除了血缘上的意义外,还可以作为敬语称呼上年纪、社会地位高的男性。

②和汉语口语用法一样,阿卡语中的鸦片也称作"洋烟"。由于老挝种植罂粟的历史要晚于中国,这里可以把它看作是外来词。

图 1-1　代表老挝国家疆域化进程的土地利用划分图(2009年摄于芒新县清铿乡。为保护村子详细信息,对照片进行了模糊化处理)

代以来,随着美国和联合国在全球范围"禁毒战争"的深入,老挝政府逐渐与美国和联合国在毒品的"供给遏制"相关立法和项目方面合作。老挝政府在罂粟种植山区的一系列禁毒措施与"治理术"(governmentality)不谋而合,从而达到培养国家"好公民"的目的。然而这种治理术也在村民中形成了相互监视和评判以及污名化(stigmatization)的机制,从某种程度上来说,"是否鸦片成瘾"成为阿卡之间个体伦理判断的新依据之一。

　　和其他地区相似,老挝的罂粟铲除过程产生了一系列的包括社会"污名化"的后果。对于一些人,主要是年长的吸食者,这意味着秘密的小规模种植,或者为了买更贵的鸦片而寻找经济来源。但是对于把鸦片用于交换和买卖的大部分家庭来说,罂粟种植禁令加剧了更为绝望的对于替代选择的寻找。在中国的罂粟替代发展项目到来之前,在老挝已经存在一系列的旨在建立生计替代方式选择的罂粟铲除干预措施。尽管早在1971年老挝已经出现了官方禁烟的言辞,力度较大和比较坚定的铲除罂粟在2000年之后才开始,这个时期也契合了老挝国内减贫和区域经济自由化的趋势,同时这些措施都加速了民族国家建构进程。

虽然有些学者(High and Pietit 2013;Ducourtieux 2013)认为老挝政府每项措施都难以长时间维持,而且国家对社会、政治和经济渗透的尝试也是无力的,但是我认为还是有一些对当地社会产生了长期与深远影响的措施和政策。2000年12月,老挝总理颁布了2006年(之后改到2005年)之前清除罂粟种植的第14号法令。2002年至2003年之间,为响应老挝中央政府的决定,西北各省级政府展开了坚决的行动。在老挝政府的辞令中,鸦片往往被强调为致贫原因,但是在缺乏有效替代措施的情况下,铲除罂粟种植催化了山区居民向低地的流动,以及这些村民在安置地的无产化(Lyttleton 2005)。2002至2003年之间罂粟替代政策的实施,体现了老挝国家对吸收和整合远离低地政治中心的山区民族到控制领域的决心。

在老挝鸦片相关话语中,常常把鸦片看作为山区"原始""落后"和贫困的标志。从象征意义上来分析,保罗·科恩认为鸦片成为老挝在社会主义老族化进程的一个重要象征符号(Cohen 2009;2013)。鉴于罂粟在老挝政治、经济中的影响,以罂粟和在老挝开展的罂粟替代发展为起点,本篇对老挝西北部的民族国家构建的举措进行梳理。民族国家建构是一个伴随着现代国家崛起的需求,以国家领土和边界的形成与确立,国家法律制度和政治组织的建构,以及国家疆域内不同族裔的民族性和民族认同的培养为标志。①现代民族国家的建构中,国内经济统一是必要条件之一。由于地理与历史原因,尽管老挝大部分山区与低地有着经济往来,但是其状态是零星的,而山区经济仍然是以自给自足为主导。老挝与越南、

---

① 参见王建娥:《国家建构和民族建构:内涵、特征及联系——以欧洲国家经验为例》,《西北师大学报(社会科学版)》2010年第2期。

中国、缅甸和柬埔寨的国境线分别为2130千米、500千米、238千米和540千米。陆地环绕再加上老挝各省几乎都与其他国家交界，缺乏强有力中央集权，基础设施薄弱，缺乏国内统一市场，这些因素都造成了毗邻边界的地区与所接壤国家经济的纳入程度要高于老挝本土的处境。然而从另外一个角度上来讲，如沃克（Walker 1999）所述，尽管老挝是个陆锁国（land-locked），但是恰恰是这种地理位置造就了老挝与该区域之间多中心的连贯。统一的国内市场的缺席，政权文化经济中心与边疆的联系不畅，给边境的人们带来了灵活的人员流动以及跨境生计方式。

1975年老挝人民民主共和国成立后，老挝人民革命党（Lao People's Revolutionary Party）除了加强政治经济结构和实践性改革调整外，还面临着根植于历史的人口集中控制等棘手问题。在意识形态和文化方面，老挝政府处于"民族平等""老族化"和打造"老挝主流文化"的选择窘境中。从另一方面来讲，老挝的民族国家进程受到政策和实施的制约。政府效力限制着对于疆域化（territorialisation）和经济市场化进程的把握，并且与不断注入的外国资本（FDI）和国际援助呈现出复杂的矛盾关系，从而对国家和民众的对接和互动进行调整、制约和挑战。

一、疆域化老挝西北部

罗伯特·萨特将疆域性（territorality）理解为个体或者群体在既定地理区域内对于居住于该区域的人口，以及自然资源进行控制的尝试（Sack 1983；1986）。自从萨特在20世纪80年代提出"人类疆域性"这一概念后，学术界逐渐将多重尺度与多种行动者视角纳入到疆域分析中。这种空间分析概念实际上扩展了之前单一化的民族国家以及主权等分析视角下的外部领土（external territory）的研究。然而基于东南亚的研究表明，以国家这一尺度对领土内的疆域性和疆域化（territorialisation）进行讨论仍然有意义。例如，国家在现代化与市场化的诉求下对土地、人员安置和资源重组，换句话来说，是一种国家进行资源控制的策略（Isager, Lotte and Ivarsson, Søren 2002；Vandergeest and Peluso 1995）。根据老挝的国情特点，里格(Rigg 2005:110)曾经非常简明扼要地指出,"从广义上来讲,老挝目前的疆域化趋势映照了一种从殖民前的以人口为主导的资源控制到对土地(或者空间)控制的体系转变"。

从国家这个尺度出发,我将老挝目前的疆域化进程看作国家构建的疆域控制的一种初始化表达和市场逻辑下的内部疆域规划,而这种表达从20世纪90年代以来,尤其是21世纪初西北部边疆和山区逐渐加强的一系列政策中尤为明显。在老挝西北部乃至北部山区,四个疆域化举措分别是(国内)内部移民安置(internal resettlement)、减贫、减少轮作和铲除鸦片。虽然上述这些政策和措施是在不同时期出台和实施的,但是它们又是互相影响和交织乃至重叠在一起的。我认为除了达到推进现代化的目的之外,这些政策在执行的过程中实际上是对在国家领土内难以到达地区实现了更为有力的行政控制,从而达到国家权力在空间上的延展。尽管如此,疆域化以及与其并行的去疆域化进程(deterritorialisation)并不是一种简单的自上而下的空间制造或者地理规划策略,更不是一个直截了当的过程。在重访疆域及疆域化概念的同时,我们从实地调查中可以看到去疆域化政策主导的进程之外,相应地,民众也同样进行着再疆域化(reterritorialisation)以及反疆域化(counter-territorialisation)等一系列反应式行为(Rigg 2005),而疆域化过程所涉及的不仅仅是资源控制、生存空间的博弈,还有国家意识与国家认同。

(一)疆域控制与疆域化

查尔斯·蒂利(Charles Tilly)提出疆域控制(territory control)的强化是欧洲民族国家形成的主要表现之一,在国家对社会的权力强化的同时,政府从其他组织中分离出来并获得自主性,占据权力中心地位及具备协调能力,但这是一个渐进的过程。[1]老挝这一国家的发源和脉络在民族国

---

[1] Tilly, Charles. *The Formation of National States in Western Europe*, Princeton NJ: Princeton University Press, 1975; Tilly, Charles. *Coercion, Capital and European States AD 990-1990*, Cambridge MA., Basil Blackwell, 1990.

家构型研究中至今颇有争议（Jerndal and Rigg 1998；Stuart-Fox 2006；Phol-sena 2006）。历史学家斯图尔德·福克斯认为："老挝在20世纪50年代早期都不能称为民族国家。"（Stuart-Fox2006：59）耶恩达尔和里格曾经指出"即便在法昂时期，以14世纪东南亚的状况来看，南掌统治也是极度分散的"（Jerndal and Rigg 1998：813）。其原因首先是国家地理空间的舒展性，其次，包括老挝在内的东南亚王国以及封邑之间，效忠和联盟的建立是在个体和群体之上而不是以地理空间为基础。

老挝国内史学界普遍认为老挝作为一个国家的历史可以追溯到澜沧（Lan Xang）[1]时期（14—18世纪），也是老龙族人法昂（Fa Ngum）在1353年登基后创立的一个国度。然而无论在我国国内学界[2]还是西方历史学界，一致的观点是，在近代之前老挝从未出现过长期稳固的中央集权制政权。澜沧在1700年左右分裂为分别处于腹心之地的万象、北部的琅勃拉邦和南部的占巴塞三个王国，而且随时处于被邻国兼并的危险中（Jerndal and Rigg 1998）。老挝封建社会实行的是国王所有的土地政策，国王是一切财产和资源的所有者。国王通过分封制任命，将原来归属于地方政权的土地重新在国王嫡系、亲信和忠臣当中进行分配，食邑（"景孟"制度）于各地的领主又将自己辖区的土地进行再次分封，直至村社，这也是建立统一国家的举措之一（申旭 1985）。即便如此，泰国与老挝研究学界几乎一致的观点是，在古代老挝君主对于人口的控制的必要性大于对土地的控制。正如流传于泰国北部的一条古老谚语所指出的："把蔬菜放在篮子里，把人放到勐里。"（kep phak sai sa kep skha sai muang—"put vegetables into the baskets；to put people into the towns"）[3]历史学家马尼奇（Manich 1967：5）也提出相似的评述："如果土地上没有人的话也不算土地。"对于

---

① Lan Xang也译作南掌，意为上百万头大象之地（Land of Million Elephants）。

② 参见申旭：《十四至十九世纪老挝土地制度初探》，《东南亚研究》1985年第2期。

③ 从欧洲人在17世纪造访暹罗时的记录中人口数量的稀缺可见一斑。"他们只是忙于制造奴隶。如果，比如勃固人（缅甸人）从一边入侵暹罗的土地，暹罗人会另选一个地点进入勃固的土地，然后双方会俘获整个村庄的人。"（La Loubere 1969：90，引自 Randi and Rigg 1998：815）

作为劳动力和税收来源的人口的需求和对山区人口的控制,从历史到现在都是老挝的国家夙愿,而这个东南亚国家的情况和其他人口众多的国家不同之处恰恰在于人口的稀缺。可以想象,对于老挝的君主来说,比占有或者控制土地更为迫切的,是在土地广袤的老挝实现人口控制。

近期泰国疆域史研究(Vandergeest and Peluso 1995;Winichakul 1997)中的一个主导观点是,泰国暹罗时期边界是不断挪动(shifting)的而非固定的边缘,和暹罗相似的认知也存在于古代老挝。从宇宙观上解读,东南亚传统政体所呼应的是谭拜尔(Tambiah 1977)所提出的曼荼罗(Mandala)①体系,即从国家(封邑)政治中心向外扩散的同心圆结构,在中心的力量所覆盖到的范围之内的附庸政体,通过向处于中心的政体进行持续性或者间歇性纳贡以获得庇护。从另外一个层面上解释,一个国家或者政体可掌控的领土的范围实际上是在不停变化的,随着中央皇室权力到地方逐步减弱而变化(Tambiah 1977),这样看来边界和领土控制在古代老挝都是不稳定的。从"勐"(Muang)这一传统城镇空间布局来看,芒新呼应了城镇和政权中心向四方扩散的同心圆结构(Cohen 1998)。曼荼罗体系的国家空间布局也构成了当地泰泐人对政治空间和边界的认识。②总的来说,以韦伯的国家视角来看,由于缺乏明确而稳定的边界,包括老挝在内的很多东南亚国家在历史上很难被视为有着独立主权的国家。③

从19世纪开始,全球化所带动的对固定的边界认识随着殖民关系的建立到达了东南亚(Winichakul 1997;Ivarsson 2008;Evans 2016)。澜沧王国分裂两百年后法国殖民者在此(重新)组建了老挝,并在1893年开创了具有现代意义的国界——清晰的领土边界以及对领土的最高统治权。从一开始法国殖民者就把与老挝西北部接壤的云南视为贸易通道,从这个

① 泰语为monthon。
② 即便缺乏对远离政权中心山区的其他民族的视角的系统历史记载,但是可以肯定的是,包括阿卡在内山区民族对空间和边界的认知与掌握低地政权的宗主是不一样的。相似观点参见Tooker 1996。
③ 大卫·斯坦伯格(David Steinberg)指出除了越南之外。Steinberg, David Joel (ed.). *In Search of Southeast Asia: a modern history*, Honolulu: University of Hawaii, 1988.

通道可以涉足清版图内的市场以获取商品并倾销法国产品。东猜·维尼察古(Thongchai Winichakul 1997)提出国界通过制图术得以产生,并替代之前的领土模糊性与流动性。19世纪末至20世纪初,随着英国、法国、暹罗和清政府签订了一系列条约,老挝的边界得以确定。出于对贸易和利润的追求,殖民当局对边界的管控一度很灵活。边界的勘定从一定程度上改变了老挝西北部的人们的政治空间的认知,但是边界划分的制图术并不能切断或者完全磨灭交界地区的经济、社会文化和宗教纽带。在当时对边界的划定不代表能够促进一个统一的老挝,或者说老挝殖民政府只是把老挝看作为印度支那版图中的一个行政单位,再者基于老挝本来就分散的局面与法殖民者推行的"分而治之"的政策不谋而合(Manich Jumsai 1974)。老挝殖民政府疲于应付建立于传统组织形式上而又效率低下的基层行政体系和殖民地劳役体系所激起的反抗。总的来说,在这个时期内部疆域化无论是前提还是条件都是缺乏的。

20世纪50年代是民众对民族国家诉求、民族主义和民族意识日益高涨的时期。然而成立于1947年的皇家老挝政府不但与殖民政府面临相似的国内发展问题,而且在获得美国的大量援助的同时,陷入了冷战等纷繁复杂的国内外事务中。在1950年8月13日,以苏发努冯为领导的老挝抗战政府成立巴特寮(Pathet Lao,也称老挝推广活动由民族统一战线)(代兵2013)。在这个时期老挝的10个省份被皇家老挝政府控制,而其余地区由巴特寮控制。在此期间,巴特寮开始在东部建立革命结构,并为老挝人民民主共和国在地理边缘的疆域化实践打下了基础。

1975年以来老挝政府在西北部边疆的疆域化措施包括关闭边境进行老挝国内重建,土地与森林的分配政策(LFA)和内部安置政策。在西北部山区(即老挝语境下的"佧族"地区)由于政府财力薄弱,工作人员不足,道路不畅,交通不便等因素,无论在作为低地政权的前现代还是在现今,"政权上山"一直是个问题。尽管从法昂时期开始采用了"佧"族头人在佧族地区进行管理和控制的方式,但是有效的行政体系的缺失等因素阻止了低地政权在山区的有效控制。在1778年暹罗开始统治老挝后并没有统一老挝,与之相反的是各地的"昭孟"脱离中央控制并割据一方(申旭1985)。在封建时期的"昭孔"(省长)或者"昭孟"(Chao Muang,食邑于全国各大领地的首领)与中央政府的疏松关系同样也映照在如今行政体系中,现今具体的体现是中央的政策往往没有在省级和基层得到贯彻,甚至是忽视的(Shi 2008;Keuleers,Patrick 2002;Stuart-Fox,Martin 2006)。如果对于前现代时期的宗主来说,控制人和劳动力的重要性大于对领土的控制,那么从20世纪80年代中期的革新开放后,市场逻辑下的内部疆域规划逐渐凸显。

芒新县清铿乡山区的阿卡回忆道,无论是低地宗主、法国殖民政府、皇家老挝政府还是巴特寮控制时期,征税和劳役一直持续。[1]在1953年至1975年之间,内战期间的西北部山区几乎处于无政府状态。直至20世纪90年代之后西北部的山区村民才陆续获得一些政府服务。老挝的社会主义政权在开始之初就宣布只有国家才是所有土地的拥有者(Evans 1998),而民众只享有"使用权"(usufruct right),在这里出现了一种明确的领土要求表达。然而老挝还一直处于国家与公民之间土地财产关系的建立过程中,这种财产关系的建立在西北部山区尤其困难(李云霞2017)。20世纪90年代以来与老挝的疆域化进程并行的是国家与政府在社会经济生活中的在场性的加强,而总体上国际发展与援助机构的进入没有削弱反而增强了这种在场性。[2]

从20世纪80年代末至90年代初开始的10年中,在一系列国际组织项目的支持下,土地与森林分配政策以支持社区可持续资源管理的形式得以开展,同时涉及以下几个方面:①划分村落边界,村内进行资源边界的区分,这包括森林、农业用地等。②对土地的使用和管理进行指导。③

---

① 法国殖民政府对北部实行非直接统治,但是征税和劳役的征派仍在持续,伕族每年缴纳1个皮阿斯特和10天劳役。

② 关于国际机构在欠发展国家的项目运作与政府在场性关系的讨论,参见Ferguson, James. *The Anti-politics machine: "development", "depoliticization" and Bureaucratic power in Lesotho*, Cambridge: Cambridge University Press, 1990。

将自然资源管理的责任转移到村委会。④通过注册《临时用地证》(TLUCs)将农业用地和退化森林分配给每户。

从目前来看"土地使用规划与土地分配项目"(The Land Use Planning and Land Allocation Programme,简写为LUPLA)是老挝政府在农村地区进行土地和森林分区的主要准则。虽然某种形式的土地规划自从1990年就开始,但是现有的执行程序是由老挝—瑞典林业项目的土地规划子项目发展而来。到2005年为止,这个项目已经在7,130个村子实施,所涉及的土地及森林面积达到了9.1百万公顷(MAF 2005:40)。LUPLA项目初始目标为:可持续管理与可持续的自然资源使用,减少和逐渐消除轮作,以及推广商业化生产。而老挝农业林业部在2010年给LUPLA项目所界定的目标为:提高农作物(包括谷物)的生产,通过加强整体的农业和森林管理体系来促进土地使用的监督和管控,进而加强土地税的征收。如名所示,LUPLA既是一个土地分配项目又是一个管理项目。在与邻村进行商议前提下,村民达成村界界限的一致决定,接着在划定的本村范围内,根据土地不同特点与用途再进一步划区。土地主要分为林地与非林地。林地又进一步划分为水源林(paa sangwan)、保护林(paa pornggan)、生产或者使用林(paa somxai)、再生林(paa fuenfuu)、退化林(paa feunfuu),以及神树林/墓地林(paasaa/paheeo/pakham)。而非林地包括稻田、住宅地、菜地等。从1996年启动的LUPLA/LFA土地项目中,森林用地按照5个类别分区,由于轮作用地被限制在"退化林",以及在LUPLA的实施过程强调对轮作的限制:每户人只能拥有3～4块地(根据家户劳动力和家庭成员人数可获得3～4公顷土地),而且无论土地是在轮歇还是在耕种状态都要上税(Keonuchan 2000;Ducourtieux et al. 2005)。LUPLA/LFA项目下的土地改革对于轮作(刀耕火种)来说导致土地短缺等问题。

从某种程度上来说,由于轮作被政府当作毁林和土地侵蚀的原因,老挝政府在项目初期将LUPLA看作减少轮作的途径。即便消除轮作不是此项目原本的主要目的,但是此项目长期以来受到国家农业和推广服务(NAFES)的轮作稳定处(SCSD)的监督。巴尼(2008:93)论述道:"作为一个崭新和特殊的土地使用的行政概念这个意义上来讲,老挝现行的土地所有改革倡议对于种植分区和发展的进程是非常重要的,特别是在绘测和制造退化林地方面。"定期或者不定期的审核,征税和政府人员的造访,以及包括林业部门在内的一系列行政机构和现代测绘技术的出现,加强了国家对于领土以及领土之内的人口情况的了解与控制。即便疆域化的最初动力是疆域控制和自然资源保护,但是从维持国家和政府机关的基本运作来讲,都需要通过税收和商业化获得财政来源。这个意图在2009年通过的一项法案中阐释得更为清晰:"促进国有土地的发展,变土地为资本,鼓励对经济作物生产和服务的投资,以及增加国库预算。"(DSLLC 2009:1)

默资(Mozio 2008:103)分析到LUPLA所导致的后果:由于实施的效果很差,这样的政策可能会失去对土地的控制,产生不断加剧的阶级不平等(很多例子显示,一些实力较弱的农民被迫出售他们的土地)和导致了自发迁徙;同时,默资强调道"……一些低地居民到山区清地以便获取土地和栽种足够的稻米,很多山区村民被迫到弃用的休耕地和很难被政府官员注意到或者到达的森林区域(进行耕作)"。需要记住的是从20世纪80年代末至90年代初开始的土地规划和土地所有权项目,进一步让已经在各种政策综合影响中挣扎中的农民们雪上加霜,包括土地使用面积的缩小和对轮歇土地的征税。综上,LUPLA/LFA项目下的土地改革缩小了轮作休耕期导致土地短缺等问题,土地商业化加剧了土地短缺这一状况,对阿卡乃至琅南塔的所有村民的生活与生计产生了直接而深远影响。

(二)内部安置(domestic resettlement)

去疆域化(deterritorialisation)是实现疆域化的条件或者途径,即改变人员原有居住地点和空间,或者对土地的科学划分及分配,或者通过土地类别的重新划分与当地人熟知土地类别区别开来。1975年后在老挝的一个具体体现就是内部安置(internal resettlement)政策。在1996年的第六次党代会上,关于轮作的公告中已经形成了移民安置的构想。尽管如埃夫拉和顾迪诺(Evrard and Goudineau 2004)所指出的,老挝政府不把山区人口往低地的迁徙看作是某一或者单一的政策,它反映了一系列政策的综合结果。贝尔德和休梅克(Baird and Shoemaker 2007)列出了老挝政府关于国内移民安置的5条理由:一是罂粟种植的清除,二是安全考虑,三是获取服务和提供服务,四是减少刀耕火种,五是文化整合和国家构型。最后一条同样被埃夫拉和顾迪诺看作"安置也被想象成加速少数民族文化整合到'国家文化'的方式"(2004:938)。

内部安置指的是在政策的指导下改变人员的居住地点,与由于战争、饥荒等不可抗力作用下的迁徙相区别。在老挝乃至东南亚的前殖民时期,无论是迁入或者迁出形式的流动,在该地区非常常见。在法国殖民期间,老挝没有出现较为明显的人口迁徙。但是20世纪60年代中期至70年代初,美国对老挝山区的轰炸和接下来的内战导致了大规模人员安置与迁徙,达到了"这个国家一半以上的村子都进行了迁徙"的规模和程度(Evrard and Goudineau 2004:942)。针对老挝北部的情况,埃夫拉德(Evrard 2011:76)写道:"从20世纪60年代起,超过50%的山区村子已经消失……然而人们聚集于老挝主要为低地和平地的边缘,或者沿着通往山区的新修公路旁的新兴的、更大的、往往是多民族聚居的地方。"

20世纪80年代起,在国际组织的帮助下,执政党(老挝人民革命党)曾经尝试通过基础设施建设"将发展带到山区",但是收效甚微。之后通过"聚焦发展"(focal site development)的形式把山区人员迁徙到有公路和政府服务集中的地方。"聚焦发展"的模式在琅南塔省所造成的移民安置规模非常大。根据罗马尼和达维欧(Romagny and Daviau 2003:7)的统计,这项法案在2000年这段时期影响到了将近6000人。与埃夫拉德所述情况相比较,在芒新和芒龙县的这种迁徙是最近才发生的,而伴随全球"毒品战争"的国际压力下的罂粟铲除是最为关键的导火索。在芒新,2002年到2003年这段时间的内部安置主要涉及位于山区的19个村子。到2005年为止,芒龙县的政府以山区居民为直接目标,并已经安置了该县 50% 的村子（Romagny and Daviau2003），迁徙人员达到约 2365 人（Lyttleton et al. 2004：57）。而强制性迁徙也引起了自发性流动（resettlement-induced forms of mobility），尽管政府再三下令来制止这种自发迁徙并让各村的村长进行严密监督和劝阻，一部分阿卡，特别是中青年仍然想方设法找机会定居到低地的阿卡村子里。一项 GTZ 的报告总结了 2002 年至 2003 年期间的滚雪球般的安置以及无法控制的后安置效应：

> 由于他们的罂粟地被清除，估计山区 15 个村子总共 2000 人搬到低地。副县长告知大家："我们在清地之前就预料到村民们会搬迁，从一方面来讲他们搬了就是件好事，多年以来我们一直叫他们这样做，但是他们却不做。但是从另外一方面来讲，由于县里没有按照计划实施，事情变得更复杂了。村民们所到之处乱糟糟，而这一切并不在我们的计划内。由于搬迁，我们不得不叫停所有发展项目和活动：每天都有村民前来县政府要求寻找落脚点。"副县长补充道。（GTZ，2003：15）

同样，低地种植经济的升温让不少山区的中青年人跃跃欲试。然而山区村民对于向低地搬迁的态度和反应不一，有的村子有一半家户搬到低地，有一半则留在原址，甚至出现了家里的老人留在山区，年轻人迁徙到低地的局面。除了上述主要诱因外，各个村子和各个家户有着不同的原因。以清铿乡洒腊村为例，部分村民从山区搬到芒新县城的原因是在 2005 年出现了严重的粮食短缺，很多村民由于各种原因死去，因此村民们纷纷逃往低地并等待政府分配土地。在此之前少部分家户通过罂粟种植和买卖积累了一些资金，就顺势搬到低地并购置了一些田地。这些自愿或者非自愿的内部安置都涉及再疆域化，人们将适应新的空间环境，并赋之予新的意义的过程。从洒腊村搬到芒新的一位妇女这样叙述到自己的遭遇：

5年前在山上的时候,我和我丈夫攒了些钱。后来在2003年搬到芒新,政府给了土地种,因为离城里比较近也可以打工。但是我丈夫开始吸鸦片和亚巴(老挝语:Ya Ba①),家里有点钱都用完了,有时候我回到家连吃的也没有。亲戚都不在身边,吃饭也不香,在山上大家在一起,没有什么吃的也高兴。在这里,生病也没有人来看。

搬迁到低地的人们对自己的选择感受不一。上述的叙述展现了由于物理空间的转换造成了原有亲属社会关系的脱节所带来的后果,对于"后来者"中的一部分来说,在低地环境的适应过程中也产生了对毒品的依赖(见下一部分讨论)。但是不是所有的例子都是负面的,有的个人和家户能够积极地适应低地生存环境(见图1-2),在这些人当中不乏自我内化了主流话语中将山区与"原始落后"等同的阿卡。在大约20年前由于生了双胞胎而被村民从山区村子赶出来的一对夫妻,在经过艰难的适应后最终在芒新县城附近有了较好的生活,回顾往事他们很庆幸在早年离开山区。从主观感受上来说,在老族文化主导的低地,阿卡人普遍感到了文化不适,有的人甚至感到了低地傣语民族的歧视。由于处于县政府所在地,从山区迁徙而来的人感受到较之山区更为严厉的政府控制和监视。老挝政府也对阿卡的一些风俗习惯进行干预,比较有代表性的是拆除了象征"性混乱"的青少年进行聚会的草屋。

---

　　① Ya Ba,主要成分为甲基苯丙胺,俗称冰毒。

图1-2　新空间的自我导向："来到芒新就要盖新式房子。"（2009年3月摄于芒新县城附近的阿卡村子）

（三）罂粟替代

几乎占全球一半的罂粟种植在"金三角"山区，这个区域包括缅甸、老挝、泰国，面积覆盖了将近17000平方千米（Dirksen 1997）。在缅甸，大多数罂粟生长在这个国家东北部的掸邦。这个区域居住着很多深受长达几十年内战之痛，但是却被政府忽视的少数民族（Jelsma et al. 2005）。在泰国，鸦片产区也是在北部的山区。这些地方也主要是高山少数民族居住的地区，而且是位于海拔800～1500米之间，气候条件适宜罂粟生长的地带（Dirksen 1997:329）。在老挝，罂粟在17省中的11个都有种植，但是比较集中在北部的偏远山区（1998年有26,800公顷），琅南塔排名在丰沙里、乌多姆赛、华潘、川圹和琅勃拉邦省之后的第六位（Lyttleton et al. 2004）。

雷纳（Renard 1997）认为在英国和美国在亚洲事务影响比较大之前，在世界上几乎不存在"毒品问题"。正是在欧洲的殖民扩张在19世纪进入到东南亚后鸦片的消费和使用才盛行起来。缅甸皇家针对鸦片使用的禁令在英国控制区失效后，当地很大部分青年人重新开始吸食这种之前被禁的毒品。在中国，英国用枪炮打开了对华鸦片贸易的市场大门。1858年，清政府被迫合法化了鸦片进口；清政府在中国南方（例如云南）的罂粟种植的推进，是为了减少对英国进口的印度鸦片的依赖（Trocki 1999），相似的事件也发生在老挝。1893年，随着法国对老挝的兼并，殖民地政府开始鼓励鸦片贸易，鼓励北部少数民族进行罂粟种植，并将鸦片专卖权转让给中间商。如雷纳指出的，这些西方国家也影响到了暹罗及其毒品政策。就像其他地方一样，英国、美国和其他西方国家在自由贸易的名义下促进了鸦片的行销。

雷纳指出，在19世纪末，直到鸦片在东南亚和云南南部大行其道之时，英国人和美国人才开始意识到鸦片其实是非常危险的。为此英国在对疾病的新的定义中，不但开始把鸦片吸食看作是一种疾病，而且是一种恶习，是对正常行为的一种偏离。更具讽刺意味的是，西方普遍把亚洲人和鸦片使用等同起来。基于这种偏见，西方开始把鸦片问题看作具有"东方"源头。相应地，在泰国清迈成立了世界上第一个联合国管制药物滥用基金会（UNFDAC）（Renard 1997）。

在泰国，促使罂粟种植减少的三个关键因素为：强大的政治信心、明确的政策和战略（Gebert and Kesmanee1997）。在20世纪70年代初期，一项关于高山问题的长期政策在泰国出台。这项政策的目的在于给高山地区的人提供发展和福利服务：以此来稳定他们的居住和生计；禁止种植罂粟并用其他作物替代；停止对分水岭和森林的破坏；还有解决在缅甸和老挝边境地区的安全问题（Dirksen1997）。在这个政策框架下，皇家泰国政府（RTG：Royal Thai Government）引入了类似"胡萝卜与大棒"的策略，即一方面提供了一揽子福利和发展活动，另一方面从法律上限制罂粟种植者和毒贩（Dirksen 1997）。除了政策之外，还有一些导致农民们停止罂粟种植的深层次原因。用德克森的话来说：

在罂粟种植地区的村子里频繁出现的政府机构给罂粟种植者带

来了不小的心理影响。维持生计的作物产量不断下降的经历迫使农民们放弃了传统以鸦片为基础的刀耕火种的农业体系。社会服务和基本的行政和基础设施是山区社会经济调整的重要先决条件。至于罂粟的替代经济作物,农民们从泰国迅速发展的以农产品为基础的经济还有多样化和欣欣向荣的开放市场中大大获益。同时,生鸦片价格的急剧下跌使一些替代的经济作物变得更有商业吸引力和竞争力(1997:325)。

以一些泰国北部的项目经验为基础,老德合作北部项目组和驻扎在老挝的挪威教会援助曾经尝试过农作物替代模式,但是在芒新和芒龙两县山区收获甚微。我将在第二篇分析中国的替代发展在推动老挝西北部农业变迁方面更为有效的原因。但是需要强调一个很显著的区别,在西方机构尝试提供经济作物来进行罂粟替代的时期,罂粟种植尚未非法化,在这个时期村民们可以自由种植罂粟;而中国的替代发展是在老挝政府硬性执行扫除罂粟所造成的经济真空下操作的。所以,不难理解它能在一个更加易于接纳的环境里得以运作。

与缅甸、中国和泰国相比,铲除罂粟种植的主张和行动在老挝的历史比较短。可能更具比较性的是老挝对于毒品控制的压力自始至终来源于外部。1971年皇家老挝政府通过并实施了一条禁毒的法律。正是在那个时期,海洛因和这种毒品所带来的社会问题,不仅影响着美国在越南战场的士兵,还影响着其国内的青少年(Westermeyer 1982)。老挝法律禁止罂粟种植、调味、吸食、购买、出售和持有鸦片、种植园或者包括吗啡和海洛因的鸦片衍生物。由于当时老挝处于政治真空,无论皇家老挝政府还是老挝人民革命党政府都没有真正控制着老挝,再加上独立后的老挝所面临的经费来源问题,所以这条法律没有得到严格执行,和其他社会恶习一样,吸毒行为在城市环境里受到压制,但是在更偏远的地区却受忽视。

1992年禁止鸦片的辞令在老挝再次浮现,这个时期正是联合国毒品和犯罪办公室开始和老挝政府在鸦片监测方面开始携手合作(UNODC

2008)之际。在1994年,为了响应美国强调的供给方的毒品战争,一些包括老挝国家毒品控制和监督委员会(简称LCDC)在内的机构相继设立(Freeman 2004)。

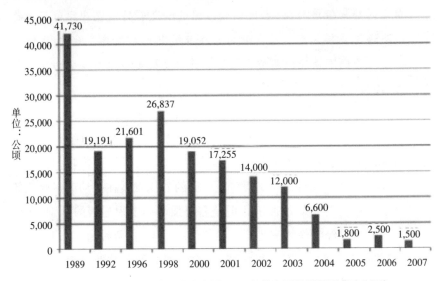

图1-3　1989年至2007年老挝人民民主共和国的罂粟种植(公顷)

来源:联合国毒品控制计划署(2000:12),联合国毒品与犯罪办公室(2007:28)

　　1996年,老挝政府修改了毒品控制法案(第135条)以禁止包括鸦片在内的毒品生产,除此之外,也提高了对毒品贩卖的惩罚。1988年到2000年间,老挝在铲除罂粟项目所获得的援助达到大约3.3千万美元(Kramer et al. 2009)。科恩和利特尔顿(Cohen and Lyttleton 2002)指出考虑到鸦片在阿卡中的普遍使用,发展机构把鸦片成瘾问题纳入到整体发展策略。在1997年末,基于鸦片成瘾对粮食安全的负作用的逻辑,老德合作发起了试验为基础的戒毒运动,之后在两年内又扩展到其他30多个阿卡村子。

　　2000年12月,老挝总理颁布了第14号法令,并下令在2006年要清除所有罂粟种植(后来修改到2005年)。从2002年到2003年,芒新和芒龙县地方政府发动了一场颇为坚决的运动,一开始是收缴罂粟种子,后来采取自愿或者强迫摧毁罂粟地(Lyttleton and Cohen 2003)。结果是非常明显的,在逐渐逼近禁令截止日期的状况下以及随着下山的人员安置,芒新的罂粟种植面积慢慢减少。据老挝官方统计,在2000年和2001年的罂粟种植季节,芒新县的栽种面积达305公顷;到了2003年一月末,有183公顷;到2003年末只剩下了28公顷。在芒龙,直到2001年鸦片的生产一直在攀升的情况下,原有的573公顷减少到了54公顷,所保留的这些罂粟地是依照法律规定允许老年成瘾者自己种植而备(Lyttleton et al. 2004:95)。然而老挝政府没有成功实施有效的替代发展措施。正如张伯伦所观察到的:

>……缺乏鸦片的作物替代或者文化上可行的其他选择。此外,罂粟种植从广义上讲是农耕系统的一部分,农民家户经济的不可缺的部分,而不仅仅是商人或者商贩到村子里买一种产品(那么简单)。在没有找到可行的替代前提下,把这种作物从整个体系清除掉往往会对种植者的生计带来破坏性的影响(2002:27—28)。

2003年间芒新县政府的官员为山区村民向低地申请土地的要求忙得不可开交。罂粟地的摧毁也给大多数还住在山上的阿卡预示了紧随而来的粮食短缺(Lyttleton et al. 2004)。在此之前老德合作也曾经把咖啡、豆蔻和芝麻作为替代作物引进给阿卡,但是没有取得很大成效。其间,芒新县毒品控制委员会和名为罂粟替代经济发展研究中心的一家中国非营利机构签署了协议后,在作物替代领域才出现了比较明显的改变(Cohen and Lyttleton 2008)。随着强压下的鸦片禁令出台,从2000年开始,冰毒(methamphetamines)大量地出现在芒新和芒新通往芒龙清锅(Xiengkok)一带路边的各民族社区中。吸食这种毒品的隐蔽性在对鸦片使用的监控和惩罚的新气候下非常具有吸引力。利特尔顿认为冰毒不仅仅对社会边缘化的鸦片成瘾者有吸引力,其传播和扩散也是由于区域间—宏观层面;老挝国家—中观层面,阿卡社会—微观层面的社会变迁产生的一些后果所驱动的(Lyttleton 2004)。

(四)消除轮作

轮作技术(贬称:刀耕火种)在世界上存在了上千年,直到19世纪末欧洲人还在使用这种传统和古老的农业生产方式,而在北美直到20世纪40年代才放弃这种耕作技术(Thrupp et al. 1997)。这种农耕方式在东南亚热带地区,在大型经济作物开始主导之前是小型农业的支柱,也被看作一种原始农业管理形式,而直至今天轮作仍然是老挝阿卡传统农业方式。不同于来自外部对轮作的负面评价,阿卡人则认为种旱稻的收成比起水稻要高。与村民的观点相似的是有一些学者也指出在轮作农业中每个劳动力单位所收获的稻米高于劳动力密集型的水田农业(Dove 1983:91),这种观点为理解东南亚山区民族难以放弃轮作的合理性提供了依据。况且建造梯田并不是一件一蹴而就的事情,在山区进行大规模的梯田开挖和建造需要较长时间的定居,而阿卡在近19世纪末才迁入老挝。

从历史以来,轮作就被视为导致严重生态问题和土壤退化的原因。这些批评与反对意见根植于17至19世纪的殖民时期,当前/现代对轮作批评的主要理论依据来源于马尔萨斯人口论,在这种视角下,人口过度是反对存在于东南亚地区的轮作的主要原因。根据人口论的观点,轮作只适宜在人口较少的情况下,一旦人口增长(土地需求增多),这个体系就变得很难维持。第二种主要批评是由于过度使用土地而造成的土壤退化。

在东南亚,轮作和水田稻作一并构成了获取主食的主要耕作方式。不少学者指出,由于轮作方式的主要使用人口为山区少数民族,而掌握政治权力的往往是那些来自低地、以水稻精耕农业为主导的群体,这造成了一种以民族为基础的偏见,将轮作与"原始和落后"的少数民族等同起来(Vandergeest 2003b;Sturgeon 2005;Sturgeon et al. 2013)。在皇家老挝政府执政期间,在亲皇家政府的国际捐助机构的支持下,老挝开展了一些小规模的限制轮作的项目。比较显著的是从1967年开始的老—澳森林恢复项目(LARP),这个项目一开始就把轮作定义为由"山区人"所使用的具有"破坏性"的农业方式,并把轮作归于木材减少和土壤退化的原因(Ovington 1968)。而解决由于轮作所导致的去森林化的方式是通过在老挝包括万象在内一些省份进行树木(大部分为桉树)种植。

1976年,在老挝政府执政之后的一年开始了限制轮作的措施,从1976年至1980年,这个阶段的主要措施是把山区进行轮作的社区安置到低地区域,被安置的家户达到了17,000户(Collins et al.1991)。现今的消除轮作政策雏形于1986年的革新开放,在自然资源商业化的指导思想下,老挝出现了大量木材产业领域的外商合资公司。在第四次老挝人民革命党党代会(Party Congress)上以及此会议制定的"第二次社会经济发展规划(1986—1990)"也把"禁止和最终消除轮作"作为发展重点。

1989年"第一次全国林业会议"上,超过500名的参会人员做出了一项直至2000年的战略规划。当时的国家元首凯山·丰威汉(Kaysone Phomvihane)主席提出了进一步消除轮作的思路和进行轮作替代的路径,并强调要理性地使用森林,禁止伐木和烧荒,通过分配土地和森林资源让进行轮作的农民定居下来。之后,在1990年、1993年至1998年的轮作相关措施中基本包含了四个方面:①划分村寨边界,认定森林、农业和其他用地。②鼓励水田稻作,牲畜养殖,经济作物的种植;推荐土地使用规划;对山区进行轮作的少数民族进行政策理解教育,进行土地使用的培训。③将资源管理的责任转移到村委会。④通过颁发《临时用地证》把农业用地和退化的森林分配给个人或家户。

尽管在老挝政府的政策话语中,轮作方式是导致森林面积减少的主导因素,但是现有的数据和结论都是基于小规模和地方性的研究,到目前为止还没有关于农耕方式全貌研究的可靠的数据。近期的相关政策一定程度上减少了对轮作农业歧视性的影射,然而在山地民族中"轮作"(老挝语:hai)成为一个政治敏感的词语,所以在老挝自上而下的政策实施中,出于对国家工作人员的惧怕,民众们会低报或者瞒报自己的轮作耕地面积。从20世纪70年代末开始,森林资源成为老挝国民经济的重要基础。在1998年老挝木材出口占总出口商品的34%(World Bank 2001),但是同样重要的是森林,森林资源以及非木材林产品(NTFPs),对于占83%的农村人口也是生计和食物来源。总的来说，在上述三个阶段的政策和对策分析中都没有把商业性砍伐这种更为迅速减少森林面积的行为作为一个问题来对待。

在大湄公河区域，随着民族国家的崛起和西方/现代森林知识的传播，自然资源商业化，限制了山区少数民族的土地使用方式和范围。而中央政府所设计的蓝图下的疆域化进程，无论是对经济上还是对山区民族的日常生活和生计，都提出了巨大考验。

（五）国家意识与国家身份

荷兰历史学家威廉·冯·申德尔（Willem van Schendel）在2002年首次提出的"Zomia"（佐米亚）这一地理概念囊括了西喜马拉雅山山脉西部横穿的青藏高原一直到东南亚高地，并且申德尔将这一区域区别于通常意义下的历史政治实体。在威廉·冯·申德尔的基础上，詹姆士·斯科特（2009）延展了此概念，并指出处于这个地带的人选择与低地文明和国家政权保持距离而逃往高地和山区。近年来"佐米亚"这一概念常常被用来解释高山民族的聚居区位和生产方式的形成。这个区域包括越南中部高地到印度东北部300米以上的陆地，并跨越了东南亚5个国家（缅甸、柬埔寨、老挝、泰国和越南）与中国4个省。佐米亚居住着将近100万少数民族，不断地寻求各种方式避免被国家所纳入。斯科特（2009）这样写道：

> 几乎所有关于这些人的生计、社会组织、意识形态，（更具有争议性的）甚至是他们的口述文化，可以被解读成为了避免国家涉足的策略性的定位。他们分散在这个崎岖的地带，他们的流动性、农作方式、亲属结构、适应性的民族身份，以及他们对于先知千禧年领袖的忠诚，也是为避免被国家合并和防止国家从他们中间突然出现（2009:x）。

需要强调的是，斯科特的讨论是限于前现代国家，即民族国家兴起之前的状况。斯科特进一步观察到佐米亚的人选择追寻一种类似游牧的农业方式，同时采纳了不同的方式来逃避国家政权的限制。抵抗强大的后来者的失利，迫使原居者为寻找新的居住地而往高山上迁徙。从这种"逃离中心"和"文化选择"观点出发，一些关于东南亚阿卡的研究认为，阿卡在长期在迁徙的过程中形成了一种"自我边缘化"，进而发展到"自我封闭"的状态。而从《阿卡赞》(Akhazaŋ)史诗进行分析，列欧·阿尔丁·汪格索(Leo Alting von Geusaw 2000)则认为由于阿卡人从观念上没有形成一种对平地文化的抵触，如果在系统与平等地吸收和纳入的情况下，阿卡实际上并不排斥与低地政治的接触。在此并不对这些观点一一做出评述，而是要借助这些早期研究和结论来进行对比，并说明民族国家对远离政权中心的山区群体吸收和纳入的诉求的增强。

埃文斯指出，在19世纪末的暹罗，民众中产生了对于国家这一政治共同体的意识，但是在此时期，这一国家认同的进程在老挝尚未开始。1947年，具有强烈的现代国家意识的皇家老挝政府在宪法中就承认所有少数民族享有平等公民权利，并且1975年政权更替后这一规定同样得到了沿袭(Evans 2002)。对于建立"多民族的老挝人"(老挝语：pasason Lao banda phao)为基础的国家，即将少数民族纳入民族国家建构以及主流发展体系，老挝著名历史学家埃文斯持有乐观的态度，他认为老挝民族建构和整合是以吸纳为导向的。在老挝，意识形态上的民族国家建构与老挝人民革命党(LPRP)的政治自我合法化是相一致的。然而自20世纪90年代开始，老挝国家象征的恢复进程中，随着低地老挝文化的主导地位越发突出，少数民族逐渐感到了与主体民族(尽管老族在人口数量上不占优势)的落差感。同时，现代老挝的国家建构依赖孕育于第一、第二次印度支那战争以及立足于印度支那山区的革命结构(Rathie 2017)。但是与革命时期所面临的群众的意识问题一致，在缺乏市民社会基础以及公民理性思维培育的新兴老挝国家"缺乏一个共享的叙事框架"(埃文斯2016：224)。

老挝试图打造一种独立的"国家身份"，但是民众却缺乏统一的和强烈的地域和国家意识。和其他东南亚前现代国家相似,传统老挝政体是以特定的生态和地理位置为中心而组成的"灌溉稻米种植中心地带"(Leach 1960:56-61)。并且,佛教成为区别老挝人文明程度的标志。但是在殖民前时期,低地老族却对吸收和同化山区民族并不感兴趣,也没有把山区民族整合到统一文化系统化和制度化的政策。奔舍那(2006)提出对老挝"主体民族"的质疑,一方面她认为殖民时期政治行政的集中加剧了民族之间的划分和区别;从另一方面来讲,文化上属于老族的大部分人口分部在泰国东北部,而人口上占多数的非老族民族却分布在国家的地理边缘。①特兰克拉写道:"老龙族的优越感通常反映在对于老松与老听族的恩惠式的态度上,而这些人(老松与老听族)被认为是落后而且对于社会经济发展不太敏感,因为他们始终被包括轮作在内的古老文化所支配着……"(Trankell 1998:49)。根据里格(1997)的统计和分析,占人口总数55%的平地老龙族有着便利的交通,从老挝的各项改革中获得显著的发展;半山的老听族(占35%)交通状况较差,同时从改革中得到的发展为中等;与前两者相比较,道路设施交通状况最差的高山区域(主要是老松族居住)获益最少。到2009年为止,老挝阿卡才被部分地纳入到国家化的卫生和教育体系里,而大部分的男性和女性都不能流利地用老挝国语进行表达和交流。

老挝国内相关部门力图打造其国家在道德、文化和地理上的一体性。但是科恩(Cohen 2009)指出在老挝,世俗化现代国家的"民族平等"很大程度上是一种辞令,因为20世纪90年代以来老挝逐渐恢复了以低地老挝人和老族的象征符号,这从一定程度上压制了多元民族意识。同时,在少数民族众多的老挝,执政党逐渐发现区域间的经济一体化进程(例如GMS)进一步削弱了统一民族的基础——共同体意识。而与正式权威所努力打造的"国家意识"(nationhood)相矛盾的是老挝民众对于"国家"的认识。

---

① 从语义上分析 Lao 指的是老族人,Laotian 指的是民族国家意义上的国家公民,

霍莉·海(Holly High)论述到在老挝普通百姓的理解中国家不是以实体的形式存在,普遍存在的是拟人化的国家认识。具体来说民众对国家的认知是在各级国家工作人员这种个体认知的基础上。海继续论述到与理性的国家想象不同,国家在这里是"人格化"(personalized)的,具有人的特点以及私欲。①和这个观点一致,在逐渐纳入民族国家这一框架过程中,就阿卡这一群体来说,村民们在日常生活的解读中,"国家"是一个重要的参数,但是这并不代表将国家看作一个高度抽象的概念。一方面来说,从行政管理层面上,老挝的政策与实践之间存在着很大的距离,实施不力、行政效力低下、贪污腐败等弊端不断凸显。但是从另外一方面来说,政策与实践之间的差距却给老百姓们促成了我在本论著及其他文章里所提出的"机会实践"(experiment of opportunities)。②

① High, H. and Petit, Pierre. Introduction: the study of the state in Laos, *Asian Studies Review*, vol.37, no.4(2008),pp.451-470.

② Li, Yunxia. In between Poppy and Rubber Fields: Experimenting a Trans-border Livelihood among the Akha in the Northwestern Frontiers of Laos, in Dan Smyer Yü and Jean Michaud eds.,*Trans-Himalayan Borderlands: Livelihoods, Territorialities, Modernities*, Amsterdam: Amsterdam University Press. DOI:10.5117/9789462981928/CH11, 2017, pp.243-262.

表 1-1　GMS 的少数民族

GM 主要的少数群体

主要群体		柬埔寨	中国云南	老挝	缅甸	泰国	越南
占大多数群体	高棉族	6,467,000					
	汉族		24,692,000				
	老族			3,000,000			
	缅甸族				21,533,000		
	泰族					59,000,000	
	京族						65,051,000
山区民族	藏缅语族		7,468,884	159,500	9,692,008	620,800	32,432
	中泰语族		2,059,800	647,085	3,362,400	758,000	5,099,997
	孟高棉语族	115,961	1,233,100	260,000	10,000	155,000	1,079,700
	苗瑶语族	255,000	1,280,700	854,449	2,380,100	1,577,857	2,880,395
	南岛语族				7,000	3,115,500	590,000
小计		370,961	12,042,484	1,948,014	15,451,508	6,227,157	9,682,524
其他			542,100			1,423,000	
少数民族人口估计		6,873,961	37,213,584	4,948,014	36,948,014	66,650,157	74,733,524

注:表中的少数民族人口统计不是精确的,也不是最新的。除了泰国之外,其余国家少数民族人口总于少于总人口,就该国来说,似乎有的少数民族同时被列为主体民族。(来源:亚洲发展银行)

二、大湄公河上游地区哈尼/阿卡

东南亚与中国西南崎岖和森林密布的高山,是几个世纪以来从亚洲其他地方迁徙而来各个少数民族的落脚地(Tapp 2010)。根据戴维斯(Davies 1909:395)的记录所见,在19世纪90年代末期,阿卡就已经居住在云南南部,老挝北部山区和中缅边境的景栋。汪格索(2000:123)估计,大概有二百五十万阿卡/哈尼族分散在中国西南的云南省境内、老挝北部、越南、泰国和缅甸东部。哈尼/阿卡语属于藏缅语系,与倮倮(彝族)、傈僳和拉祜语支非常相似(Bradley 1979;1996)。和其他高山民族一样,阿卡在历史进程中没有发展出自己的文字系统。对此,阿卡有着自己的解释并体现在民间故事中,其中一则是这样的:在以前,文字之父把文字都分配给每个民族。其他民族收到都写在纸上,只有阿卡写在水牛皮上。记录在纸上的民族就把文字保存下来而且学会了文字,阿卡却把牛皮吃了,所以文字就被消化而转变成为了卓越的记忆力。在20世纪20年代亨利·卢克斯(Henei Roux 2010:23)的记录中,他认为至少在丰沙里省的努围阿卡(Nu Quay)中,人们的记忆力很强,"他们能完整地记住所听到的"。在泰国,传教士在罗马文字基础上创建了一种阿卡语的记录系统。在阿卡迁徙至缅甸、老挝、泰国和越南的过程中,他们不同程度地被民族国家体系所吸收,并受到不同形式的政治控制、同化压力和发展逻辑的影响。

在中国,按照官方划分,自称为阿卡的群体被归为哈尼族的一个支系,并被命名为爱尼人,这一关系在老挝口耳流传的迁徙史中得到了印证。根据流传在老挝的阿卡口传故事,哈尼族往南迁的过程中曾在红河和哀牢山区停留,后又继续前进,但是有一部分却定居下来。当其余的人跨过湄公河(澜沧江段),他们开始把自己称作"阿卡"。这部分阿卡人选择在西双版纳落脚,并开始了轮作的生产方式,在最近的几个世纪里他们当中的一部人逐渐移居到老挝北部、缅甸和泰国;哈尼族却聚居在云南南部地区进行梯田稻作(Leo Alting von Geusaw 2000)。尽管被划分为同一民族,但有些西双版纳的爱尼人却认为比起哈尼族来说,他们感觉在语言、文化和亲属关系上和缅甸、老挝和泰国的阿卡更接近。

在越南,高山民族被看作是"处于经济发展的最低级阶段并迫切地需要援助,而已经受过启蒙的属于多数群体的京族正在走向社会主义这一最高点"(Michaud 2009:31—32)。社会主义越南在统一时期就把民族团结放在首要位置,在1975年后采取了"选择性文化保存"(selective cultural preservation)的措施。少数民族(national minority)被赋予了保持他们传统的权利。这种在少数民族中实施的"选择性文化保存"仍然存在于社会主义越南。但是外界支持的基督教信徒在中部高地所造成的扰乱已经变成了国家顾虑。相应地,国家单方面决定少数民族文化哪些部分在政治上是正确的,从而是有价值的,而哪一些方面是不值得提倡的。这样,在越南的哈尼族,和其他国家的少数民族一样被卷入到了"少数民族化"(minoritization)的进程中。

在缅甸,老挝和泰国阿卡被看作一个独特的少数民族之一(Matisoff 1978,1983;Bradley 1979)。在泰国,他们是组成所谓的"六个部落"之一,也通常被描述为"顽固的被同化者"(Kammerer 1989)。[1]"山区部落"(泰语:chao khao)起源于20世纪初期的泰国国王对民族主义、泰民族以及国家的定义,但是在1959年启用中央山区部落委员会(后称清迈部落研究中心)之后才得到正式的运用(斯特金2005)。泰国政府将山区部族、鸦片种植和环境恶化等问题联系起来,以合法化对山区村民的控制,并进一步把他们排除在公民认可之外。就如王富文(1989:39)所写的:"同化是泰国政府对北部少数民族采取的一贯政策,而且(这种政策导向)一直影响了政府在此地区的归林和铲除鸦片策略。"一旦被否决了公民权,这些山区部落被剥夺了应有的权利和自由,这种状况被斯特金(2005)称作"通过排斥的边缘化"。卡默勒(1989:287)用以下的段落总结了山区民族面临的问题:

---

[1] 其余包括六个部落在内的民族有赫蒙、瑶、傈僳、拉祜和克伦族。

山区民族的问题很有可能恶化。持续的经济边缘化看似是无法避免，因为在一个局限的区域里居住着依靠可用土地来进行轮作的农业技术，或者需要新的土地定居的一个持续增长的人口。政府项目对稳定自给自足的稻作经济关注甚少，为了替代罂粟而推进的一些经济作物，比如咖啡和装饰花卉，都没有取得广泛的成功。最近，像白菜和西红柿这样的高利润作物却是以高额的代价换得的，对于土地来讲，是加剧土地侵蚀的，对于人来说，是以农药和杀菌剂的副作用结果。自给自足的经济正在崩溃，同时长期伴随的经济作物经济也没有足够快速发展来填补这个差距。山区民族被迫加入到了北部山区的雇佣经济中。一群少数但是逐步增加的阿卡，居住在城里集市旁边的没有头人管辖的村子里。

　　然而与卡默勒悲观的论点相反，图克(Tooker 2004)认为作为一个文化群体和少数民族，阿卡在积极地适应新的挑战和外来的冲击。她观察到阿卡的身份经历了一个从"综合/整合"到"模块化/分区"形式的历史性的转换。和后面的形式相一致的是，"阿卡身份在一些特殊场合和社会领域中变成了'民族'的成分，在此过程中也呈现出了市场价值"(Tooker，2004：245)。这里有必要引用图克创造的一个术语"韧性的少数民族身份"(resilient ethnic identity)，即很大程度上未被国家同化进程和资本主义扩张所结构化的动态的社会认同。老挝阿卡也运用"文化身份"作为创造新的连接和机会的方式。

　　随着阿卡对国家和资本主义扩张这两者的适应，综合性形式的身份中之前被认为是"外部"的特征，比如说主要涉及雇佣为基础的劳动与旱谷种植为主的自给自足经济的对立，家户对土地的掌控，空间的意义与社会控制，相对于本地手工产品的对低地市场大规模生产的物质商品的正面评价(例如服饰的变化)变得越来越认同。集体身份标记例如服饰样式、建筑形式和手工制品正在消失，而被批量生产的商品取代……当这些进程被看作是被低地泰身份所同化,就像我所提出来的,它其实是被一种包含了"少数民族"附属的身份所同化。这种同化立即酝酿出新的、分化形式的"传统"身份(Tooker 2004:270-271)。

这种传统身份的变迁在不同的国家以不同的方式发生变化。最重要的一点是,由于跨境联系变得越来越具体,并植入到政策驱动的经济整合,这个正在发生的进程和少数民族身份认同同样呈现在区域间这一层面。

虽然缅甸的民族组成高度异质化,多数和少数群体的区别还是比较明显的。多数群体是缅族,少数民族占了全国人口大约30%,即掸族(Shan)、钦族(Chin)、克伦人(Karen)和其他较小人口的少数民族(Fink 2000;Brown 1994)。从传统来讲,这些少数民族居住的地方离多数群体较远。但是军政府坚持政治和文化同化,并以牺牲少数民族语言和宗教为代价来进行中央控制和推进缅甸语的国家主义的文化日程。就像在泰国,缅甸阿卡受到相似的生态、经济和同化的压力(Henin, 1996)。在缅甸,还有泰国的一些事例表明,一些由天主教、浸信会和宗教复古主义者组成的西方传教士企图进行一种"抛弃祖先和文化"的活动(汪格索1997)。缅甸持续不断的国内和民族冲突导致了缅甸阿卡逃向泰国避难。当然,随着区域间经济联系日益紧密,各个国家的阿卡已经开始了更为紧密的联系,以开展经济活动或者文化交流。与泰国的情况相反,老挝政府禁止了各种形式的西方宗教皈依活动,总的来说,作为一种国家化的机制,老挝阿卡的流动性受到了限制。在国家的疆域化实践中,政府通过发展机构的干预这种方式,也可能直接或者间接引导其他少数民族以符合老族模式。在这种纳入与排斥交互的过程中,激发了少数民族的族群意识,而区域间日益紧密的民族联系和人员交往的状况,进一步强化了族群意识。老挝、缅甸和泰国的泰语支民族把阿卡称为"Ikaw(耶果)或者kaw(果)",低地民族通常把这些称谓视为"kho(奴隶)"的同义词。这种蔑称显示了泰语民族凌驾于阿卡人之上的优越感。在2009年中期,受到泰国阿卡的民权运动影响的一些老挝阿卡文化精英,呼吁老挝阿卡在日常中采取针对阿卡的言语歧视的行动。①

三、国家化进程中的老挝阿卡人:少数民族和发展援助对象

在老挝,少数民族的人口比例超过40%,全国大约280,000的家户或者45%的村落还依靠轮作农业来维持生计(State Planning Committee and National Statistical Center,1999:39)。在老挝,阿卡集中在丰沙里和琅南塔这两个北部省份。之前已经提起过,琅南塔省芒龙和芒新的阿卡人口比较多,在2008年分别占两个县人口31,764和30,461的48%和70%(Cohen 2009:424-425)。在2003年芒新的103个村子里,58个是阿卡村(Lyttleton et al. 2004)。其余的阿卡分布在丰沙里(30,000)、波乔(1800)和乌多姆赛(4200)三个省。根据民族划分的"三分法",即以所在地理区位为标准把个民族归类为低地老挝人(老龙族)、半山/高地老挝人(老听族)和高山老挝人(老松族)。这种三大族系的划分源于20世纪50年代,当时的皇家老挝政府采用了一种基于民族地貌形态概念的基本分类系统(Chazée 2002)。尽管凯山·丰威汉(Kaysone Phomvihane)在1981年呼吁废除"三分法",但是仍然沿用至今(Pholsena 2002),而且影响着低地对山区人的看法。根据2010年的老挝国家简况,老挝人口的68%属于老龙,老听人口占22%,9%的人口为老松,1%为越南裔和中国裔老挝人。而阿卡归属于老听(半山老挝人),占老挝总人口22%的这一大类别民族。②

要解释"Akha"这个词的意思必须得从"kha"开始。卢克斯将"kha"解释为"分开,中间或者两端"(Roux 1924:374,引自Kammerer 1986:53)。

---

① 相关情况参见 Morton, Micah.F."If you come often, we are like relatives; if you come rarely, we are like strangers": Reformation of Akhaness in the Upper Mekong Region, *AEAS-Austrian Journal of South-East Asian Studies*, Vol.6, No.1(2013), pp.29-59.

② Lao Review 2000.

列欧·阿尔丁·汪格索指出老挝和缅甸的阿卡比较倾向于以上这种说法，而在西双版纳和掸邦的阿卡通常以阿卡村寨所处的地理位置和民族分布来解释：苗瑶语族居住在更高海拔的地方，而在海拔更低的低地或者山脚是种植水稻的泰/傣族居住，阿卡则住在山腰地带。卡默勒则认为，至少从现今的自称这个意义来看，"阿卡"不过仅仅是一个名称（name）（Kammerer 1986：54）。在前言部分和本章，我提到在传统的老挝低地民族认知中，阿卡与其他高山民族被视为"佧"（kùa，奴隶和仆人之意），这种观念在1975年之后并没有弱化。20世纪90年代开始的"传统化重整"举措却强调低地老族的风俗和宗教（Pholsena 2006）。由于这种主导意识的影响，一些少数民族也同样对本民族的认知进行了重组，一部分阿卡开始错误地认为自称中的"kha（卡）"指的是"奴隶"。

阿卡族内支系繁多，在芒龙和芒新，这些支系包括 Tchitchor、Pouly Nyai、Pouly Noy、Kopien Nyai、Kopien Noy、Chapo Nyai、Chapo Noy、Botche 等（Chazée 2002）。①老挝阿卡传统的农业方式是在海拔600米到1500米之间进行轮作（Epprecht 1998：43）。这种农业方式需要砍树，然后烧掉树桩和残余部分，从而获得农耕需要的肥沃土地。汪格索（1997）注意到在芒新和芒龙的阿卡早已经发展了关于森林资源的使用，特别是水源附近的森林的使用规定。森林根据用途划分为：木材和木料储备，药用草药植物，备用的可耕土地，灌溉用泉溪的保护，野生动物保护和祭祀用树林等。除了旱谷的种植，打猎和采集非木材森林产品（non timber forest products）是他们的食物来源。最显著的经济来源是鸦片，通过鸦片的交换来缓冲粮食短缺。

直到20世纪80年代中期，出于政治安全考虑，老挝山区的很多发展活动被搁置（Stuart-Fox 2009）。从1985年以来，作为老挝援助的来源国，苏联伴随着经济改革而大量减少了对老援助，老挝需要寻找其他市场和

---

① "阿卡本质上是一个群体，但是他们各分支的生活方式有所不同。"这个谚语说明阿卡由于支系不同而生活方式不同，此外阿卡支系的差异还体现在服饰和头饰方面。

援助来源。随着老挝逐渐向外开放,在20世纪80年代后期为西方和国际发展组织打开了门。在1987年首先进入老挝的是联合国发展署(Milloy and Payne 1997)。从此之后,特别在1990年后NGO的数量开始增加。到了1997年,在老挝的国际NGO(INGO)数量增至60多家(ADB 1999)。到2008年增加的更多。利特尔顿写道:"NGO协调委员会列出了73家注册的国际NGO;根据外交部的统计有超过100家(目前在老挝运作),这表明有些没有正式签署谅解备忘录的小型NGO的存在。"

从1986年到1990年,老挝接受的外来经济援助达到了大约41.9亿美元,而且持续增长(Phraxayaong 2009:167)。在2001年到2005年期间,政府开发援助(ODA)为93.5亿美元(计划和投资委员会Committee for Planning and Investment 2006:28)。在此背景下,从20世纪90年代开始,在琅南塔省的西方发展机构成为最主要的发展推力,例如政府间合作机构GTZ(老德合作 Lao-German Cooperation)与老挝政府在规划和服务传送方面紧密合作。老德合作的一个大型项目是老挝北部山区综合农村服务(RDMA),这个项目从1994年到2000年主要针对琅南塔省的阿卡社区进行农业推广,家畜服务,基本医疗(包括鸦片戒毒项目)和教育。从2001年到2006年运作的是新的"农村综合发展项目"。它的重点扩大到人力资源、土地使用规划、鸦片戒毒、生态旅游和农业。通过这些项目,阿卡成为西方发展项目的对象,从而使他们的生活被卷入了西方发展的轨道里。

但是这些西方发展项目在21世纪第一个十年间,基本上被中国人所引导的"以成效为根据"(evidence-based)的发展模式削弱,这种理念是以实际行动和实例先行,而不是通过繁复的讨论会或者培训而实现的。无论在以上哪种情况下,随着罂粟铲除和从山区往外的迁徙,阿卡村寨和其代表的社区结构都在渐渐转变。

阿卡的最大政治单元是村寨,在这个内生性组织单元里,在村民中不存在永久的等级地位。精通仪式的人在某些情况下会获得比普通村民更高的地位,即便承担这些角色的人都是以自给自足生产为导向的农民。但是根据我在老挝的观察,在资源分配和竞争的情况下,不平等的现象非常明显。阿卡村子(Phu)可以被视为一个问题化单元:村寨之间的界线不是自然存在的,村子之间的界线不仅由物理界线划分,而且信仰和实践也从仪式上对村子的空间进行定义。图克写道:"(阿卡)村子是'人'(tshÓhà)与'哩'(nèq)相对立的场域。它是驯化或者驯养与野生对立的场域,而且它是'我们'(好的)与'别人'(坏的)所对立的场域。"(Tooker,1998:47)阿卡村的这种内在性和文化语言交流的障碍,使很多试图接近的外来者感到疑惑。一个长期驻扎在芒龙的法国发展机构的团队领导评论道,以发展活动为目标而进入山区的阿卡村子的行动常常被各种仪式耗费了项目资源。他描述道:

由于这些村落比较遥远,所以很难使项目活动持续。他们的农业祭祀持续了整个稻作周期,而且家户层面还有很多仪式。如果有葬礼,整个村子会停止几天的田间劳动。一些庆典不但日期各村不同,而且在同一个村子,农业祭祀的日期不是每年固定的。在一些祭典期间,他们会关闭寨门,禁止外村人进入。这样一来,一些计划好的活动只能延迟和推后。①(2009年10月10日在南塔的个人交流)

然而内—外、我族—他族的二元对立不仅仅体现在异族与本村寨的相关事宜方面。1997年,8户曾经在中国西双版纳寻求战争避难的阿卡人家,在阿卡新年"嘎汤帕"返回到处于边境线上的曼卡村。但是村里人拒绝让他们进入村子,因为这个节日是正要进行"净化"村子的时间。面对这个问题,这几户人家只能在村外临时建造了一个竹屋,并在那里待了两周直至新年庆典结束。1994年,两个其他村子的阿卡妇女在清铿乡的洒腊村逗留期间生下孩子后,洒腊村里的10个小孩子和婴儿接连夭折。村里人把这两个事件联系起来,至今还记忆犹新:"那两个女人在探访住

<hr>

① 他所指的阿卡村是处于山区而且比较闭塞的村子。在低地,村子生活方式有很多改变。比如,即使在村子进行着葬礼,部分村民还是会外出打工,而不是按照传统习俗在葬礼期间歇工。

在我们村的亲戚时生下孩子。这是相当不对的。阿卡应该只把孩子生在自己的村子里。"

虽然作此评论的村民无法解释违背习俗与村里的不幸事件的关系，但是他们确信外来者会潜在地给村子带来不幸和厄运。阿卡人认为天国里有一个蓄满种子的池塘，在神力的指引下种子源源不断地流向人间，并通过男女的结合植入母体而形成具体的生命。如果在此过程中受到精灵鬼怪的侵袭，生命就会有缺陷，而不能看作是人类的范畴。所以双胞胎和畸形婴儿被视为邪恶的象征。双胞胎的出生也被认为不仅会给家庭还会给整个村子带来厄运。通常在以前村民会采取弑婴的方式，继而双胞胎的亲生父母会被村民赶出寨子（Tooker 1988；Sayanouso 2011）。但是也有些父母为了避免村规的惩罚，就偷偷带着孩子逃往外地的例子。卢克斯在20世纪20年代初详细描述到了阿卡对于双胞胎的出生所采取的一系列仪式，在这里节选其中一段：

> 这家人就会立即将一头母猪（大多数家户都只有一头母猪）绑在门口。然后他们（其他村民）会指定村里最奇怪，最脏而且是境况最惨的人。他会带着箭来并射死母猪然后走开。之后巫师①会到场。但是一般的巫师如果他还有妻儿就绝对不可能主持。因为他恐惧他也会遭受到相同的灾难。通常情况下，他们会选一个年长的，独居的，由于不可能再生育孩子从而不可能受双胞胎之遭的巫师。（Roux 1924:54）。

在最近几年政府教育项目的干预下，这种情况有所改善。同时，这些深受传统观念影响的社会不断被灌输计划生育和生育间隔等新的和现代的价值观。在过去，子嗣多是家户劳动力的保障，民族国家所要求的现代化趋势下，孩子比较多的大家庭看作是"旧式"的、"落后"的，而且不可避免地造成贫困的局面。

---

① 按原文译（socerer）。

鉴于老挝的农村社会空间还在国家密切的注视下(Evans1998)，"phu"(阿卡语:村子)也是一个政治监控的单元。随着1975年老挝政治结构的更替，老挝人民革命党开始寻找在老挝社会扩大影响的路径。传统上，最玛(Doema)、罢技(Baji)、批玛(Pima)、波玛(Boemawa)和尼玛(Nyipa)组成村落生活和社会组织的重要部分，但是他们现在并不可能与国家指定的村长和其他行政人员共享对村子的管理权。Doema(最玛)，是建立村子的人或者其子嗣，也由他启动年度农业周期的每一阶段和每年的建寨门典礼。Baji是铁匠，他被认为是有知识的人，因为他会制造工具还擅长建筑。而在阿卡人的认知中，批玛、波玛和尼玛在健康和与超自然界的感应方面起到不同的作用。比如说，批玛能背诵阿卡历史和传统条例，波玛比批玛资历较浅，是神灵的媒介。在生病的情况下，人们往往会去咨询尼玛。

除了以上的这些传统职位外，40岁或者45岁以上的"年长"男性也会参与村内外一些冲突的解决，组成"男性长者事务会"(阿卡语: abaw tsjaw maw)(汪格索1997)。除了这些被国家权威认可但是不被扶持的持有传统职位的人员外，村长(老挝语:naiban)、老挝青年团长和老挝妇女联合会代表是由老挝政府选拔和任命的。洒娅诺苏(2011)指出虽然妇女在村子层面的决定权比较有限，在最近一段时期里，当地政府也试图把基层妇女组织纳入到国家行政村委会(老挝语:kana pok kong ban)。虽然老挝政府鼓励各村维持现代法律和习惯法并存的状况，但是传统的阿卡政治组织的影响迅速减弱。与之形成鲜明对比的是老挝政府指定的行政村长(阿卡语:ju ban)逐渐掌握重要的政治、社会和经济资源。传统村塞权威代表正在被老挝政府指派的村领导所取代，而这些村领导在社区事务决策方面取得更大更突出的作用，从某种程度上来讲体现在了橡胶种植和村落经济整合方面。

图 1-4　在橡胶园背着孩子工作的阿卡妇女(2010年摄于芒新县简迈村附近)

四、总结性评论

曼陀罗时代的动态、移动的司法权和重叠宗主的状态,法国殖民统治下的"分而治之"政策并没有产生一个统一的老挝。1975年,皇家老挝政权被推翻,老挝更名为老挝人民民主共和国,这标志着老挝历史上600余年君主制的终结。但是在老挝西北部地区,内部疆域化进程直至20世纪90年代才得到加速,一方面来讲统一的民族国家基本定型,从另外一个方面来讲是顺应了建立市场经济的趋势。

国家在西北部的疆域化实践不但提供了一个理解国家社会空间工程的角度,还是多种个体和群体的应对国家化、商业化和经济区域一体化的实践。随着民族国家的崛起,处于金三角地区的少数民族先后逐渐被缅甸、老挝、泰国所吸纳。自1992年大湄公河次区域经济合作机制建立以来,这些少数民族的生活和生计各方面又面临着现代化趋势的冲击。分散在不同的民族国家,阿卡被逐渐以不同的程度吸收到国家文化中,在老挝这种进程在最近几年不断加速。这是因为随着外国援助,发展和投资的注入,老挝政府也加速了对于西北部农村空间的控制和管理。在实践层面,阿卡的传统生活方式不但被改变而且他们的经济生活越来越以市场为导向。全球化趋势也加深和加强了老挝政府对于罂粟种植的认识和行动,在过去它是阿卡家户收入的主要补充方式,但是如今成为被老挝政府所指定的政策中消除贫困的主要障碍。

同时,老挝的内部安置(internal resettlement)和减少刀耕火种等政策导致了当地生计真空。在这样的背景下,中国的替代发展模式恰逢老挝社会和经济地景的剧烈变迁时期,并且在实践层面产生了可见的经济影响。在下一篇中,我将对推动老挝北部山区罂粟替代发展的社会和经济因素进行分析。

第二章 从罂粟到橡胶:国家政策与地方实践

拖拉机发动机的动力给屋子里带来了灯光,照亮了摆着几样菜和啤酒的竹篾桌子。在晚上11点钟左右,几辆摩托车的轰鸣声打破了村寨夜晚的寂静,之后摩托车停在了芒新县曼卡村的一家屋子外。骑摩托车的这几个中国爱尼人是房子主人的亲戚,他们刚刚到达并准备开割和老挝亲戚共有的橡胶树。为了大约凌晨3点左右开始的割胶,老挝亲戚家准备了饭菜和啤酒。

根据非正式和口头协议,割胶所获得的利润一般为六四分或者七三分,中国人获得更多分成,因为他们提供资金、技术和经验。老挝方供应土地和种植园维护所需劳动力。由于割胶是一项非常精细的技术活,橡胶树很容易被不当操作所损害,所以一般由中国亲戚割胶,因为除了他们自己之外,老挝亲戚们也认为中国人的割胶技术更为熟练。

对于橡胶种植新手,比如在曼卡村的老挝阿卡来说,中国人在解读国界另外一边的更为复杂市场信息方面起到了重要作用。之后几个村民也加入到了饭局里,我开始倾听他们开始高谈阔论怎样在最近的将来,在他们合种的橡胶树大规模成熟后进行利润最大化的策略。现今,无论老挝阿卡自有的还是与中国亲戚合种的胶树规模还比较小(大约700株左右)。根据当时一项中老边界协议,居住在边境20千米以内的边民可以进行每日每人每笔不超过3000人民币元的免关税跨境交易,所以曼卡村民不用担心在规模较小情况下的赋

图2-1 "碰运气"(摄于芒新县清铿乡傣泐新年节庆期间)

税和其他费用问题。①但是让这些村民和中国亲戚感到焦虑的是一旦他们的胶树全都成熟的时候,由于收成将会很大而且所涉及的人(从中国来的割胶和搬运劳动力)都会很多,老挝当地的政府人员就很容易干预。

任何生意,或大或小都有风险,但是在异国的非法的合作生意更会产生特殊的挑战。从市场到流通,整个过程都要经受国家监督。为了保证他们的收益最大化,中国亲戚将处理在中国产生的各种费用和税,而且建议老挝方如何来与他们眼中的贪婪的老挝官员周旋。同时,中国亲戚认为与村里的村长建立良好的关系是非常重要的,因为他是老挝政府的"眼睛"和"耳朵"。老挝亲戚点点头,但是能看出几分犹豫。看到老挝亲戚的反应,这些中国人很怀疑他们的周旋能力。他们接着说明老挝政府规定的条例和应对老挝政府官员的对策。

---

① 中国在2008年11月将边民互市贸易免税额度在此基础上调到8000元。

上边的简述勾勒出了中老边境的少数民族边民,在新形势下寻求生计机会的特殊方式,这把我们的注意力转向了边境两方的少数民族如何利用生计转型中出现的机会。在第一篇里,我讨论了老挝这个国家在西北部所面临的经济社会发展窘境,在此基础上本篇将从中老边界历史上的人员互动,地区间的经济融合,以及中老两国政策方面解读橡胶如何替代了罂粟种植,并在琅南塔省掀起一股热潮。无论从橡胶种植的引入还是所生发出来的种植热潮,都从不同层面反映了国家政策与地方性实践之间的差距,和中老跨境地区边民生计实践和生计共生性(livelihood symbiosis)。

　　尽管从20世纪80年代中期,老挝逐渐向外资开放和国家化的一系列举措开始发育成熟并培育了跨境经济机会,市场经济理性以及实践逐渐成为当地人所经历的一种常态,但是西北部边民的生计实践却是历史性的,因为这些社会交往以及贸易网络的形成都是有着地区间长期的物资与人员流动的基础。跨界商贸网络在20世纪中期开始逐渐被民族国家所截断,然而地理制图法下的边界划分并没有切断内生性族群亲属关系。

　　对于这些边民来说,除了地理位置的临近,跨境少数民族和贸易关系,从双边国家所打造的经济联系都给边民们产生了一种亲近感。在本篇,我将展示这种"亲近感"(affinity)是如何在现实的连接跨境市场生境位(niche)中起作用的。在中越边境开展的一项研究(Zhang 2010)揭示了越南人的商业竞争力和勤奋让中国商人和商贩在一定程度上刮目相看。与之相反,在普通老挝百姓眼中,仍然对中国人能够指导老挝人民走上富裕道路充满信心。对于依赖中国市场的这些老挝边民来讲,他们普遍缺乏市场经济经验和市场竞争力,以及把原材料转化为利润的能力。

　　在上一篇中,我讨论到老挝的鸦片铲除和其他政策减少了传统农业生产的空间。在本篇,我将说明小农户橡胶种植的升温体现了老挝阿卡抓住改变他们生活机会的强烈愿望。同时,这个出乎意料的橡胶种植攀升现象被老挝国家和其他民族看作是潜在的一种"违禁行为"(illicit),因为它挑战了物质边界和阿卡在老挝主体社会中的"定位"。对于这种"违禁"的分析,我建议从老挝国家政策及实施的出入和老挝阿卡如何利用这种出入这个角度出发。有意思的是,政策和实践之间的差距所带给边民的生计实践机会,被外界看作是老挝在进行内部疆域化和人口控制的能力失效。

一、人口迁徙与历史上的老挝西北边疆

不难想象,在民族国家兴起和边界勘定之前,全世界的人员流动、迁徙和互动与今天大有不同。这片包括中国云南和老挝在内的区域,在历史上和前现代的政体下有着紧密的人员和商品流动,这些往来和交流甚至开始于公元3世纪(Hill 1989;1998)。作为南方丝绸之路的支系,中国云南与东南亚(老挝、泰国和柬埔寨)、南亚以及欧亚大陆有着紧密的贸易联系(Yang 2004)。

申旭(1995)指出自唐代开始,老挝地区的文卓国和中国的云南地区的南诏地方政权一直有着密切的贸易关系、农业技术交流及物资交换。由于战争、政治动荡、自然灾害所造成的族群迁徙而形成的中老跨境民族包括阿卡(Akha)、布朗(Bulang/Palaung)、赫蒙(Hmong)、汉家(Haw)、克木(Khamu)、傈僳(Lisu)、傣族(Tai Lue)、瑶族(Yao)、彝(Lolo)以及壮族。始于元代的回族商帮中的一支从思茅进入丰沙里与东南亚其他国家开展贸易,有些甚至定居融入老挝当地(申旭 1996)。自明代开始云南的汉家逐渐移入老挝地区,并起到了搭建云南与老挝经贸往来的桥梁。斯特金(Sturgeon 2005)所提出的"流动的地景实践"(the practice of landscape)体现了阿卡这个民族复杂而又具有较强可塑性的跨境自然和社会空间组织能力。她认为阿卡的传统观念里的"地景"很大程度上与祖先的生态惯习是相呼应的,但是民族国家的出现隔断了这种生态惯习。这种处于边疆的当地人与民族国家对于边疆空间与生态安排相异的观点,同样可以用于其他包括汉家在内的跨境群体。

在前殖民时期(1800—1890),湄公河上游的小型政权灵活的主权意识以及其纳贡制度孕育了这个区域间人员、资本流动的动态性。老挝西

北部与西双版纳的傣泐通过贸易与贵族精英之间的婚配保持着关系（Grabowsky 1999）。在法国殖民时期初期（1917—1918），老挝西北地区的领土防守作用大过于经济发展，但是为了缴税，当地人被迫种植罂粟，并将一些森林产物售卖到边境的另一边（Ducourtieux 2013）。但是在芒新、赫蒙、瑶和可能包括阿卡在内的少数民族，被迫以固定价格销售鸦片给法国殖民当局，而这样的征收导致了1918年在南塔的赫蒙反抗（Mc Coy 2003）。尽管殖民者在老挝开启了有着现代意义的边界划分，但是驻守相对不严，由此可以想象这个时期的边民互动相对自由。法国殖民当局深知贸易所带来的利润，对老挝西北部边界采取了比较灵活的控制方式。在这个时期老挝的贸易网络延展至中国、暹罗和缅甸的边界，并包括现今琅南塔在内的老挝西北部与中国西双版纳。而在国内历史文献的记载中，19世纪后期至20世纪40年代这一段时期，在中老边境一带，老方（法殖民者）与中国边境由于盐及其贸易所带来的冲突也频繁发生。①

在后殖民时期，老挝国内山区与低地族际间的社会互动主要是鸦片成瘾者与傣泐进行季节性劳动力交换鸦片，鸦片在这个时期是山区与低地经济交换的重要媒介，为了支付劳动力所需，傣泐也会在罂粟收获季节步行到山区进行以物易物，从差价中获利，这些劳动力和贸易关系一直持续到2000年初期。处于中老边疆各民族之间的互动还体现在水牛、黄牛、猪、狗等牲畜买卖上。靠近中国边境线的曼乡（老挝语：Mom tasseng/khet）村民购买牲畜之后又通过边境互市卖到云南西双版纳地区。来自于缅甸的骡子也会在老挝西北部进行售卖，并成为财富的标志。这个时期的交易货币基本上是银币或者鸦片，而在近期该地区的人们更倾向用人民币进行交易。

如果说清政府与法国议定下产生的中老历史边界并没有对跨境的交流起到阻隔的效果，现代国家意义上的老挝的渐进形成对该地区人员和

---

① 《民族问题五种丛书》云南省编辑委员会编：《中国少数民族社会历史调查资料丛刊·西双版纳傣族社会综合调查（一）》，云南民族出版社，1983年。

物资的控制意图日益明显。琅南塔和丰沙里严格的边境控制是在20世纪60年代,该地区被老挝伊沙拉阵线(Lao Issara)解放后,在1965年至1968年期间为了防止美国进攻,越军和老挝军队驻扎于靠近中国的山头并严格控制跨境活动。尽管跨境会被驻守士兵重罚,仍然有边民偷偷越境到中国寻求物资和商品。1964年第二届同盟政府垮台之前,巴特寮对丰沙里省的控制很严格,并且时间最长(埃文斯2016)。

中老相连的山区有着无数条山路和小径,这构成了边境两边的少数民族历史上进行维持贸易、互动和民族关系的通道。有一部分阿卡男性回忆到在1949年之后,他们会不时地在夜间抄山路到西双版纳的阿卡村寨销售(少量)鸦片,然后用获得的现金购买一些碗、火柴、盐巴、铁制器皿等日常所需用品,在有剩余的情况下再售卖给其他村民,这也成为当时为数不多的社会、经济资本积累的方式之一。在中国集体化运动(1958—1978)及三年困难时期(1959—1961),与中国交界的傣泐和阿卡村民甚至冒险越过边境给中国的亲戚输送稻米。宗教及亲属纽带也同样驱使人们越过国家边界,科恩(Cohen 2000)记录到在20世纪70年代,西双版纳的傣族与芒新的傣泐仍然徒步到位于芒新的上座部佛教塔寺朝拜。

战争、自然灾害和寻求更多的自然资源的愿望催化着中老边境区域的人口迁徙与流动。阿卡和傣泐的迁徙史及其共同记忆也重塑着民族认同纽带与亲属网络。[1]而这些历史上所形成语言、文化的亲近感基于跨境族际与人际交往,给之后的跨境生计重建、发展和跨境市场网络的扩展起到了催化作用。

二、橡胶种植热潮之前的老挝边民种植尝试

早在20世纪30年代,作为法国殖民化的其中一项举措,老挝占巴塞省已经尝试种植橡胶,但是只限于南部部分省份(Manivong and Cramb

---

① Cohen, Paul T.Lue Ethnicity in National Context: a comparative study of Tai Lue Communities in Thailand and Laos, *Journal of the Siam Society*, Vol.86, No.1–2 (1998), pp.49–61.

2007）。在20世纪90年代初期，有一些来自西双版纳的边民自发到老挝西北部山区进行较小规模的橡胶种植。中老双边政府在2004年到2005年之间签署关于罂粟替代协议之后，老挝西北部乃至北部的"橡胶种植热"才逐渐升温，这让该地区的小农户立即从这种跨境合作政策下获益。但是琅南塔的橡胶种植潮的起点应该追溯到老挝难民在中国的经历。在老挝"集体化"失败后爆发的政治危机让成千上万的老挝公民（大部分为少数民族）滞留在中老边境。在联合国难民事务高级专员办事处的协调下，他们得到中国政府的接纳。部分少数民族难民参与到抵抗老挝反政府武装的队伍中，并接受军事训练，其他来自于芒新的少数民族（大部分为阿卡人）居留在中国西双版纳州的勐捧、勐润和勐满的同民族的村落里。

位于云南省南端的西双版纳傣族自治州是第二大橡胶生产地。这个拥有占全国25%的植物种类、但是却处于北纬17°以北的植胶禁区，在国家大力扶持下，一套抵御风、寒自然灾害的栽培技术得以创立，并在种植区的国营农场成功应用（华南热带作物学院1989）。在知青返乡后，农场里的劳动力锐减，为了填补这个劳动力缺口，很多以难民身份进入中国的老挝阿卡和傣泐后来被吸纳进入国营农场（勐捧国营农场2005）。就在老挝政治局势在20世纪90年代开始稳定的时候，这些老挝难民开始被遣返回国。在16次分批遣返后，曾经为难民的老挝人带回了在西双版纳橡胶农场里所学会的橡胶种植技术。在琅南塔，几个不同民族的村子（阿卡、赫蒙和傣泐）在1994年开始种植橡胶。这些被遣返的少数民族村民在回到老挝之前早已打算选择沿边境线一带居住，这样的计划有着多重目的：他们已经适应在中国的生活并建立了一定的社会关系网络，选择在边境线居住能缓冲离开中国地界所带来的脱嵌冲击。他们也深知如果回到老挝内陆地带，远离中国的贸易市场，将对生计不利。而在中国的生活经历，让这些村民们学会了橡胶种植的整套技术，而从橡胶种植中获利，离不开中国的市场。

在从勐腊遣返的老挝难民中，六户赫蒙家庭在琅南塔省南塔区边缘的班哈鸟村(Ban Hat Nyao)也在1994年开始了橡胶种植。与书中所涉及的曼卡村不同的是,班哈鸟村在村民自发种植之初得到了当地政府的资金扶助。①每户所获得的扶助资金总计在1百万至3百万老挝币(约为770~2309元人民币),这些资金的用途包括购买胶苗和围栏的铁丝网(Douangsavanh et al. 2008)。尽管如此,正如很多研究所指出的,班哈鸟村的村民组织在成功建立小农户橡胶种植中起到了关键作用。②村内的橡胶生产组织由种植和营销这两大单位以及各个生产队所构成,在2009年左右全村实现了以橡胶种植为基础的生计模式。经过了7~8年的培育,到21世纪初,全球橡胶价格的攀升让这些率先种植的老挝农户逐渐获益,在此过程中其他村民也开始效仿。但是在这个时期,橡胶树种植家户相对要少,种植面积小,而且主要分布在离国境线比较近的曼乡(Mom Tasseng)的傣泐和阿卡村子。③

除了遣返的难民之外,一些在过去从中国迁徙至老挝的群体也组成了推动橡胶种植力量之一。如前文所述,自称为汉家的一个群体,在大概在一个世纪前从云南景谷搬到老挝丰沙里省,在2000年之后其中的一部分陆续搬迁至芒新。这个群体除了掌握老挝语之外,在群体内部的交流也使用一种云南方言。由于语言和文化上的相似性,一些到芒新进行橡胶投资的中国个人倾向雇用这些汉家劳动力,或者与汉家的生意人结成生意伙伴进行运输、销售橡胶种植材料乃至合作种植。

查普曼早在1991年观察到西双版纳橡胶种植获得的经济效应已经渗溢到了缅甸,他认为跨境贸易的正式化将会促进橡胶种植从中国到缅

---

① 琅南塔省当时的副省长也是一位赫蒙族,他在村子内的决策过程以及提供贷款和技术支持方面都给予了很多帮助。

② 参见 Alton, C., Bluhm, D., and Sananikone, S., Para Rubber Study: hevea barsiliensis Lao PDR.Lao-German Program Rural Development in Mountainous Areas of Northern Lao PDR, 2005, 以及 Chanthavong, Nitkham et al., Rubber Institutions in Ban Hat Nyao: Managing trees, markets, and producers. URDP Field Report #0903, 2009。

③ 1999年老挝北部出现了严重的霜降,这让村民们损失了大部分橡胶树。由于缺乏资金,这些村民们在2003年至2004年期间才开始大量的补种。

甸、老挝和泰国北部的发展(Chapman 1991:43)。如今查普曼的预计几乎成了现实,毋庸置疑地西双版纳当地橡胶扩张的动力,会继续对山水相连的芒新和芒龙的现代化方式进行塑形。

三、罂粟替代发展及老挝的容纳环境

早在1991年琅南塔省第五次老挝人民革命党党代会上,政府就把橡胶种植确定为消除贫困的核心策略,以及稳定轮作的手段。在橡胶热前期,如上所述,琅南塔省政府曾经提供过一些技术支持,以及用低息贷款的方式给予一部分农户启动资金,但是老挝政府所能提供的支持非常局限。在2003年11月,琅南塔省政府开始第一次在较大范围内对橡胶种植投资进行调控,并颁布了《橡胶种植领域通用模式第34号条例》。根据这项条例,投资者可以通过土地特许(land concession)或者订单农业(contract farming)在该领域进行投资。然而如一些研究所指出的,小农户橡胶种植是老挝农户们实现脱贫的有效方式,[1]老挝政府本身无法给广大农户提供资金支持、技术培训、加工、销售等服务,因此在2003年之前,老挝没有出现分布广泛的小农户种植。而在2002年至2003年之间,由于较为严厉的打击罂粟种植的禁令出台所带来的一系列效应,导致了在芒新和芒龙的经济真空——山区罂粟种植农户失去了重要的生计来源。老挝政府和国际NGO一直在推广一些经济作物以替代罂粟,却无法解决市场及销售问题。对中国市场的依赖这个因素,很大程度上决定了历史上中老边境地带老挝村民的生计方式选择,而在今天同样催化了小农户对来自中国替代作物的需求。

除了与橡胶投资直接相关的政策之外,国家层面的一些战略与规划间接支持了外商对橡胶种植的投资。老挝农业与林业部(MAF)把商业用途树种种植作为实现森林覆盖率的途径,并规划在2020实现全国40%~

---

[1] Manivong V. And Cramb R. A, Economics of Smallholder Rubber Production in Northern Laos, contributed paper(revised version) 51st Annual Conference Australian Agricultural and Resource Economics Society 13–16 Feb.2007, Queens town, New Zealand.

70%的森林覆盖率;第5次和第6次全国社会经济发展规划也将商业树种种植作为生产和减少轮作的方式。因此,当地政府官员热忱地把橡胶树种植看作是上天赐予的解决轮作、罂粟鸦片和贫困的途径(Cohen 2009)。对于老挝西北部的普通村民来讲,从1997年开始的土地使用规划与分配政策(LUPLA)尽管实施过程缓慢,但是很大程度上限制了依靠轮作农业方式农户的土地使用范围。这些农户为了避免轮歇的土地流转给其他农户,就在轮歇土地上种植橡胶树,以避免土地被国家回收。

就琅南塔省来说,在2003年的"第34号条例"出台后,第一批中国橡胶公司在琅南塔注册,之后在2004年至2006年之间从云南涌入了大量在"罂粟替代发展框架"下的橡胶种植投资。早在1992年,西双版纳傣族自治州开始与接壤的缅甸东北部掸邦的第一和第四特区进行合作进行稻米、甘蔗、茶叶和橡胶种植,以替代罂粟。根据国内文献,这样的合作构成了中国罂粟替代发展项目的雏形。很难追溯中国与联合国的禁毒战争的确切交接点,因为两者来自不同的历史背景并且催生于不同的意识形态。利特尔顿和科恩认为,联合国的禁毒战争,特别是联合国毒品控制计划署和美国的禁毒政策交织在一起(Lyttleton and Cohen 2003)。但是以当前的形势来看,罂粟替代发展项目和国际组织替代发展有着很多相似之处。[①]

发生在老挝西北部的橡胶投资升温,离不开由急速增长的全球橡胶的需求所拉动的橡胶价格。从2001年开始,中国已经超过美国跃居成为世界最大的橡胶消费和轮胎制造国家,每年消耗全球天然橡胶的1/4。在2006年,中国橡胶消费总额达到213万吨,国内产出当年仅达533,100

---

① 中国在金三角推广的替代种植,与联合国20世纪70年代的替代作物种植和80年代的农村综合发展的逻辑相一致(Farrell 1998)。可能是基于这样的原因,中国的替代项目被联合国推举为在罂粟种植社区的替代项目的一种模式。金三角地区的罂粟种植主要分布在与中国接壤的边境地区,中国和联合国打击毒品的合作被看作是一种必要的策略(INCSR 2009)。这样的联合也体现了从定义相对狭隘的"罂粟替代种植"到内涵更深远的"罂粟替代发展"(Shi 2008)。即便如此,中国和国际组织引领的毒品打击有着相似的目标,但是其不同点在于国际项目有着附加条件。中国的项目在当地有着明显的可行效果,最重要的是中国对经济增长最大化的偏重(Cohen 2009)。

吨;进口的161万吨仅仅只能满足需求的1/4(Huang 2007)。橡胶树喜高湿度,具有充足降水的环境,只适合生长在低纬度热带或者亚热带地区,并且容易受到极端气候条件影响。从2001年以来,天然橡胶种植土地的匮乏和进口天然橡胶与合成橡胶不断上升的单位成本都对中国的橡胶产业提出了挑战(Viswanathan 2007)。亚洲是世界上最大的天然橡胶出产区域(FAO CTTP 2003)。从20世纪90年代开始,特别是在苏联解体后,发达国家和发展中国家之间的天然橡胶消耗比例有所变化。随着现代化步伐的加速,天然橡胶供应国(中国、印度、斯里兰卡、泰国、马来西亚、菲律宾和印度尼西亚)都在为了满足本国需求而缩减出口量。最终在以上的亚洲国家中,中国和印度成为橡胶净进口国。非洲、拉丁美洲和越南、菲律宾这些发展中国家期望能提高其橡胶生产产量(Viswanathan 2007)。根据官方统计,天然橡胶的很大一部分(65%)用于车辆生产,估计在2010年中国消耗500万吨橡胶。这个数字在2010年末增长到1150万吨。2003年的预测是:"中国较高的进口需求可能将会引起发展中国家所有的出口增长。"(FAO CTTP 2003:3)橡胶价格的波动、橡胶投资的风险性引发了当地人是否能从橡胶种植中获益的问题。然而,即便需求持续上升,包括橡胶种植农户在内的所有投资者也会由于参与到较远端的经济链里,从而被暴露在全球市场所带来的经济波动中。

注册在替代框架下的企业数量从2005年来继续增长,到2008年底,一共有192家企业进驻老挝和缅甸北部,并从事一系列中小型项目。在2008年琅南塔省形成了以特许方式、大规模(正式)订单农业、小规模非正式订单农业、老挝农户个人投资及农户与境外熟人合种四种种植方式。但是在琅南塔省,特许形式种植比较罕见,而以村民提供土地和劳动力,投资者提供资金、技术和市场渠道的"2+3"订单投资方式居多。①然而老挝省级政府对于橡胶种植的规划和规范的态度也不是一成不变的。2009年出台的一项土地法案明确指出将国家土地转变为资本从而为国家财政

---

① 分红比例为7比3,村民获得利润的70%,而公司获取利润的30%。

增加收入(DSLLC 2009:1)。[1]然而从2005年10月起,北部地区的琅南塔、波乔和乌多姆赛三省已经停止了土地特许(Shi 2008)。2006年,琅南塔省颁布了《土地分配法第7号条例》,按照这个条例,省政府将分配给没有水田的家户1公顷的土地和橡胶胶苗。但是这项条例最终不但没有执行,而且由于琅南塔政府最近的一项呼吁悬置,所有橡胶种植的政策因而变得模棱两可。[2]

老挝从1986年以来一直谋求通过对外开放渠道而促进国内经济发展的道路,但是却面临着一个低效的行政体系。第一篇中我们讨论了老挝历史上的中央集权的问题,由于中央政策与地方实施的差距,今天一党制的老挝,仍然面临"再中心化"的问题(Stuart-Fox 2006),琅南塔的橡胶热再次体现了中央决策和地方实践的差距。尽管中央一级还没有出台和细化如何推动橡胶种植的具体方案,省级政府却按照2009年出台的土地法案将大量土地批给外商投资。

表2-1 琅南塔和波乔两省橡胶种植情况

省份	区/县	村子总数	种植橡胶村子	橡胶种植村比例(%)	橡胶种植面积(公顷)	橡胶种植开始年份
琅南塔	南塔	78	65	83.33	3,100	1994
	芒新	95	90	94.74	4,066	1994–1996
	芒龙	82	45	54.88	2,576	2003
	汶普卡	46	26	56.52	1,267	2003
	那勒	72	30	41.67	1,558	2004
波乔	会赛	110	110	100.00	2,899	2003
	帕乌隆	94	48	51.06	3,182	2003
总计		577	414	71.75	18,648	

来源:老挝农业森林办公室

根据史为夷的统计(Shi 2008:13),直到2006年,琅南塔的橡胶种植面积达到大约12,585公顷,其中11,119公顷是村民们自己种植的(小农

---

[1] Decree on State Land Lease or Concession (unofficial translation) No.135/PM,VCC, May 25th 2009,Prime Minister's Office, Lao People's Democratic Republic.

[2] Vientiane Times, 11 November 2008.

户橡胶种植），剩余的1,466公顷是通过订单或者是以特许的形式由中国投资者种植的。从表2-1可以看出在琅南塔省，芒新县的种植面积最大，其次是南塔区。由于政府的鼓励、跨境影响和种植户的自发性，以及道路状况的因素，南塔和芒新两县的橡胶种植早于芒龙、汶普卡（Vieng Phukha）和那勒（Nalee）。然而随着基础设施的改善和急速的外商和资本涌入，在较短的时间内其他区县可能会赶上南塔区和芒新县。

四、小农户橡胶种植在琅南塔省的扩张

2006年之后在芒新和芒龙两县的橡胶种植继续升温，在芒新县（见表2-1）几乎所有拥有适宜橡胶树生长土地的村子都已经进行种植橡胶树。[①]在琅南塔省，小农户种植和与中国的亲戚朋友（老挝语：phii-nong）合种这两种形式比较普遍（见表2-2）。在这个地区小农户橡胶种植的普及与大量橡胶投资公司的存在密切相关，当地人称在大概在2006年之前，由于琅南塔缺乏橡胶种植物资，老挝村民只能跨境到西双版纳购买。然而处于比较偏远山区的村民们，特别是没有跨境亲属网络支持的村民，就无法获得种植渠道。对三个不同地理位置的村子进行实地考察的情况进行比较，接近国境线的村子或者与中国的亲戚朋友有着密切跨境往来的村民更容易获得橡胶种植材料和技术，处于离国境线相对要远的山区，村民基本种植技术是通过在本村附近的橡胶投资公司劳作而获得。在芒新，由于连接芒新县城到山区的路况较差，一些驻扎在山区（主要在清铿乡）的橡胶公司，在2006年之前主要依靠流经班赛（Ban Xai）的湄公河从西双版纳运输种植材料以及员工的生活物资，然后从班赛这个傣泐村子再用摩托车输送物资到橡胶种植基地。跨境河运的费用加上当时在老挝种植材料的稀缺造成了较高的胶苗价格（3元/株）。在这一时期偏远山区的村民们，通过在橡胶公司劳动而换取胶苗在自己的土地上进行种植。[②]

---

① 由于所占土地处于较高海拔地带不适宜橡胶种植的村民，同样表达了种植橡胶树的意愿。
② 在西双版纳橡胶种植私有化的初期，出现过当地村民到国营农场捡拾橡胶种子进行胶苗培育的现象。

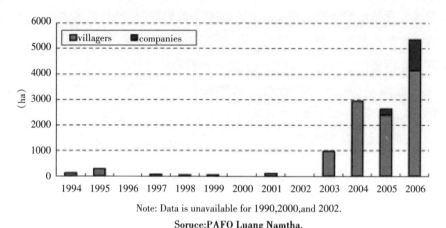

Note: Data is unavailable for 1990,2000,and 2002.

Soruce:PAFO Luang Namtha.

图2-2　1994—2006年琅南塔省橡胶种植情况

浅色与深色分别代表村民自种和公司投资面积;面积单位为公顷(来源:Shi 2008)

　　2006年在公司形式投资种植明显增长的同时,村民自种的面积也在扩大(见图2-2)。在芒新县城附近的村子里,出现了橡胶公司外包的胶苗培育种植基地,这些基地除了供应驻扎在芒龙和南塔的橡胶公司之外,也在本地进行销售。当地一些村民逐渐掌握了胶苗培育、芽条和芽接等技术,再加上意识到当地对胶苗潜在需求也开始培育和售卖胶苗,在2006年至2007年之间出现了供过于求的状况,胶苗的价格也从原来的3元/株下跌至0.8～1.0元/株。[①]橡胶投资公司在当地的介入也促成了种植技术的广泛传播:大部分村民在为橡胶公司提供劳动力期间也逐渐获得了基本的种植知识与技能。原材料的下跌加上种植技术的普及促进了大量小农户种植的出现,并每年进行累积,扩大种植。除了小农橡胶种植之外,与中国亲戚朋友合种在沿边境线一带的村子中也非常普遍,个人/非正式的跨境种植构成了跨境橡胶投资中最为灵活的一种形式。20世纪60年代至21世纪初,在云南省的西双版纳,橡胶树种植已经不限于国营农场,而作为一种经济作物在当地广泛种植。西双版纳州的橡胶种植小

---

　　① 此价格来自村民的自述。

农户从当地政府那里获得了有效定期的技术培训,同时也获得在割胶后支付的无息贷款,改良的种植材料也加速了西双版纳州的小农橡胶种植的发展。除此之外,中国国内的橡胶价格提供了一种特别的动机,使村民们在自己的土地上进行种植。其他来自西双版纳外的投资者,比如国营农场汉族职工的内地亲戚和朋友也纷纷在当地寻求投资机会。由于土地承包和转让使土地拥有者获得不断增值的收益,所以在21世纪前10年继续兴盛,但是却导致了可用土地的稀缺。

无可厚非的是,橡胶需求的提升、缺乏有效调控的橡胶种植环境更加激发了当地人在橡胶种植潮里获得更多利益的欲望。对于小农户橡胶来说,橡胶种植的几十年已经极大地转变了他们的生活。在勐满和勐捧等一些橡胶树集中的地方(也是爱尼人的主要居住地),轮作农业生产几乎完全被抛弃。如今村民们依赖从老挝和缅甸进口的粮食。在橡胶种植初期,甘蔗也是作为供给勐捧糖厂的作物,但是由于橡胶胶乳能获得更多的收益,当地老百姓将他们的大部分土地都用来种橡胶,而造成整个生计都越来越依赖现金经济的状况。

从另外一个不同的角度来看,从橡胶树上所获得的财富、物质生活的改善使得哈尼族,这个经济上相对滞后的少数民族在中国社会阶层中的地位得以提升,在经济地位上与傣族甚至是汉族相提并论(斯特金2010)。在西双版纳的很多村子里,橡胶树遍布村子里的边缘地带或者邻近的菜园和很难到达的一些地方。但是橡胶种植在该地区的扩张是有限的,土地的过度使用已经导致了严重的环境退化。一些景洪附近的村子已经发生了溪流和井水干涸的问题。[1]为了应对这种难以控制的橡胶种植潮,在2006年西双版纳州政府冻结了所有集体林或者再生的刀耕火种土地的轮作、转让、承包或者外包,至2008年,其意图在于减少过度使用森林资源和冷却主要由橡胶种植推动的土地市场(Shi 2008),但是这一举措却间接推动了橡胶种植向老挝的扩展。

---

①《云南西双版纳大量毁林种胶负面生态效应显现》,《中国青年报》2007年6月12日。

图2-3 "在老挝务必使用基普"老挝政府关于货币使用的告示(拍摄于芒新县城的早市)

五、橡胶种植实践

(一)阿卡人的发展道路

当我在2008年12月到芒新的洒腊村走访的时候,发现两个老挝政府公务人员(一个老族,另外一个是阿卡)驻扎在那里来进行数据收集,这是老挝发展银行发起的一个为期四年的发展项目的前期工作。他们中的一个人员阿四,和我分享了他和他的同事一起从每户采集到的信息。分析表里的内容包括以下的项目:家庭人员组成,详细的家庭财物(土地、牲畜、家禽),当年所耕土地,每个家庭成员的教育程度和宗教信仰。

阿四对宗教信仰这一项进行了特别强调,他用"耶稣"来替代基督教,他对我解释道:"耶稣(基督教)的信仰是被老挝政府所禁止的,这是为了防止这种'灾害'从泰国传播到老挝。"作为政府工作人员,阿四说他无论在工作中还是在私人生活中都遵循这个指令。他甚至在我面前透露出他不愿意和泰国阿卡建立任何亲近的关系,因为他怕其中的一些会到老挝来进行基督教宣传。①至于和汉族或者中国哈尼族交朋友,他说就不会

① 泰国阿卡社会的基督教化问题参见 Kammerer, Cornelia.Territorial Imperatives:Akha Ethnic Identity and Thailand's National Integration, in John McKinnon and Bernard Vienne (eds), *Hill Tribes Today:Problems in Change*, Bangkok: White Lotus-Ostrom, 1989, pp.259-302。

引起这样的麻烦,因为中国和老挝都是社会主义国家,而且目前两国之间交流主要内容就是投资和发展。曾经在老挝军队里服役的阿四,无论对战争还是意识形态斗争都感到厌倦了。他认为无论何种意识形态的更替,比如说一种宗教信仰的传播,不但不会产生具体可见的经济效益,而且会带来混乱和纷争。从另一方面来讲,阿四也一直在思考老挝阿卡的"发展"(阿卡语:bi me la)问题,他从种植橡胶上看到了希望,因为这是一条通向更可行的"自我"提升的道路。

对本民族的发展状况进一步反思,阿四评论道:"鸦片让老挝阿卡变懒了。他们很长时间都依赖于一种(赚钱)见效快的作物,所以总是惦记着做投入少利润大的事情。"作为老挝阿卡人的精英(国家公务员),阿四觉得由于老挝阿卡对于罂粟种植的依赖,他们形成了一种懒散的工作态度,主要出于两个原因:首先,罂粟种植者直接接触鸦片所以很容易转变为成瘾者;其次,人们一旦找到容易赚钱的路径就不再遵循一种诚实的赚钱方式。现代性依赖于摆脱过去的想法,鸦片可能就是象征过去和现代性对立最显著的例子。鸦片剥夺了使用者的动力和自主能力。通过停止鸦片种植,老挝阿卡才能与过去告别,由此获得新的价值观。

(二)橡胶种植实践中的"语言"碰撞

"语言碰撞"这个小标题是借用自安·安娜诺斯特(Ann Anagnost 1997:146)的《国家之过去:当代中国的叙事,呈现和权力》一书。在此著作中安娜诺斯特以《秋菊打官司》这部电影为分析素材,观察到在法律和政策之间的界线,是如何在历史遗留的但是仍然在现代化进程中起作用的"任意的人治"的形式下变得模糊。①

这一思路让我把这个故事里的"语言碰撞"和琅南塔的橡胶种植合同

---

① 这部电影主要讲述了一个农村不识字的中国妇女,将她所受的冤屈诉之于司法程序的过程中是如何一次又一次地与各级司法机关接触和协商,但是无法"沟通"的故事。与司法官员进行民事诉讼的沟通中的问题,涉及抽象的法律术语与俗语的不同:这个妇女的司法需求陷入了中国道德义务和个人之间的人情陷阱,从而挑战这个妇女的诉求。

的一些方面联系起来。通过橡胶种植来进行发展的官方话语和老挝国家司法层面所允许的土地商业化、租地和征地一致。然而就像基思·巴尼所总结到的:"在老挝山区的资源商业化进程中没有单一的政治经济理性原则或者目的性:新自由的,保护性质的,官僚的和榨取——积累逻辑等。"(2009:153)在这里,实现老挝北部土地的资本化的多重目的和利益是立足于法律、政策和模糊的政策实施的"语言碰撞"上。

史为夷的报告(Shi 2008)指出,省级机关在没有征求村民们的意见前就达成了合同和协议。在签订了橡胶种植合同的村子里,一般的村民大部分都不识字,他们声称从来没有看到过关于和公司签订橡胶种植的"梭哈"(阿卡语,直译为"纸",但是也有官方/正式文件和协议等意思),即他们在不知情的状况下合同已经签订了。还有一种情况是即使在村里半数以上的人反对,村长和村委会还是和投资方签订了种植合同。在老挝北部的农村地区,通过合同形式和外商进行的合作一般是在低地,但是这不代表处于偏远山区的阿卡缺乏合同意识。通过我对芒龙县处于半山的几个村子的走访,我发现村里人大部分都具有合同是达成共识的一种正式证明的认识。

向村民委员会提出异议可以看作是把村民的意见翻译和传达给国家公务人员(比如县农业与森林办公室)的一种途径。但是政策和合同签订在实施过程中变异成了"法律"和法令。只要老挝公务人员在场,对于村民来说政策和法令的区别就是没有意义的。村委会本应该征求村民的意见,在与村民达成意见一致性的情况下进行决策。但是在自上而下的政策实施环境里,村民的反对意见最终不了了之。

很多时候,投资者获得了官方批准的合同,但是这些投资者抱怨纸质的合同在老挝并没有法律约束力,而需要根据具体情况进行调整。以上述"2+3"模式为例,芒新县清铿乡洒腊村与开创橡胶有限公司的合同中规定:用于胶树管理的劳动力来自村民而且是义务的。但是实际上,由于村民们收入来源比较有限而无法等待公司7~8年后的兑现,在进行商议之后公司只能以付费的方式来招募村民劳动力。由于村民只提供土地,而合同中的利润分配也从之前的7比3调整为3比7,即村民获得30%的利润,公司的利润比例为70%,如此一来"2+3"模式就变为"1+4"模式。

合同中所规定的对村民进行橡胶技术培训也转变为按照橡胶树的生长阶段来按需进行培训。中方的理由是如果一次性给村民这些橡胶种植新手进行从胶苗培育、除草、种植管理、收割到储存的培训可能不太实际,特别是割胶,这项关系到保证产出和投资的技术,其掌握是要经过非常细致的培训。从另一方面来讲,投资方认为老挝阿卡掌握技术的速度非常慢,所以进行一次性整套的培训没有必要。再者,中方投资者也担心如果村民掌握了所有的种植技术,能够不依赖橡胶公司而发展自己的种植后,最终停止给公司提供劳动力。因此,投资者通过"即学即用"的方式来保护公司的利益。

与琅南塔其他需要通过各级政府机构批准的橡胶种植合同不同,在老挝人之间或者老挝人与中国人之间的非官方/非正式的橡胶合种非常普遍(Thongmanivong and Fujita et al. 2009)。这些"合同"一般是建立在跨境亲属和朋友之间的字面/口头协议上的。这些合作关系的长处在于双方都可以避税和规避一些向老挝政府进行合同申请过程中产生的费用。而其不足恰恰就在这种合作关系的非正式性和无效性。尽管这种跨境运作模式看起来非常灵活,但是同时也存在各种纠纷的可能。当我在曼卡村问及一个与老挝村民进行合种的中国汉族,是否存在他们签订的合种协议不生效而造成中国人的投入损失的情况,他认为担心是有必要的,但是也只能靠日常人际关系的互动来减少和避免村民们毁约的可能性。

在一系列各种形式的橡胶种植(订单农业,非正式的合种或者个人种植)中,代表村一级权威的村长可能会使用一些操纵和默认的方式。伴随着国家对土地和其他资源的管理,责任被正式地转给了村级权威(Fujita and Phanvilay 2008:121)。①与此并行的是在商业化的过程中,村长也获得更大的权力来与法律机构和外来投资者周旋,并默许村民们规避政府

---

① 由村长、新成立的村委会和各种群众组织的代表。

指令和政策的行为。最终的结果是,村长陷入了国家法律、政策和传统土地使用和肆意实施的权力经济中。对于个人和私人企业来说,替代种植发展框架提供了获利的诱人机会。就如在老挝的投资者所述,即便没有政府的资金支持,只要政策允许他们也会到老挝进行投资。当国有、非国有企业和个人可能在境外投资获得投资机会的同时,在为服务市场运行的健全的经济和政治环境尚未建立的老挝和缅甸,他们不可避免地暴露在了更大的投资风险中(ACCENTURE 2005;Bestari et al. 2006)。为了缓和在国外投资环境里的风险,私人企业采取与当地人建立关系网络的策略来稳固他们的投资。

(三)获取"国家土地"

主导整个琅南塔省橡胶种植的是小农户种植或者亲属朋友之间的合种形式,一般来说,这些合作种植一般分布在与中国交界的地带,比如说之前提到的芒新县的曼乡(Mom tasseng),但是实质上订单农业几乎存在于所有适合种植胶树的村子。以特许方式进行征地的投资主要分布在交通不便的山区和在沿国境线并被老挝军队以防卫名义占用的地带。只有极少数村子成功地避免他们的土地被公司或者其他人夺走,大部分村子的橡胶种植空间同时被征地形式的投资或订单农业等形式交叠覆盖。

需要进行说明的是,橡胶热出现于老挝这个国家的土地使用与分配制度还未得以彻底贯彻的状况下,①这个因素也间接推动了琅南塔省的小农户橡胶种植。包括阿卡在内的很多山区民族来说,习惯法仍然在村内事务中起着重要作用。阿卡习惯法规定一块土地如果持续种上3年就可以归种植该土地的家户。除此之外为了表明该地已经被占用,还需在地里放上一个竹篾编织物,种植者也需要向村里的头人和老人们汇报他

---

① Vandergeest, Peter.Land to some tillers: Development-induced displacement in Laos, *International Social Science Journal*, vol. 55, No.1 (2003a),pp.47-56.

对土地的占用。①在缺乏有效的土地权利和实施的状况下（Alton et al. 2005；Shi 2008），上述传统土地使用习惯法被村里的权势家户所利用，而从其他村民手里夺取土地。曼卡村的一位老人说道："如果我们不种橡胶树，其他村子里的人也仍然会种。"在这样的状况下，种植橡胶树似乎成为老挝土地使用变迁与未来生计角逐下村民的权宜之计。

从另外一方面来看，老挝土地使用和分配在执行中的漏洞也给村民们提供了机会，同时依照斯科特（2004）的视角，国家意志下的规划项目往往忽视了当地社会的复杂性以及边疆民族社会的实际生存情况。从2003年开始，县农业和森林办公室（DAFO）和老德合作的人员已经开始尝试执行正式的土地使用规划。但是这种强制性的土地使用规划在村民看来不符合实际需要，从而无从下手，村民们看到的是市场需求下的种植计划，而对于老挝西北部的村民来说，这个市场目前主要是中国市场。②在没有任何种植规划的情况下，橡胶种植以一种临时和应急的形式迅速扩张。

从国家调控视角来看，村民与跨境亲属橡胶合种是非法的，因为在大多数情况下这些种植的土地使用都越过了国家指定土地区域，而且有一些涉及私人"土地买卖"。③在阿卡被吸纳入集中化的（民族）国家管理之前，阿卡传统的土地使用习惯以及"流动的地景实践"，让他们对于所维系的自给自足为导向的生活方式有着很大的自主权（von Geusau 1983；Stur-

---

① 村民之间偶尔互相交换土地，但也只交换水田。村子里的家户可以选择迁徙，尽管迁徙的原因众多，一旦离开了村子，他们就不再享有在迁出村的土地使用权，但是想要在新的居住地获得土地也不是一件容易的事情。

② 更多关于老挝农民们对土地规划和分配的看法参见 Fujita, Y., and Phanvilay, K. Land and Forest Allocation in Lao People's Democratic Republic: Comparison of case studies from community-based Natural Resource Management Research, *Society and Natural Resources: an international Journal*, vol.21, No.2 (2008), pp.120–133, 以及 Fujita, Y., Thongmanivong, S.and Vongvisouk Thoumthone, Dynamic Land Use Change in Sing District, Luang Namtha Province, Lao PDR. International Program for Research on the Interactions between Population, Development and the Environment. Faculty of Forestry, National University of Laos, 2006。

③ 老挝社会主义政权在开始之初就宣布国家具有所有土地的最高所有权，而民众只有"使用权"。

geon 2005）。所以私人之间无论是以年为单位的租地还是长期的橡胶种植合租,都符合了边民的土地使用习惯法。此外,老挝仍然处于国家和公民的土地财产关系的正式化进程中,民众对于国家规划用地还很陌生。隆德(Lund 2011)认为土地关系的转型在老挝有着平行的影响,因为在向国家申领土地的过程中,民众开始熟悉和国家相关的一系列由体制内人员使用的术语和语言。从一方面来讲这种熟悉加强了"国家性"(Stateness),从另外一方面来讲,它提升了老挝人民的政治主观性(political subjectivity)。因此,隆德认为在老挝土地改革和安置过程中,老挝政府机构的权威性得到了确认。

但是这也不是一个直截了当的过程:由于政策总是在变化,国际发展项目无定数,当地的行政执行力不足,官员的妥协性很高,所以国家控制并不是完全的,而是给百姓一定的周旋余地。[①]维持着传统惯习的老挝村民出于生计考虑不断扩大土地使用面积。

上述跨境社会关系和网络具有一定的灵活性,但是也给官方对投资和交易的调控带来了阻碍,让无序的土地使用更加恶化的是随着橡胶种植投资而来的村内的土地争夺。结果,广泛的橡胶种植投资兴趣和各种形式的投资合作方式,"让县农业和林业办公室人员很难用原有的资源管理框架来有效地对一些争端进行调节和解决"(Manivong et al. 2009:344)。

六、总结性评论

在本篇,我使用"从罂粟到橡胶"这一组借代为标题,我这样做的目的有两层:首先,罂粟和近期出现的橡胶树种植在老挝阿卡的生计转型中占有特殊却又重要的作用。在小商品经济中,罂粟是山区民族的经济交换媒介,但是橡胶种植、生产和流通却与工业发展密切相关,从这个层面上

---

① 相似观点参见 High, H. The implications of aspirations, *Critical Asian Studies*, vol. 40, No. 4 (2008), pp. 531-550。

来讲,橡胶树种植开启了老挝阿卡的社会/农业变迁。在边境地区的小农户橡胶种植与边境另外一边的生计共生关系密切相关。其次,从罂粟到橡胶也表明了老挝政府推进国家建设的决心。

国界被很多人看作社会—领土的构建,这些构建表明了严格的、不灵活的国家界限的需要和瞬态的、具有延展性的资本和人的流动之间的紧张关系(Gupta and Ferguson 1992;Anderson 1996;Baud and Willem van Schendel 1997)。然而边界同样也是国家领土策略的一种戏剧化和夸大化,这里聚集着很多与国家领土性相对立的抗衡力量。"这些策略之间的角逐不断地再生、重建或者削弱边界。"换句话说,边界并不被动,"在边境,社会关系的空间性永远以新的面貌出现"(Willem van Schendel 2005:45)。

从以上村落土地变迁的描述可以看出,老挝民族国家建构进程中经济市场化的要求,使得跨境地区族际社会关系网络不断扩大生计的共生性更为紧密。老挝民众开始从国家和国际发展机构得到了新的政策指令,并且这种进程在老挝随着各种工具性的理性的增长而变得越来越明显。[1]在边疆,不断出现了国家意志与边民为了寻求生存空间的博弈(反疆域化),而凸显在基层—村子里的是内生性惯习、生计实践、政府执行力度及效力的滞后导致了"国家理性"进程的延迟。

---

① Lyttleton, Chris et al. Watermelons, bars and trucks: dangerous intersections in Northwest Lao PDR: an ethnographic study of social change and health vulnerability along the road through Muang Sing and Muang Long, Vientiane and Sydney: Institute for Cultural Research of Laos and Macquarie University, 2004.

第三章 "市场化"趋势下的生计转型

阿卡大体上是不友好的,比起憎恶外界人来说阿卡更怕他们(外界)。他们(阿卡)认为来自低地的人会带来各种害人的鬼怪并进入寨门。尽管他们通常在自己家中贩卖鸦片,却不敢走出自己村落地带。相对来说,几乎没有阿卡敢去走访城镇和城市,即便偶尔在清莱和湄占可以看到他们。得益于边境警察教育的一些村庄是一个例外。阿卡从来没有亲眼见过步行距离仅仅为两天的湄占,他们当中的很多人在泰国生活了将近20年但是没有见过一个泰国人……有些阿卡对住在附近的拉祜族,瑶族,傈僳族以及一部分中国回族特别友好……(Young 1962:6)。

阿卡之所以会想种橡胶的原因和罂粟种植有关:两者都可以获得暴利,只是大部分阿卡没有看到橡胶种植的技术需求和成本投入。(一位长期工作在清铿乡的老族政府工作人员)

下游的人们有银子,(但是)不要让你的灵魂徘徊于他们的银子;
上游的人们有黄金,(但是)不要惦记着他们的金子。
有银子的下游就像公鸡叫(变来变去)。它(银子)会像鸟儿一样摇着尾羽噗嗤一下就飞走了。
……
我自己的房屋,没有什么家当,我(却)顺其自然把它当作有很多(财物);
我自己的房屋,没有多少家当,我住在那里(却)很充实;

为了陈米和新米,看着土地,照管着种下的东西。(AVG. High-
landers of Thailand 1983:266)

图3-1　从低地通往山区的土路(2009年4月摄于芒新县简迈乡)

　　以上所列的阿卡诗歌、叙述和小曲都传递了阿卡生活的艰辛,以及本
民族地位的低下的信息。这首以迁徙史为背景的阿卡诗歌给人的感觉是
一种"不开化"的印象。戈登·扬,这位传教士的后代在《泰国北部的部
族——一个社会民族志的报告》①中描述了一个封闭的阿卡社会。而和
戈登·扬一样,在大湄公河次区域的阿卡往往被看作是自我封闭的民族。
母·耳·马尼奇·琼赛在其所著的《老挝史》中是这样描述被称为"佧族"的
山区民族的:"这些民族不喜欢用钞票,交易一直用银币。"②外界对于老
挝山区阿卡有一种很大程度上是理想化的误解:那就是阿卡人对于商品
经济和外来文化的抗拒。

---

　　① 原题目为 Young, Gordon. The Hill Tribes of Northern Thailand: a Socio-Ethnological Report,
New York: AMS Press,1962。
　　② [泰]母·耳·马尼奇·琼赛(M.L.Manich Jumsai):《老挝史》,厦门大学外文系翻译小组译,福
建人民出版社,1974年,第470—471页。

在《与变迁共适的老挝：东南亚市场一体化》一书中，里格（2005）试图解构外界对老挝北部与外界货币经济绝缘这种刻板印象。这样的论点引出了鸦片，这一颇具争议的商品与当地经济的紧密关系和作用，同时也把我们带到了另外一个方向的探究，那就是阿卡的过去与现在。丰田美惠（Toyota Mika 2000）指出对评估大湄公河流域的贸易和投资对于当地人的生活影响之前提，是要撇开对于当地"平等和非货币社会"的浪漫想象与"资本入侵"这种截然对立的预设。从这个角度出发，若要对当前阿卡所面临的状况进行分析，对"过去"的问题化是非常关键的节点。

这些文字所再现出的"落后""野蛮"的形象，与东南亚殖民时期民族志的描述相呼应。让·米肖在《法国殖民军事民族志记录中的越南北部边境生计 1897—1904》一文中指出，这个时期对殖民地民族的书写除了带有强烈的欧洲中心主义外，还忽略了山区生活的复杂性，并没有完全领略这些当地文化系统和生计方式（2015：357）。与米肖观点和视角相似的是詹姆士·斯科特（James Scott）。斯科特认为在民族国家形成之前，东南亚高地民族的聚居区位、生产方式和文化是一种为了与低地文明和国家政权保持距离而进行的自我设计。这种"逃离中心"和"文化选择"观点无疑颠覆了以进化论为基础的民族志研究，并给看待这些山地民族社会的视角中注入了能动性。这个视角对于如何理解与反思多国地理边缘的生计方式有很大的启发性。这种观点要求我们从当地人的视角看待老挝阿卡社会的过去以及正在经历的一系列变迁，而避免陷入本质化（essential-izaiton）的趋势。

由于史料的稀缺，在此很难去完整重构老挝阿卡在民族国家形成之前的生活状态。在本篇中我所能做的是从现有的历史记载中的一些片段进行分析，以弥补这一历时性的缺陷。在反本质化（anti-essentialization）的认识论基础上，本篇首先将对所调查村落的村子和家户这两个单位进行描述。正如要评估现在的影响，得知道过去的状态如何一样，如果要评估老挝农民所受到的外来冲击的影响，除了应该考虑到里格和丰田美惠等人所提示的因素之外，还需注意到商业活动的规模和这些活动的运作模式及程度。

里格(2005)用"从计划到市场""从自给自足到市场"和"从农业到非农业"对20世纪80年代以来老挝的总体经济变化趋势做出了概念化表述。自从1982年以来,老挝采取了一系列包括国外援助和投资,私人化,经济和工业的去中心化和货币控制在内的改革政策(Rigg 2003)。在乡村,老挝85%的人口所集中的区域,比较明显的是从一种以自给自足为导向的生产到对市场经济的呼应。[1]

如第二篇所示,民族国家建构下的市场化是促使阿卡社会迅速分化的主要动力,而具体是土地国有化和商业化等措施所带来的分配不均效应。由于各种政策下所激化的内部安置等疆域化实践,芒新和芒龙两县的山区和低地的社会经济关系已经发生了巨大重整,在2008年田野研究开始之际,在芒新约31,627公顷的农业用地面积上,集中于低地的甘蔗种植已经超过了537公顷,橡胶树种植达到了4066公顷,山区人口不断向低地集中。利特尔顿等人论证道:"进入低地农业生产领域成为传统上自给自足为导向的阿卡进行原始积累的垫脚石"(2004:25)。无论是小农户种植还是大规模的外来投资都涉及土地使用和劳动力供给的问题,从而成为塑造当地家户、村落、山区与低地、跨境经济联系和关系的重要来源。农业生产仍然是阿卡社会的核心,境外市场对经济作物的需求,进一步加深了山区和低地经济发展极度不均衡的程度。

如凯博文和叶林·菲奇尼(Authur Kleinman and Erin Fitz-Henry 2007)等学者指出的一样,大规模的政治和经济进程重塑着人们生活和当地的社会交往参数的同时,也在微调人们如情绪、认知形式、记忆和自我认同等心路,同样的思路和逻辑也呈现在阿卡的社会变迁中。本篇将使用叙事穿插的方式,以呈现在适应经济变迁的过程中人们的心路历程。

---

[1] 根据1990年的调查统计,老挝男女人口比例为96.1:100(Frisen 1991:58),女性人口略高于男性人口。而85%的人口居住在乡村。

一、阿卡村落经济中的交换与交易

(一)集市与市场渠道

19世纪90年代,法国殖民者在芒新县建立了一个集市(老挝语:ta-lat),这个集市曾经是金三角最大的鸦片交易市场,并由法国殖民政府监管。在1946年前,这个市场位于芒新城外,一个月赶一次集。在1946年搬到了城中心地段后赶集更为频繁,变为3天一次,直到2005年芒新的集市才得到重新修缮。2005年的集市重组成了一个稳定的,天天开放的市场。除了供应当地的常见的货品,这个市场还有来自泰国(主要为日常洗漱用品和化妆品)和中国(主要是果蔬、五金和农作用品)的货品。当地汉家也在市场附近投资设立了一个往返南塔—芒新—芒龙之间路线的客运站。在芒龙的清锅(Xiengkok)口岸也有两个月一次的集市,由于清锅与缅甸大其力的景仰(Chiang Lap)隔河相距约15千米,缅甸的掸族会到清锅卖一些日用小商品。水牛和黄牛等牲畜买卖多半在山区进行,除了鸦片之外,贩卖牲畜也是山区村民重要的收入来源。在泰语民族主导的社会中,如老挝北部方向的中国云南省南部,在定期集市纳入现代国家经济体系之前,集市在当地社会中的作用是多重的,除了是一个进行交易、当地权威张贴告示发布信息的场合,同时也滋生了如赌博、宗教活动以及驮畜租赁的地方。[①] 除此之外,由于马帮、小贩和商贩的加入,集市也维系了通往缅甸、泰国和越南的长途贸易(Hill 1989;Evrard 1997)。

在有利条件下,芒新和芒龙山区的村民也会渡船到对岸的缅甸进行交易。通过赶集进行市场参与受到很多因素影响,如与集市的距离、路况、山区地形、气候状况和天气情况。随着东南亚雨季的来临,连接山区与低地的陆路几乎难以通行,即便在陆路通行的情况下,由于缺乏公

---

①《民族问题五种丛书》云南省编辑委员会编:《中国少数民族社会历史调查资料丛刊·西双版纳傣族社会综合调查(一)》,云南民族出版社,1983年。

共交通,山区村民很难获得低地大型集市的买卖机会。对于毗邻中国地界的村子,村民们骑行(摩托车)约半小时或者步行2小时到达中国的集市,对于这部分村民,生计几乎完全依赖中国市场,而不与老挝的市场发生联系。

(二)村落交换与交易

比起集市交易,物物交换和小商品交易是阿卡乃至老挝大部分村民更为依赖的传统经济形式。里格曾经形象地描绘道:"隐形的市场之手轻便地搁在大多数村民的肩膀上。"(Rigg 2005:51)这个比喻首先体现的是,在老挝很多交易是在村子里以村民之间的交换进行的。商品的流动是个体通过步行和人力搬运实现的。所以村民们即便不亲力亲为到低地集市进行交易,他们的商品也会经过中间商流入到集市和市场。较之以前的在罂粟收获后到阿卡村子进行交易的傣泐商贩,越来越多的中国小商贩也会进入到阿卡居住的山区售卖一些日常用品(小刀、小剪子、针线以及头痛粉)或者女性头饰(发带)、小面镜等。从表面上看,这些小商贩与村民之间的交易从数量和交易金额上并不是非常显著,但是却构成了在更为偏远山区的阿卡的主要市场渠道。这些连接山区和低地的毛细血管似的交换和交易网络跨越了国界、民族边界,并成为该区域生计的重要支持。以下是阿卡社会常见的一些商品。

1.稻米

在老挝阿卡居住的山区,梯田很少见。旱谷是阿卡的主食,旱谷的生长主要靠雨水带来的水分以及烧荒后的土壤的养分。间作套种也是阿卡普遍使用的土地利用的方式,他们会间种一些蔬菜和豆类,但是套种不是由于缺乏土地资源,而是为了更好地利用现有土地。棉花会与稻子分开种,蔬菜和棉花等作物满足了家庭日常需要。除了稻米外,玉米和鸦片都是非常重要的农业产品,而玉米主要用于饲养家畜。在过去,阿卡村落里存在着以物易物的交易方式。而进行交换的商品主要受所在地的生态区位和所在地与其他村子的距离影响。除了在粮食短缺的时期去其他有粮食剩余的村子去换米、辣椒,一些从森林里采集的产物和牲畜都是普遍用于交换的物品。

2.家畜和牲口

狗、鸡、旱鸭、黄牛、水牛、猪和山羊主要用于与外界或者外族经济交易。在过去,即现金经济不发达的时期,低地的傣渌经常会到山区的阿卡村子用银币购买。由于瑶族和赫蒙①的聘礼是牛,这也让他们成为黄牛和水牛主要的购买者,他们一般在头一天来到村里询问(一次性成交的情况较为少见,通常买家会在村里留宿),如果价格合适就牵着回去,有的也会用自己开来的拖拉机运回。在村内的一些祭祀或者集体节庆和劳动的场合,村里会组织向某家购买牲畜(主要是猪),之后会以交换方式抵消。而这种交易具有较强的社会交换特征,恰恰由于这种特征,交易物的价格要低于市场价(与低地傣渌交易的价格)。作为售卖方的阿卡用获得的银币去买稻米和鸦片,鸦片不易腐烂,具有较长的储存时间;而整头家畜和牲口的交易时间也比较灵活,从这一特征上来说家畜的售卖和鸦片在补充自给自足的经济中有着等同的作用。但是在已经开始种植橡胶的村子,为了防止牲口,特别是牛啃食橡胶幼苗或者侵犯橡胶园,种植橡胶的村子已经放弃了牛和羊的饲养。②

村民认为山区的密林阻隔了畜类瘟疫的传播从而提供了一个牲畜饲养的较佳环境,但是由于牲畜饲养需要持续和长时间的劳动力投入,在劳动力不足的情况下,村民们主要投入到旱谷的种植中,而无法兼顾牛、羊和猪的饲养。

3.罂粟和鸦片

很难确定阿卡在芒新和芒龙开始种植罂粟的确切时间。在湄公河流域区域,罂粟种植一般和赫蒙、瑶、傈僳、拉祜、佤族、掸和阿卡联系起来。由于在19世纪和20世纪初期,中国南方的政局不稳,赫蒙、瑶族、拉祜、傈

---

① 辛顿(Hinton 1983)认为在苗族和瑶族社会中存在着通过增加家庭成员来获取劳动力的需求。这一需求又导致了聘礼的上涨。

② 与村民有种植协议的橡胶公司都会在合同中对此项进行说明。

傈和阿卡等民族被迫往南毗邻云南省的英属缅甸和法属印度支那的山区迁徙。[①]这些山区成为这些民族的家园,同时其海拔高度很适合罂粟的生长。很快,罂粟成为这些山区民族的极有价值的经济作物。科恩和利特尔顿总结道:"(鸦片在老挝北部)的种植和生产是在19和20世纪被殖民力量、军阀和商人通过税收、定额和债务推进。"(2008:123)从很多方面来说,罂粟可以被看作一个折射阿卡与更广阔的政治和经济秩序的棱镜。

一份挪威教会救助(NCA)2002年的报告里指出,老挝57%的鸦片是在当地消耗,其余流向国际市场。在老挝北部10个省[②]中大概有6900个村庄,而约17%的家户都种植罂粟(Epprecht 1998:35),可以说罂粟种植在老挝非常普遍而且广泛。然而在阿卡村子里,鸦片生产主要是家户形式,集中的、大规模的生产非常少见。1997/1998的老挝国家毒品监督管理委员会(LCDC/UNDP)调查指出,在芒新和芒龙山区的民族中,阿卡这个民族的罂粟种植总面积约达1500公顷,产出约12,200千克生鸦片。

除了丰沙里和琅南塔两省外,罂粟一般种植在海拔800米以上的地区。在这气温相对要低的两省,很多罂粟地位于海拔500~600的位置。就土壤来说,黑灰色或者红色,块状容易松散的结构,兼具砂石硬度的土壤最适合罂粟的生长(Moormann and Siriphant 1972)。由于老挝的农民不使用化肥来提高产量,所以鸦片总产量比起利用灌溉系统来种植罂粟的阿富汗产量要低(UNODC 2008)。根据埃普雷希特(Epprecht 1998)的调查,从1993年初的数据显示,平均每公顷罂粟的鸦片产出为6.6千克,以此推算每户的年产量大约为2.2千克。实际上,每户的鸦片产量和消耗不一,这不但是由于地理位置、土壤质量,还有每户劳动力投入以及家庭中的鸦片吸食者数量等因素所决定。根据老挝国家毒品监督管理委员会调查报告,85%的鸦片由老松族生产,老听族的产量占10%,老龙族所占部

---

① 保护国老挝和北圻(越南北部旧称)Tonkin 在这里译为北圻,在越南语中为 Bắc Kỳ,历史上也称为 Đàng Ngoài。

② 这10个省包括丰沙里、琅南塔、乌多姆赛、波乔、琅勃拉邦、华潘、川圹、沙耶武里、赛宋奔及万象省。

分少于 5%。

按照利特尔顿和科恩(2008)的观点,罂粟种植在老挝西北部的泛滥是外部力量所推动,而之后的历史进程中罂粟种植已经深深嵌入到了当地经济中。一旦通过切割,罂粟的球体的汁液凝结,生鸦片就产生了。当地人认为鸦片具有很高的药物价值,特别是对于疼痛、咳嗽、痢疾和疟疾的一些症状的缓解。在过去现代医疗还没有进入东南亚偏远山区的时候,它是山区人最有效的药品(Renard 2001)。鸦片作为镇静剂和抗抑郁的药用也比较普遍(Mumm 2002)。另外,在鸦片非法化之前吸鸦片也是社交场合的一个特色。除此之外,在山区通过交换和售卖鸦片还可以填补每年的稻米短缺。作为一种经济作物,它不容易腐烂;相反地,鸦片的价值在收割后随着时间推移会越来越高(储存的时间越长会挥发更多的水分);作为一种商品,由于鸦片的重量,对于卖方来说鸦片运送到市场的交通成本很少。[1]这种运输优势是其他蔬菜和经济作物不具备的,尤其在交通不便的山区。同时,一些需要雇佣劳动力(鸦片成瘾者)的傣泐人会到山区购买和交换鸦片。在老挝山区的罂粟种植既不需要化肥又不需要机械化设备。[2]1996年因为旱谷收成少和粮食短缺,将近65%的由山区民族购买或者交换的米几乎是通过直接或者间接地用鸦片支付(Epprecht 1998:76)。埃普雷希特(1998)认为恰恰因为这些原因和益处,罂粟实际上可以说是芒新和芒龙两县的山区经济的"完美"经济作物。同时作为一种毒品,鸦片在阿卡社会也是用于麻痹神经、消除精神痛苦之物。

然而作为鸦片生产者的阿卡同时也是消费者:埃普雷希特(1998)的调查数据显示,超过19岁的成年男性的成瘾者的比例几乎达到40%,但是成年女性只占了6.6%。[3]在这些阿卡村子,鸦片的产量非常低:每户年

---

① 这是因为鸦片的高利润和重量比让商人们值得长途跋涉去购买鸦片。

② 同样,由于不人为施肥,罂粟的产量相应会减低。

③ 利特尔顿和科恩在1995的调查所得出的阿卡女性成瘾率数据为9.3%。韦斯特迈耶(Westermeyer 1982)在1965年和1975年之间的研究显示,在老挝种植罂粟村子的鸦片成瘾率在8%～10%之间,在中年男性中甚至达到了30%～50%。

平均产量是547~1335克不等,而鸦片成瘾者每年所需的量是1200克(Epprecht 1998:67,87)。①由于粮食低产量和在当地社区的日益增长的鸦片需求,很多家户逐渐依靠做买卖、出售家畜和出卖劳动力来维持生计。在埃普雷希特(1998)进行调查时,大约36%的家户为了获得足够鸦片而出卖劳动力。

科恩(2000)论证到在这样的状况下,雇佣劳动对于鸦片吸食和成瘾者是获取鸦片的必要方式。而且在20世纪90年代,低地傣泐为了从中国对稻米日益增长的市场中获利,阿卡鸦片成瘾者所贡献的劳力成为他们扩大在平坝地区的水稻种植的必要条件之一。如科恩所述:

> 具有讽刺意义的是,阿卡往山下的迁徙,本来是充满着对"发展"的许诺和期望,却给低地的泰语民族带来了巨大的利益。住在山坡上的阿卡村给低地的傣泐和泰讷等民族提供了按照农作需求来利用的廉价和临时的劳动力资源库。最主要的是,阿卡劳动力,特别是鸦片成瘾者的家户促成了低地泰语民族的水稻种植的扩张,从而让泰语民族从不断扩大的稻米商业市场中得益(Cohen 2000:197)。

虽然雇佣劳动力在接下来的几年里不断增长,但是除了鸦片成瘾外还有其他原因。土地争夺和橡胶种植是这一轨迹的关键因素。这两者反过来说也与罂粟种植禁令有关。阿卡所生产的鸦片主要有两个市场:首先是本民族内部的市场以及本村市场,其次是由低地傣泐和汉家商人组成的市场。作为处于商品链最底端,产品的大部分被罂粟种植者或者其家人所消耗,阿卡很难对更大的鸦片市场有影响;然而阿卡经济对这种经济作物和非法经济市场的依赖,最终让他们更加容易暴露于各类风险

---

① 本文中的"成瘾者"指的是每天有规律地用烟管吸。在所调查区域很少有"吃"鸦片的成瘾者,比起用烟管吸,吸食鸦片更能节省时间而且效果持续时间更长,但是生鸦片具有非常强烈的苦涩感,同时对胃的刺激比较大。作为医疗目的或者提高劳动效率,也可以水煎服用或者外包一层纸嚼服。

之中。这些也是国际援助和发展组织最担忧的问题。

之前对鸦片在阿卡生计系统里的作用做出了分析。鸦片是阿卡地区比较普遍的交换和交易的商品。小贩主要是平地地区的傣泐,他们(包括女性)并不抽鸦片。一些40岁以上的阿卡男性在鸦片种植被老挝政府勒令停止前,会带着一些鸦片在夜间抄山路去到西双版纳换回灯油、火柴、盐、碗、头痛粉(和鸦片混在一起吸食)等日常用品,如果带回的商品有所剩余,他们也会卖给其他需要的村民。在家里没有鸦片成瘾者的情况下,从纯粹的经济意义上来讲,鸦片种植和贩卖能给家庭带来相对于丰厚的收益。假设某一家户的鸦片年产量为1千克,村民们根据2000年之前的市价估算1千克大约能产生8000~10,000元(人民币)的收入。在老挝政府开始进行强制性的禁烟运动前,鸦片在当地经济中起着非常重要的地位。鸦片吸食者通常是村里相对容易调用的劳动力,由于这些劳动力的报酬一般是鸦片,这减轻了家户的开支负担。这些成瘾的阿卡劳动力也会季节性地流动到低地的傣泐村子,做一些犁田和收割稻子的工作。反过来说,为了满足劳动力等需求,在家户生计规划中储存鸦片是很有必要的。

4. 森林产物(木材型与非木材型)

木材(树枝和树干)是日常燃料的唯一来源,在山区很容易就可以取得。非木材森林产品(包括猎物及皮毛)偶尔在当地市场上售卖。与居住在低地的人相比,住在山区的人的日常生活更为依赖森林产品。无论是木材和一些树种的树皮、树脂、木片(可以制成香料)还是非木材森林产物,均可以售卖给中间商,之后这些森林产物主要流向国际市场,这也是村民们的现金收入来源之一。

非木材森林产物组成了阿卡(山区和一些低地阿卡人)的膳食来源:除了蕨类、菌菇类和笋类等野生蔬菜之外,鸟类和兽类(以野猪、竹鼠、竹虫较为常见)也是重要的蛋白质来源。

(三)货币使用

埃文斯(2002)记录到在20世纪30年代,老挝北部鸦片的迅猛发展促成了大量白银流入罂粟种植的山区。在埃普雷希特1998年的研究里，他提到旧式法国银币(皮阿斯特贸易银)①是芒新最主要的交易货币。他描述道：

> 就低地人的商业"优越"，从另外一方面来说，阿卡在贸易活动中皮阿斯特贸易银的频繁使用，作为储蓄的重要性，传统服饰的装饰以及首饰制作，它常常成为前者对后者"剥削"的众多基础之一：货真价实的皮阿斯特贸易银有着特定的兑换率，同时(当地市场上)也存在越南人制造的假币。后者的价格大约就是前者的三分之一。由于非专业人士很难辨别这两种类型，假币(越南制造)常常以真币的价格卖给阿卡。然而当阿卡把真币卖给住在低地居民的时候只能得到假币的价格。(Epprecht 1998：123)

在20世纪70年代中期，由于边境的关闭限制了村民们的跨境流动和生计活动，在这个时期村民们更为依赖自给自足的生产，货币经济很大程度上由此遭到了打击。如埃普雷希特所述，即便在20世纪90年代，在芒新与芒龙的山区与低地的交易与交换中，65%通过购买或者交换的稻米都是直接用鸦片或者银币(通过售卖鸦片获得)来支付的。从这个意义上来讲，较之老挝基普这个法定流通货币，鸦片和银币在当地经济中是更为重要的交换媒介。

我在老挝田野调查期间(2008—2010)并没有亲眼看到埃普雷希特所描述的银币交易，但是在芒新和芒龙两县的市场也有一些私人外币兑换店(同时也是典当行)，主要的抵押物就是银子，包括旧式法国银币、中国明清时期的银元。这些大量广泛存在的银币印证了这个地区在过去与外界的经济往来。店主(老族)告诉我自从该省的橡胶种植热潮开始，越来越多的阿卡会把家里的银元换成现金以投资于橡胶种植。在芒新，老挝基普主要用于购买小商品，但是其他如美元、欧元、泰铢等货币也流通在

---

① 即Piastre de commerce。

集市上。在临近中国边境线一带人民币是通用,甚至这一区域的人觉得老挝基普使用不方便。①从以上描述和记录可以得出,这个以自给自足为导向的经济并不等于"非货币的前现代",换句话来说,阿卡社会的过去并不与"物欲化的现代"决然对立。

二、20世纪90年代以来的主要经济作物

1. 甘蔗(Saccharum officinarum)

甘蔗(糖蔗)种植只限于低地的旱地。早在1998—1999年间,芒新低地已经开始了甘蔗的订单(contract farming)种植,从1999年的330公顷增长到537公顷。山区的海拔、降雨量、年积温和霜降不符合种植的理想条件,而且道路不畅通,所以山区并没有经济作物的订单种植。在低地甘蔗种植的成功也是经过了一系列的试验,在1995年之前,芒新低地村民自己发起了甘蔗种植,但是由于没有足够资金运输甘蔗和缺乏市场渠道,最终以失败告终。在接下来的几年中,中国和老挝政府层面达成了正式协定,低地大面积甘蔗种植得以成型。根据合同,中国投资者提供甘蔗苗、相关产品和技术支持,而获取70%的收益。由此,甘蔗逐渐成为低地阿卡人的主要收入来源。之后的2005年,琅南塔省与云南威力生物制品有限公司和(西双版纳)勐捧糖业有限公司签订了大面积的种植协议。

对于以自给自足为导向的阿卡来说,订单农业是一种全新的生产模式。具体操作为以家户为单位而不是以村子为单位来组织生产。这是因为在村子里,除了传统劳动力交换和每户出劳动力进行合作外,几乎没有适于订单农业这种涉及持续稳定的劳动力投入和利润分配的合作模式。换句话说,具体的生产组织为:每户人家贡献自己的土地,负责自己的种植和收获,而具体的劳动力组织由每个家户解决。到收获季节,通过中国公司等级鉴定和称重后付款。这样以家户对公司的方式减少了很多村子

---

① 老挝基普在1997年的亚洲金融危机中大幅度贬值,这对于经常进行货币兑换的边民来说造成负面影响。

内部的资源分配的环节,提高了村民的积极性。这是一项短期投资,有着市场保障,村民不用找买家或者运输。

2.橡胶树

中国和老挝主要种植的品种有着较强的抗旱能力,但是其生长需要湿热的条件。一般来说,家户根据当年可用资金以及所能动用劳动力进行谨慎投资。在第二篇中,我们对橡胶种植材料和技术的普及进行了说明,老挝村民们在掌握了一些基本种植技术情况下进行小农户种植。然而与其他季节性经济作物相比较,橡胶种植的种植技术需求更为密集。村民们对于病虫害防治知识却知之甚少,这也造成了在种植过程中胶树存活率低的局面。对于潜在的种植风险(病虫害和自然灾害)以及市场和胶价的浮动,种植户们并不是不知晓,从表面上看他们存着一种侥幸的心理,但是对可持续的生计途径的追求这一点上来看是情有可原的。

3.土地使用相关的潜在冲突

甘蔗和橡胶树两种作物的种植有着不同的地理位置,甘蔗种植的理想选地是不积水、旱能浇灌涝能排水的地点,除此之外由于种植、收割的劳动力需求问题和运输要求,交通便利、劳动力相对集中的低地是较为理想的选择。橡胶树一般种植在山坡,就橡胶树而言坡向的不同,坡位、海拔的高低等均可导致宜林地等级的不同。单纯从土地利用的角度来看,由于甘蔗和橡胶树所占据的不同生境位,两者的种植并不冲突。

在土地资源比较充分的山区,从父母家分家出来的新家户通过开辟森林而获得自己的土地,之后需要取得村里老人的认定并持续3年使用该片土地。决定土地使用面积的是家庭劳动力(同时也是劳动力的可持续来源),而不是可使用的土地面积,所以把家户生产而不把以土地为单位的产出作为计量更为合理。在轮作的状况下,很少有土地争夺所产生纠纷的情况。然而,一些地势较好、离村寨距离近、比较肥沃的土地和水田往往由村里比较有势力的家户所占有,而一般的村民也就默认了这一规则,"只有那些人家(有势力的家户)不要的时候我们才有机会得到(那些土地)"。在老挝北部山区,在商业化种植的趋势下,民间土地买卖和交易也应运而生。水田作为一种稀缺土地,无论是在实现土地商业化的地区还是尚未商业化的地区都具有较高的交换价值。[①]在山区,水田是一种继承的财产,由已婚但是未与父母分家的儿子(通常是长子)继承。在这种情况下,与财产继承人同住的还包括未婚弟妹,这些未婚的弟妹也是家户的劳动力来源。在山区最近的用地冲突主要原因在于村民们争夺橡胶树种植的宜林地,这是由于土地使用规划与土地分配项目的执行不畅,村级边界不清晰所导致。

但是这种土地使用模式与低地的阿卡村落成为鲜明对比,这种变化与老挝中央政策和地方的一些举措密切相关。从1975年起,老挝北部开始了从山区向低地的搬迁。政策依据各有不同,但是总的来说是为了通过聚拢分散的村民以整合低地经济。2000年以来的罂粟铲除切断了阿卡等山区民族的现金来源和在粮食短缺时进行以物易物的物资,同时产生了"无法控制"的向山下迁徙潮。但是低地的大部分土地已经被傣泐和包括阿卡在内的早期迁徙者占据,而这些早期移民从20世纪90年代中期以来贩卖自产的稻米和经济作物给中国人,并积累了一定财富。农作物市场的发展导致了对土地需求的增长。恰好在土地商业化开始升温的时候,山区移民不断向低地迁徙,所以之前存在的土地扩张状况让新移民无法获得足够的土地。只有一些富裕家庭能够从阿卡、赫蒙和傣泐手里购买土地以便维持农业生计。而其他占大多数在山区拥有土地的农户却成了"无地"或者"半无地"状态,也就是这些农户成员沦为雇佣工人,而在2000年至2010年间低地的劳动力需求还没有达到能消化大部分闲置劳动力的程度。

三、家户资源管理:类型、资本与劳动力流动

首先需要着重强调的是家户劳动力在农业生产和经济决策中的作

---

① 自然资源商业化之前,在阿卡的观念中土地并不能严格算作一种财产或者具有继承的意义。就像威·贝却敌在《沿湄公河而上——柬埔寨和老挝纪行》中所指出的,对于轮作的民族来说"财产"是在搬迁时能够携带的东西。

用,从这个意义上来说,家户是最基本的生产单位。但是,随着山区人口不断地往低地集中所引起的土地资源缩减和扩大橡胶树种植的趋势,这个基本的生产单位发生了改变,以下段落是对这一变迁趋势的分析。

(一)生产要素

1.劳动力投入与交换

在阿卡社会,在稻作生产中产生的亲属和非血缘村民之间的劳动力交换(communal labour,在此简单描述为社区劳动力)是一种义务也是维系亲属网络的一种方式。[①]一般来说,用工家户提供给前来帮忙的村民一顿餐食,在山区基本上是一顿饭,其他佐餐食物为自备。这种传统模式的劳动力交换也在小规模甘蔗和橡胶种植中得以应用。

几乎所有小农户橡胶种植者都一致认为,由于目前劳动力投入需求不高,所以很容易以家户之间的"非经济"劳动力交换达到满足。在2008年至2010年期间,芒新和芒龙两县大部分橡胶树还未成熟,割胶还没有开始,劳动力需求的高峰期还未到来。在所有经济作物种植中,甘蔗的劳动力需求最为密集也最大。在最初期阶段,1亩(十五分之一公顷)至少需要3个成年劳动力,1人犁地,1人开挖蔗沟,另外1人把甘蔗苗植入到蔗沟里。在收获季节,1亩则需要7~8人。除了甘蔗种植之外,稻米生产中所涉及的收割稻子、打谷子(人工脱粒)、晾晒和把稻米运到家里的谷仓等环节,对劳动力的需求也很高。村民之间会进行换工,这种换工不仅仅是在亲属之间。值得说明的是,劳动力和土地的比例失调往往发生在低地。为了减缓这些不平衡,人们结成了一些互助形式,通过雇用和交换来满足劳动力和土地的需求,形成了一种不断处于适应的动态调整中。正是在这样的过程中,家户之间的界限变得模糊。例如,在低地大量土地所有人(同时也拥有很多橡胶地)会在橡胶生长的第1、2年让其他无地的村民在胶地里的间隙处种旱谷,这样一来这些橡胶地所有者也省下了除草

---

① 社会主义时期的集体化劳作对西北部山区的影响较小。

的劳动力投入。

在中国人投资的种植农场里,2008年至2010年的劳动力均价是每人30,000老挝基普(kip),工作时间为7~8小时,现金按日支付,即每天完成工作后由包工支付。在自给自足为导向的生计中,儿童也会参与到家庭劳动中。由于这样的惯习,父母会将超过14岁的孩子带到橡胶种植园来协助父母。①以上所述用工价格也是芒新和芒龙当地傣泐的季节性用工价格,在不常见的情况下用稻谷进行支付(每人每天5千克),而在过去给鸦片成瘾的劳动力的支付方式是鸦片。由于粮食生产是家户的重体力经济活动,罂粟地的日常管理(锄地和除草)一般是由家里的老人负责,他们也会在罂粟地套种一些蔬菜。

2.农业生产投入时间

和世界上大部分农业社会相似,阿卡个体(包括男性和女性)的农业生产时间投入占到了整个生命周期的大部分。阿卡妇女无论在密集型的劳动(例如收割)还是耗时的农作(拔草)和家务活动中都是主要的投入者,男性会到森林里猎捕野生动物来增加家里的膳食的补充(以性别为基础的劳动分工见第四篇,此处从略)。4至5岁以上的孩子就开始帮助父母进行家务劳动,在10岁左右就开始在旱谷地里干活(妇女带着幼儿或者婴儿去田间劳作是极其常见的)。到了入学年龄的孩子可以在村里或者附近的村子上学,或者接着上中学和其他职业培训学校,因此他们只能在课余时间或者假期进行劳作。

在低地市场经济有所起步的今天,在有获取劳务机会的情况下,男性和女性都会参与。在过去,劳役是一种强制性的义务活动,给外族提供劳动力从而换取钱物是一种不光彩的事情,只有鸦片成瘾者(一般为男性)才会通过这种方式来谋生(参见Li 2022)。即便是一些年长的人也会持续在田间地里劳动,直到衰老丧失劳动力,在这个时候他们会待在家里照看子孙辈和做家务。

---

① 和广泛存在于传统社会中的生计形式相似,小童也参与到家户劳动中,而"童工"则是一个现代的概念。

轮作是山区阿卡的主要农耕方式。在烧荒时一部分灌木、树丛和小树、枯根朽茎会被清理和烧掉,这些地表草木灰会能增强土地肥力并使土壤变得松软。一块土地会耕作几年,但是具体耕作时间要看土地肥力,然后歇耕并易地而作,有些歇耕时间长达12～20年。田间管理(拔草)都是女性完成,一般来说在旱谷的一个生长周期中,拔草要进行4～5次,每次要花至少15天。由于拔草是在女性之间进行换工完成,加上在地里和家里之间的来回时间,拔草是在整个稻作期间最耗时的事项,在橡胶树未成熟之前,主要的劳动力投入就是拔草。除了地形土壤等因素,人们也会有其他考虑,在旱季为了方便取水,村民们也会选取靠近河流和小溪的地带。

水稻的稻米生产主要来源于低地,根据芒新县农林部门在2008年所提供的数据,水田面积超过4744公顷(占该县总面积的17.6%),当年总产出约为7485吨。在稳定山区轮作的政策的影响下,低地水田面积激增,同时,旱稻面积从1999年的1515公顷下降到930公顷。

表3-1　阿卡农事历

月份	1	2	3	4	5	6	7	8	9	10	11	12	备注
旱稻		烧地	清地		播种	除草	除草	除草	除草	收稻	收稻		
水稻				整地	犁地	插秧				收稻	收稻	收稻	
罂粟	收割	收割						整地		播种	除草	除草	
甘蔗		收获	收获	除草	除草	除草			除草	打虫	施肥		
橡胶				烧地	清地	种植	种植						虚线处为成熟橡胶开割时间

罂粟最佳的生长海拔是800以上到1400米之间,而且对土壤的养分需求较少,所以能在同一块土地上反复种植数年。在芒新和芒龙所种植的罂粟种类几乎完全是汉缅类,花色呈白色或者紫色。罂粟种植一般从每年8月或者9月底开始到第二年3月结束。罂粟生长初期的气候条件

是温暖而潮湿,到了成熟期和收获期则需要干燥和凉爽的天气,恰逢12月至3月初。罂粟培植和生长以及收获期也是阿卡人的农闲节庆之时,人们在鸦片收获后可以趁这个时期进行交换和买卖。在相同面积的土地上种植罂粟所获得的收入是庄稼的四倍。从几种主要作物的农作时间(表3-1)可以看出,低地甘蔗种植劳动力需求最密集的收获时间,村民们已经完成旱稻收稻,甘蔗种植为这个时间段的闲置劳动力创造了劳动机会。

3.土地的使用与交换

在低地的村子里,部分家户会把自己的土地卖给无地的家户或者租给无地的家户,租金在年底的时候进行支付,或以现金,但是以谷子支付的情况比较常见。山区与低地农户之间的土地交换在像胶树种植出现之前几乎不存在,但是由于越来越多的家户把橡胶树纳入了生计计划中,为了获得处于半山区适宜的土地,这些低地家户会与山区的家户进行交换。橡胶树租赁在毗邻国境线的村子非常常见,价格以橡胶树的培育年份和质量而定,一般为35～40年。

山区有着广袤的土地,但是水田面积非常有限。适宜罂粟生长的土地却不适合旱谷种植。持续的向山下流动的移民已经大幅地提高了芒新和芒龙低地土地的经济价值和土地交易。在最近几年,一些后来的阿卡每年向拥有土地的人租用土地进行稻米和甘蔗种植,并以稻米或者现金形式支付租金。在橡胶种植热波及山区后,小部分阿卡家户雇用其他村民甚至是附近的傣渤来为自己的橡胶园除草。但是割胶和收割鸦片一般是自家人来完成,前者是顾虑到雇用的人会伤害到橡胶树,后者的情况是担心在收割鸦片期间出现鸦片失窃的情况。

4. 收入和经济资本

前面讨论到家户牲畜和家禽饲养对于以自主自足为主导的经济是常见和重要的一项生计方式。在橡胶种植兴起前,是阿卡与赫蒙和傣渤,甚至是边境另外一方的少数民族之间的经济交换的商品。从所调查的每户的开支来看,对橡胶种植的投资主要来自于牲畜和家禽的售卖所获得的资本。

除此之外,鸦片也是组成了无鸦片成瘾者家户收入的很大部分,同时鸦片可以用于雇用鸦片成瘾者劳动力。鸦片成瘾者(绝大部分为男性)通常不是本家户的稳定劳动力来源,而是流动劳动力。在政府不断加强的监视下,罂粟种植限于山区人迹罕至的地点,但是向低地人口的隐蔽售卖却并非鲜见。

比起旱谷来说,水田稻作的产出通常要相对稳定。除了甘蔗之外,每年的稻米盈余同样也是低地人收入的一部分。1亩甘蔗地产5吨甘蔗,大约可以卖人民币700~850元/亩(按等级每吨在140~170元不等)。如果除掉化肥和农药的化肥,在没有雇用劳动力的情况下,每吨的净收入为650~800元,每亩达到3250~4000元。在2008年至2010年调查所覆盖的村子中,芒新县和芒龙县分别有2~3个阿卡村子的60多户人家开始割胶。2009年中国勐润镇的新鲜天然橡胶胶水的收购价位为10元/千克,按照平均一棵树年产4~5千克干胶(高峰时期一天8两,干含按30%计算),每月有效割胶10天(高产6个月来算),按每户平均100棵来算,每年的割胶收入可以达到48,000元左右。

(二)消费及其他支出

1.市场商品与其他开销

人们日常所食包括米饭、蔬菜(大部分来自森林或者灌木林),偶尔有鱼和肉等蛋白质摄入。根据村民自己估算,超过10岁的人每人每年消耗300千克稻谷(未脱壳)。[1]另外,在收割旱谷等劳动力交换的时节也需要消耗大量大米,但是这是个平衡的关系,因为之后自家劳动力在进行帮工互助的时候同样也需要消耗其他家户的大米。日常必需品组成了消费内容的一部分,但恰恰是对现代化商品(手机等)的需求不断激发了对现金的渴求。[2]房屋的修缮、维护和重建需要大量的开销,这也是驱使毗邻国境线的村民们出售橡胶树给中国人的主要原因之一。

---

[1] 糠皮占约84千克。出于储藏的目的,阿卡村民一般不将收成一次性完全脱壳。

[2] 不容忽视的是化学合成的毒品,例如冰毒(老挝语:ya ba; yaa baa)等新型毒品在山区和低地已经广泛传播。

2.宗教仪式

传统仪式伴随着山区阿卡的整个旱谷种植周期,在最主要的两个村级仪式过程中,猪和水牛(所需费用来自每户)作为牺牲,之后按户分发肉。其他祭祀场合主要会用到家禽(主要是鸡)和(小)猪。

3.税收和关税

历史材料分析指出,从法昂建立了澜沧王国之后,开始了包括在"佧"人地区的食邑(景勐制)除了向低地政权履行纳税的义务之外,在本村村民开荒、与外来人员进行牲畜贩卖的时候(买方)也需要向乃班(村长)和达幸(乡长)以谷物或者现金形式进行纳税,这一传统沿袭至今,[①]掌握着国家权力的傣渤向这些被称为"佧"的高山民族摊派徭役。越南社会人类学家阮维绍(Nguyễn Duy Thiêu)这样描述当时芒新"佧人"的状况:必须每年承担15天的无偿劳动,或者在上交银子、兽肉或者鸦片的情况下徭役可以免除。这些"佧人"通常在收获季节被用作农业劳动力。鉴于芒新的山区民族所占的比例(超过60%),没有人会低估他们对低地水稻生产所做出的贡献,从以下的记录可以一窥:

> 需要种稻田(耕作)的时候,耕犁的时候,是泰族民众的任务;当收获稻米的时候,是瑶族、赫蒙、蓝靛(Lanten)、拉祜(Kui)和慕梭(Musou)高山(部落)人的任务;居住在山里的他们涌入平地去。割稻脱壳的任务分配给所有人(臣民)。如果普通民众必须在皇室的稻田上劳动,那么普通民众就不应该交付耕犁税(原文:plough handle tax)。[②]

在印度支那殖民时期派遣到越南的法国军官奥古斯特·伯尼法斯

---

① 申旭:《十四至十九世纪老挝土地制度初探》,《东南亚研究》1985年第2期。

② Nguyễn Duy Thiêu, "Relationships between the Tai-Lua and other minorities on the social- political systems of Muang Xinh (Northern Lao PDR)",Paper presented at 5th International Conference on Thai Studies, London:S.OA.S. , 1993,p.5.

（Auguste Bonifacy）认为，纳税的压力阻碍了山区少数民族土地使用和农业生产，在开垦新土地需要缴纳税款的情况下，即便有着更多的鼓励政策，山区少数民族也不愿意开辟新的土地。①奥古斯特指出正是因为苛捐杂税而使法属越南殖民地当地人的生产积极性消耗殆尽。相应地，税收制约了老挝百姓生产扩大的积极性，但是在人口较少的老挝，同样制约着农业生产扩大的是劳动力（见劳动力投入与交换部分的分析）。

与前文中阿卡村民的回忆相矛盾的是，现有的文献显示皇家老挝政府并没有征收农业税（埃文斯2016：85-86）。1975年之后农业税征收情况如下：县级农业部门干部的监管下由村长和村级收税人向村民们收税，所收税款的90%上缴县政府，其余的10%（在难以执行的地区该比例达到15%）再重新进行分配，其中的60%分给相关收税的村干部，其余部分留作村子的建设基金。村子里的交易，例如外村人到本村购买牲畜，也要缴纳部分税款给乃班（村长）和达幸（乡长）。

在与中国接壤的老挝西北部边疆，在跨境商贸方面，除了市场渠道之外，老挝的农民们越来越依赖中国人，以便运输和支付关税。居住在边境20千米以内的边民可以进行每日每人每笔不超过3000人民币元的免关税跨境交易，中国在2008年11月将边民互市贸易免税额度在此基础上调到8000元。按照常理，做买卖以经济资本和社会资本为前提，在老挝社会中处于优势地位的老族和傣泐，以及具备较强语言优势和经商意识的汉家，也是成为在跨境贸易中比较显著的群体。②对于普通的阿卡村民们来说，他们的跨境交易主要是在中国边境的集市上出售森林产物。

（三）村子内部与外部的资本与劳动力流动

以上是对构成村落经济要素的粗略描述，从中可以看出根据生境位

①　资料来源于 Michaud, Jean. Livelihoods in the Vietnamese Northern Borderlands Records in French Colonial Military Ethnographies 1897-1904, *The Asian Pacific Journal of Anthropology*, vol.16, No.4(2015), p.357。

②　Diana Antonella. The experimental governing of mobility and trade on the China-Laos frontier: The Tai Lue Case, *Singapore Journal of Tropical Geography*, vol.34, No.1(2013),pp.25-39。

(niche)的不同,每个村都存在着自然及社会资源获取的不同,同样,距离国境线的远近决定了市场渠道和市场暴露程度不同。山区村子的生计主要由森林产出和越来越脆弱的稻作生产所支撑。其脆弱性来自于几个方面:首先是自然因素,降雨量和土壤质量制约了稻米的收成。其次,由于人为因素山区用于轮作的土地面积降低,休耕期减短,从而影响了土壤肥力。低地和国境线一带的生计选择相对更为多元化。这个部分试图通过图表方式呈现并分析家户进行资源利用和消费的方式,并对村内外劳动力服务流动和依存关系进行呈现。

1. 山区家户经济

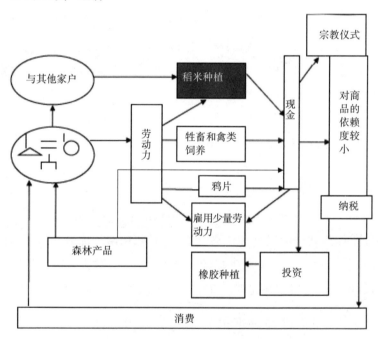

图3-2 山区(土地所有)家户资源管理

在山区(海拔990~1060米),村民们依靠家户内劳动力和村里的劳动力交换体系来进行旱谷轮作。竹笋、野菜等森林产品,鸟类、竹鼠和野猪等野生动物是食物的来源。牲畜、家禽和鸦片是组成家户收入的重要部分,而鸦片也是支付劳动力的一种方式。

在所调查的山区村子里,尽管生境位相似,但是劳动关系是非常不同的,这是由个人和家户的资本积累能力所决定。山区的土地面积较广,但是由于种植条件、市场、交通等因素限制了外来投资的进入。人们选择(或者被动选择)种植某种作物的原因很多,但是在所述山区,交通不便是阻碍人们进行经济作物投资或者种植的主要因素,而鸦片储藏时间长,不易腐烂、便于携带的特点使其成为山区村民们理想的经济作物。在山区村民的主要收入来源是罂粟种植,从种植罂粟获得与积累的资本能让家户进行更大规模的稻米种植与牲畜饲养。在这个村子里,鸦片生产和销售所带来的资金使家户投入到大规模的稻米生产和牲畜饲养中。这样一来,在粮食短缺时期除卖米之外,还用盈余的稻米酿制白酒(老挝语:Lao Lao)并在当地市场上销售。除此之外,稻米可以用于劳动力交换(但是人们更倾向于现金)。①所有这些积累使人们能够占有更多土地和进行橡胶投资。对于计划进行橡胶投资的农户,除了稻作和小规模的牲畜饲养外,他们也通过在自己的村子或者附近的傣泐村子打工来获得资金。无论在山区还是低地,村里有权势的人会通过迁徙其他村子的村民到本村而增加劳动力。②

在严苛的罂粟种植禁令下,罂粟种植家户的数量减少(按政策规定,少数成瘾者可以种植其所需),但是也有一些家户极力寻找更为隐蔽的地点进行种植,有着更多资本的人会对老挝官员进行贿赂而得到继续种植罂粟的默许。

山区的村子一个共同特征是土地扩张程度不为明显,与边境线一带的情况相比较,这是因为橡胶树种植历史相对要短,还未从种植中获得必要的土地扩张的资金和动力。这些村子大多是从2004年开始与橡胶投资公司进行合种,但是由于各种原因公司放弃种植。在公司弃种之后,有的村子会在村民之间进行分树。村民们由于担心公司会再回来重新种

---

① 作为主食,稻米一般为家庭人员共享的物品。在一些特定情况下,个人进行劳动力交换有的是为了满足个体需要。

② 这些迁徙家户的共同点之一是,每户人家至少有一个鸦片成瘾者。

植,有的就放弃种植和维护,从而选择自己种植。技术、资金和劳动力等原因,以及各村的能动性和可获得的能动性不同,决定了是否继续种植。大部分村民选择自己种,这些(小规模)小农户橡胶种植者称由于种植面积小,家户的劳动力或者通过劳动交换可以满足其劳动力需求。村民们按每年的盈余情况而逐年增大橡胶树种植面积,橡胶树需要7~8年的生长期(在维护不当的情况下橡胶树会死亡或者延迟产胶),在此之前基本上是零回报的投入期。

2.低地家户经济

低地(海拔132~299米)比较适宜农业生产和各类经济作物的种植,这并不是说山区的土壤和气候不适合农业发展,而是由于山区交通不便且离集市太远。正是这个原因吸引山区村民往低地迁徙。可耕土地面积是有限的,迁徙的人越多,所获得劳动力更多,这为低地富有家户提供了更多的劳动力选择,使得这些家户从繁重和耗时的农业生产中解脱出来,从而得以参与商业活动。部分村民购买了拖拉机,在村子和城镇之间往返做起了牲畜、茶叶和其他商品的买卖。即便在这种商业化程度相对高的村子,也存在着家户之间的劳动力交换。大量土地所有者会选择把一些土地外租,如此一来,租金就成为他们收入的部分来源(谷子或者现金)。

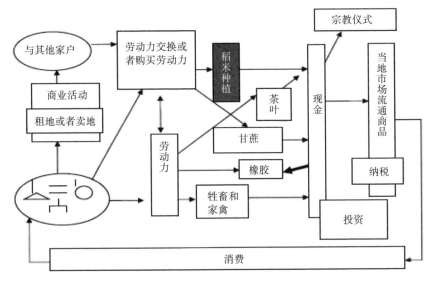

图3-3 低地家户(拥有土地)资源管理

无地(landless)家户主要是因为内部安置后没有得到政府所分配的
土地,而自己没有资金购买,或者自愿从山区迁徙到低地但是缺乏购买土
地资金的家户。"半无地家户"(semi-landless household)这里指的是所有
土地不足以供应全家人一年的粮食需求,所以需要向其他家户(包括附近
村子的傣泐)租地。但是这不是说所有租地的人都属于"半无地家户",部
分家户租地是为了扩大经济作物种植(甘蔗),在自家土地不足的情况下,
向其他人家租用。

119

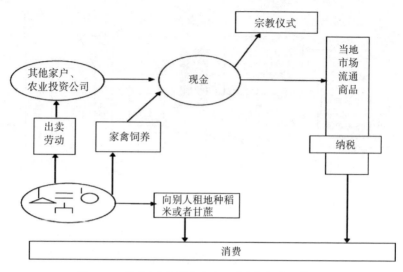

图3-4 低地(无土地或者半无地)家户资源管理

所养殖的猪和家禽(非大规模饲养)可以在市场出售。同时,家户劳动力充足的情况下,他们会从傣泐村子寻找雇佣劳动机会,或者寻找在甘蔗、橡胶种植园的打工机会。无论"半无地家户"还是"无地"家户主要靠雇佣机会谋生,在打工的情况下才能达到收支平衡,但是他们还是计划尽量攒钱以买一些田地。无地与半无地群体比起土地充裕的群体更加依赖低地和跨境市场关系。

3.中老国境线附近

这个部分的描述是基于一个中老国境线附近的阿卡村子(海拔193米),在这个村子,2/3的家户已经有着超过10年的甘蔗种植时间。在边境重新开放后,继甘蔗种植之后,村民们陆续引入西瓜、橡胶、砂仁(Amomum villosum Lour)、冬瓜等季节性果蔬和经济作物。租地给农业投资的中国人占村民们收入的一大部分。村民把获得的收入和资本又用于自己的橡胶种植。在2007年,由于繁重的劳动力投入,所有村民放弃了甘蔗种植。之前的甘蔗地转为橡胶地,并与玉米(作为猪饲料)间作。村里人倾向于雇用来自中国的流动劳动力,因为雇主认为他们效率更高更有技能,而且劳动力报酬与老挝劳动力是一样的(每亩14元)。①

整个村子没有人饲养水牛和黄牛(虽然在1995年之前水牛和黄牛是村民的重要收入来源),这是为了避免牛羊进入橡胶林毁坏胶树。所饲养的牲畜主要为猪,其食物来源为村民们自己种植的玉米。从家户经济收入调查来看,村里贫富差距非常大,这种差距主要由拥有的成熟橡胶树所决定。1/3户人家还存在着粮食短缺问题,这是因为这些人家的土地面积较小而且肥力不足。1/3户拥有大量土地,其他占1/3的30户开始割胶不久,其中的10户已经割胶4年。从2000年开始,同时也是全球橡胶价格攀升的时候,西双版纳的一些边民开始寻求在老挝的土地上进行橡胶种植机会,或者直接购买租用橡胶树。价格按照每棵树的树龄、生长情况和位置等因素决定,在人民币80~180元/株之间不等。

村民出让橡胶树的原因很多,具体为建新房、买摩托、婚礼费用等。或者遇到了劳动力短缺,急需医资和赌资等情况。在对占少数的没有卖出橡胶树的家户进行采访时,他们却认为出让橡胶树是非常不明智的方式,这部分村民每年从售卖橡胶胶水的利润中攒下钱,并用于其他投资。为了最大化橡胶树产出,他们也约同亲戚一起建立了橡胶初级加工作坊,将新鲜的胶水做成储藏时间相对较长的胶坨,以便择日再运到位于西双版纳勐润镇的橡胶加工厂。尽管对现金经济的依赖度相对较高,但是村民们都保留着自己的旱谷地,也积极开挖水田。村民们认为保障主食稻米的自我供给为生计的先决条件,从这一点上来看,完全放弃土地而进行经济作物种植的可能性不足。除了个人投资外,还有合资公司(中国投资者与老挝军队合资)的橡胶树种植投资,这导致了该村橡胶树种植的土地使用扩展到了公有林。

---

① 进行橡胶种植的劳动力基本是来自于云南红河州的哈尼族流动劳动力。

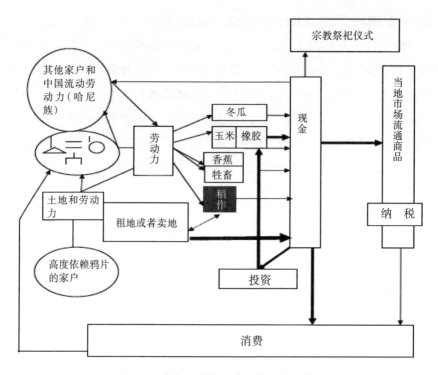

图3-5　中老边境线一带的家户资源管理

（四）橡胶种植后催生的新经济形式

在每个村子的橡胶种植基本普及后，为了保护橡胶胶苗和小树，大多数人家都放弃了黄牛养殖。但是从2008年开始，在低地居住了将近20年的一位阿卡人和清铿乡帕甲村迁徙到芒新坝子的3户阿卡人家分别以独资和合资形式在清铿乡的半山建立养殖场，并雇用了同村村民在养殖场进行饲养和看管工作。在对合资者的采访中得知，他们恰好看到了由于橡胶种植后，大部分村民放弃牲畜的饲养而产生的需求与供给之间的缺口，就抓住商机进行投资。

在距离中国西双版纳勐润镇的橡胶加工厂仅半小时路程的曼卡村，在种植橡胶树将近10年之后，几户村民一起建立了一个小型的橡胶初级加工作坊，把胶水加工成胶块/坨。胶水一般是在当天即收即卖（存放一天的品级就下降），胶块的储藏时间（一般为2~3个月）比胶水长，有利于卖方（胶农）把握出售时机。

在我和养殖场投资人的交流中，他们觉得只是大家起来做件事情，但是我们同样也可以解释为"规模经济"的实践。曼卡村的橡胶加工作坊在我看来是农户们的议价能力增强的实例，这在逐渐脱离自给自足为主导的社会中是比较难得的例子。同样，也许当地大部分人也无从了解他们所经历的一切被学术界概念化为"社会转型"或者"社会变迁"，但是他们恰恰是经历生活巨变的主体：土地的稀缺、对现金的依赖、族际和人际关系的变化。

（五）讨论

从以上罗列的零星历史记录中可以看出，（至少从20世纪开始）老挝阿卡并不是以一种与外界绝缘的方式生活，鸦片和白银构成了老挝山区与低地，甚至境外的经济联系媒介。然而这并不代表鸦片或者其他产出促成了商品经济，即直接以交换为目的、为主导的社会经济生活。鸦片作为一种商品和现金的来源，只是对自给自足经济的补充（劳动力交换和其他药用和娱乐功能）。

随着甘蔗和橡胶等经济作物的介入，市场逻辑与市场关系逐渐渗入阿卡村子。在政府的强硬措施下，罂粟这种当地经济长期所依赖的作物在当地生计中的地位逐渐减退。以甘蔗种植为代表的低地农业兴起实现了老挝政府的土地商业化目的，从而导致了村子内部劳动关系的转变，即从单一传统劳动力交换到更为复杂和模糊化的劳动力调遣模式：稻作中的保持传统劳动力交换模式，这一传统劳动力交换模式又延展到橡胶种植中的除草和低地甘蔗种植。尽管阿卡村民之间的劳动力商品化程度不高，在大规模橡胶和甘蔗种植中出现劳动力商品化趋势。

在农业投资比较集中的低地和国境线一带，土地商业化程度（在个人之间的买卖）不断加剧。在2004年，低地出现了"无产化"情况，这种无产化的情况是由于短期政策（内部安置）所导致。在没有政策进行强行推动的情况下,也有个体选择的往低地流动,由于土地拥有是生计来源的传统意识,其中不乏返迁的情况。这些因素都阻碍着大量、持续和稳定的无产群体以及大量自由劳动力的形成,这陷入了经济发展"内卷化"的趋势(involution)。总的来说,山区和低地的经济发展水平的差距并没有缩小,而是进一步扩大。

图3-6　旱谷与甘蔗种植

图3-7　芒龙县低地的地貌

图3-8　等待收工的阿卡劳动力

图3-9　位于中国西双版纳勐润镇的橡胶加工厂

四、社会经济转型中的渴求，边缘化与"亲密的排挤"

（一）阿卡去赶集

施坚雅（G. William Skinner）在汉族地区定期集市做的调查，成为一种"以小见大"的角度对市场扩张与社会变迁之间关系的研究典范，同时集市的变化也可以反映出外界体制嵌入当地生活而产生的影响（刘绍华2010）。集市的运转需要人员的流动与互动，对于研究者来说是一个观察群体关系的极佳角度。市场参与者在保持与其他人和群体互动的同时，这些互动关系会变得微妙和紧张。正是通过这些人类生活的"非经济"因素与集市相互联系的方面，我们来分析芒新和芒龙县市场经济的影响如何开始嵌入当地的经济体系和群体关系，阿卡对于新兴市场的参与，都可以从芒新的集市窥见一斑。

在芒新，法国人在19世纪90年代所建立的集市至今沿用，但是主要在晚上开放。集市在1946年之后搬到了城中心地段后赶集更为频繁，变为3天一次，直到2005年芒新的集市才得到重新修缮。在2005年建立的新集市（老挝语：talat；傣泐语：kat noi）处于芒新县城东边，至此芒新集市开始了过去的一个世纪从每周一赶、三天一赶到每日开放的集市模式（见前述）。当地的旅行手册和宣传单将芒新的（早）集市展示为这个地区中的"必看"景点和"老挝北部最具有特色的市场"（Lyttleton et al. 2004：34）。游客们一般看到的是摊贩以货摊形式来摆放自己的商品，以及自家菜园子里产的或者从山里获取的食材、鱼干、野生的但是可食用的动物和昆虫。而大部分摊贩把他们的货物用嘟嘟车（三轮自动车）运送到集市，经济状况较差的摊贩是步行而来的。这些流动摊贩通常寄宿在低地的亲戚家里，所以这些个人开支也很少影响到商品价格。他们其中的一些人在早市里既卖又买，因此买者和卖者无法分辨。

新集市的建立和兴起是国家和市场指令、人口迁徙对当地生活调整的反映之一。在2002年到2003年之间，大约3000名汉家人从丰沙里省迁徙到芒新，除了老挝语之外，汉家还使用云南景谷地区的一种汉族方言，由于他们是自愿自主搬迁，所以在芒新没有分配到土地，而主要生计就是做买卖。据当地人称，新集市是由一个非常富有的、与琅南塔省政府关系密切的一个汉家人所筹建，并且集市附近的汽车站也是这家人所有。在集市内，几乎所有的常见果蔬摊都是汉家所有，而这些果蔬都来自于中国，主要供应给在芒新的中国餐馆以及橡胶种植基地。

奥尔顿和拉丹那冯（Alton and Rattanavong 2004）记录到从2003年开始，粮食短缺时期的缓冲商品鸦片被老挝政府非法化后，芒新和芒龙两县山区恰好遇上了比较严重的粮食危机。在2008年到达处于山区的清铿乡的公路修好后,不断有更多的山区村民到低地购买粮食和其他商品,越来越多的甚至处于更偏远的村子里的一些精英村民,利用自己手里的部分资本成为村里的小零售商,随着小商品流入山区村落,村民的商品消费以及消费意识也在发生着改变。①这些中间人通常是村里的有钱人,交通不便和运输的困难是这些农民中间人存在的最主要原因。

对于游客们(主要是来自西方工业化国家或者正在兴起的经济体国家)来说,摆放在早市的大量品种繁多的非木材森林产品和野生猎物是芒新最具吸引力的物品。但是对于我,一个长在边疆地区的多民族杂居的小县城的人来说,这种早市是一个最近的历史。对于我和有着与我相似的成长环境的人来说,在早市的闲逛就像在森林里进行了一次游猎,但是它也像重返了一趟匆匆而去却无从复返的旧时光。有几次我遇到了从西双版纳来的一些边民,他们到芒新县购买了大量野生木耳、白参菌等森林产物,然后再带回中国。这样做是因为在国界的另一边,植被在退化,与之相较,他们认为老挝的森林能提供更为原生的产出。现代化的力量在全世界不同程度地改变着社会地景(landscape),给跨国/境人员流动提供了一种认知上的强烈冲击力。

1.竹虫事件

我每次遇到集市里来自西双版纳的米粉的摊主,她在忙完早上最繁忙的生意后,都会邀我坐下,并给我讲述市场里的新鲜事。

> 两天前,一个山上来的阿卡指着一些笋子,用阿卡话跟我说了一阵,但是我听得不太明白,可能想问我喜不喜欢竹笋。当然他不会说中国话,所以他就只能用肢体语言。我点了点头,后来就把这件事情忘了。但是有一天,你知道发生了什么吗? 他(那个阿卡男人)带了

---

① 在20世纪50年代之后至20世纪90年代之间,阿卡村子的一些零星家户里的男性(通常是家里没有鸦片成瘾者,劳动力多从而有鸦片剩余的家户)会偷偷带上一点鸦片,抄小路到中国西双版纳的勐满等地售卖。然后用获得的现金从当地市场购买些盐、火柴、碗、铁制或者铝制炊具等,之后再回自己的村子里转售。

一个大袋子给我,在打开袋子前他问我能给多少钱？根据当时市场里干笋的价格,即每千克13元,我把价格降低到11元。但是他用老挝话说道:"38元人民币！"我当时觉得他乱喊价就摇了摇头。他突然间变得非常焦虑,连脸都红了。然后他打开了袋子,我看到了一大袋的竹虫,那么多的竹虫,我都不知道他是怎么能一次性拿到那么多。之后一个中国阿卡帮助做了翻译才知道,他跑遍了清铿乡的村子,一家一户地收到这些竹虫……而且以20元一千克的价格。哦,可怜的小伙子,我真的可怜他冒这样的风险又赔了那么多钱。但是他也应该和我,他认为的潜在的买家再三确认一下。首先他想卖什么产品,然后定个价,最后就是数量问题。我为他感到很可惜,因为他可能是公开的集市努力做点"正经"生意的阿卡中的小部分人之一,而不是从暗道中获得"脏钱"的人(她指的是卖鸦片)。所以我让他暂时把那些竹虫留给我,之后我打电话劝在勐满的亲戚和朋友让他们都来买那些竹虫。

唐南和威尔逊把国界描述为力量的地点和符号,以及意义制造和携带意义的实体。这两种描述对于芒新、芒龙县和它们与相邻的中国的关系非常适用。国界通常超越地域的分界,而个体身体力行的跨界有可能改变人们的价值观(Donnan and Wilson1999),并且还会激发想象和跨越不同的心理和社会层面。她颇具戏剧化的叙述对我有着非常显而易见的影响,因为这些叙述强调了阿卡对于获取市场机会的迫切心情,由于缺乏高度效率认知与经济理性,同时也突出了老挝阿卡还没有准备好加入正在悄然出现的市场领域。就像需要被唤醒的"像孩子一样的少数民族"这样的比喻(Stevan Harrell 2001)。少数民族从一种无为的状态中觉醒的这种含义在她的故事里非常明显,在老挝唤起这种觉醒的奇妙秘诀就是市场经济。她的叙述中对经济滞后的民族充满了一种怜悯感、使命感和道德感,这在中国新移民在海外的实践中并不是罕见的(Nyiri 2006;2009),但是也不乏一种判断——阿卡在现代化阶梯上处于落后阶段,但是充满了发展的潜力。

从20世纪50年代起，皇家老挝政府采用了一种基于民族—地理形态的分类法来进行民族识别和分类。尽管凯山在1981年就呼吁新的分类方式，但是早期的分类法在老挝至今广泛沿用，并影响到了很多低地人对"山区"人的行为方式的认知。①相应地，我们甚至可以使用"闯入"(intrusion)一词来形容低地人和山区人之间互动的心理层面。尽管山区和低地的经济联系从未中断过，甚至低地老龙族正是靠山区劳动力才得以在水稻生产中获益。在低地老龙族眼中，山区人是闯入者，因为他们信仰万物有灵，在历史上是"卡民族""罂粟种植者""毁林的民族"；而低地却是"文明"所在之处。

而从某种程度上来讲，山区少数民族也内化了这种地理和社会分界，如本章开篇的阿卡小调(AVG. Highlanders of Thailand 1983：266)中可以看出，阿卡用"有钱财但是易变"的他族区别于"贫穷但是不变"的我族。老挝阿卡对自己在老挝的社会地位不太乐观的同时，也羡慕中国的价值体系。从20世纪50年代以来，东南亚的山区民族经历了更为频繁的迁徙。对于老挝阿卡来说，从纵向的山区到低地的流动与横向的跨境商品、资金、技术、人员和信息构成了空间的再生产，对于他们来说去城里赶集就是一种不同尺度的经历。

2. 一碗米粉

新的消费行为、价值判断、品味也体现着集市对当地人的改变(阎云翔，Yan 2003)。赶集的阿卡们会簇拥在手机店中，有的看有的买，尽管在山区没有通信信号甚至供电不稳定，手机里存储的音乐和视频提供了接触媒体的途径。前文所述的米粉店给当地人带来了一种新的口味(中国口味肉酱、生蔬菜和其他包括碎花生、姜和蒜蓉等配料)，而且不久后就成了早市里最受欢迎的热食之一。这种新口味再加上价格便宜不仅吸引着

---

① Pholsena, Vatthana. Nation/Representation: ethnic Classification and Mapping Nationhood in Contemporary Laos, *Asian Ethnicity*, vol.3, No.2(2002), pp.175~197.

低地的老挝人,还吸引着一些搬迁到低地的阿卡。由于老挝人渐渐喜欢上这种中国式米粉,老挝当地的米粉(老挝语:khao soi)失去了往日的魅力。每次看到中国的米粉摊挤满了人,其他卖老挝米粉的人也不会因此失去她们的礼貌和姿态,即便这种微笑里藏有一些失望,而这种微妙的面部表情变化只能被仔细的观察者捕捉到。

起初,很多老挝人不太适应这样味道强烈的中国食物。而且实际上,我的一个阿卡朋友的儿子在他尝了这种米粉后就吐了。看到这些情景,关于我奶奶的一个故事浮现在我的脑海里。在20世纪80年代中期,电饭锅才成为中国人厨房里的一个新事物(那个时候在中国的很多乡村还没有通电)。和很多刚刚才知道和体验现代化的上班族一样,我们父母对于拥有一件新的而且是非常方便的、这种能让他们在做饭上少花些时间的家用电器感到非常兴奋。在那个时候,即使在我的家乡红河南岸的边陲小镇,一种时间和效率的意识也渐渐萌发:人们变得准时起来,比如说人们开始准时到达会场,电影院也准时放映。我的奶奶因为只习惯用木甑子来蒸事先泡好的米,所以她不习惯用电饭煲煮出来的饭的味道,她认为电饭煲煮出来的饭有一股非常不自然的"电"味。

通过回忆这段旧时光,我的意图是指出并不是所有新的或者外来的事物都是现代的,我的意图在于说明人们对新事物(因此现代)接受总是和他们的"老式/传统的行事、感知和味觉等方式"交织在一起的。实际上,作为一个概念的"现代性",就其历史和构成仍然是值得商榷和问题化的(Anagnost 1997;Rofel 1999;Goldstein 2006;Lu 2006)。通过对清末民初中国人对自来水、现代照明、食物和服饰的反应,卢汉超[1](Lu Hanchao 2006)对中国物质文化变迁的研究把我们的注意力转到走向现代性和适应现代性的关系中。卢汉超认为这个时期的中国人对现代革新的适应不太容易。其中的一个例子描述了在19世纪80年代,在政府的澄清说明和大约一年半后,上海居民们才开始适应由英国人的公司引入的自来水服

---

① 作者名为音译。

务。清末时期的中国人对商业化自来水的排斥不仅仅是根植于对经济方面的考虑：人们认为饮用自来水管里的水会带来不幸，自来水管里的水的使用挑战了人们当时从河流、水井甚至从稻田里取水的认知，传统方式获得的水，无论是用于饮用或者是洗涤都是免费的，但是这种水的使用方式也关系到人们怎么看待他们的地景和与地景的互动。如此看来，现代性的传播也不得不面对本土文化抵触（Anagnost 1997；Rofel 1999）。

和以上的竹虫实例相似，阿卡已经开始学着分辨符合中国人（部分）口味的食材。有几次我到山区的阿卡村里走访的时候，即便他们不知道我是否喜欢野味，他们也因我离开村子的期间错过捕猎的野猪肉而为我遗憾。芒新和芒龙县的集市引入了越来越多的中国元素，并从细微之处调整着当地居民的日常消费习惯，就像上述例子一样，从小商品到一碗米粉都伴随着对现代性的矛盾心理。很显然的是，跨境商品和人员流动所带来的效应以多种形式进入到老挝人的日常生活领域。

3. 阿卡变了

在芒新，前现代的经济向市场经济的转型产生了不同的具体化的体验（Lyttleton 2005），交易方式的新元素和理性原则，商品和服务的流通，超越了以维持基本生计为目标的生活方式。另外的一个例子凸显了人们面对逐渐兴起的消费主义的复杂矛盾心态。

老八，来自嘎洒村的一位阿卡卫生员，却有些拒绝集市里的味觉享受，而且他很少花钱买食物。他的妻子告诉我，老八说他更愿意攒钱建房和买土地，原因是别人会看到你的穿着和住的地方，却不一定都能看到你吃些什么。对于他来说，去市场会催发他对失去微薄的但是辛苦获得的收入的焦虑。通过近距离的观察可以发现，这种焦虑不仅来自个体对于消费主义的排斥心理，还包括了个体对所属民族的改变所引发的不安心理。

嘎洒村在2003年以后形成，村民主要由山区清铿乡的洒腊村和帕甲两个不同村的人组成，对于下山，山区的老人们却有着极其矛盾的心理，秉持着民俗社会中的在万变中求不变的逻辑，他们劝阻道："打工就像去河里捉鱼,不是每天都能打上工的。"但是低地的种植经济不断吸引着寻求新生活的阿卡年轻人下山谋生,由于新建的村子里的人没有足够的土地或者根本没有土地,几乎每家人每天都在寻找打工机会。

在阿卡社会,广泛的血缘关系保证了几乎每个人和他人都有支系渊源或者姻亲连带。但是老八告诉我,土地纠纷和雇佣劳动工作机会的争夺在嘎洒村里来源村不同的村民之间十分常见。每次村子里的村民发生口角,都会互揭痛处。帕甲村民笑话洒腊村长达20年的粮食短缺;洒腊村民反驳一朝日子好过不一定永远好过。

老八觉得到了低地,阿卡人已经把好的习俗丢了。按照传统阿卡习俗,村里老人去世至埋葬期间整个村的人不得进行劳动,但是在嘎洒村,人去世了村子里却没有几个人在守棺。我向老八说明像任何一个社会一样,阿卡内生性社会也并不是老八所想象的一派和谐的例子,他没有反对,也没有否认我说的这些不符合事实,然而他道出了阿卡内部的争斗和互相指责有可能会给阿卡这个群体带来"坏名声",特别是他们的一言一行和一举一动逐渐开始暴露在低地老族人的眼里。而其他少数民族,比如一些赫蒙族和瑶族,却和同胞们联合起来从阿卡手里抢夺土地。傣泐,在反对政府把他们手中的土地分配给后来的少数民族阿卡的同时,却出售和转让土地给无地的阿卡。随着国外资本的急速入侵,以及受老挝政府主导的对山区少数民族的安置的影响,形成了戴维·哈维(Harvey 1989:147)所说的"时空压缩"(time-space compression),进而对阿卡社会造成了强大冲击。作为一个需要与其他民族同事日常工作来往的卫生员来说,老八觉得一种本来就处于社会经济边缘地位的本民族却面对这日渐消减的民族凝聚力,这让他在同事面前抬不起头。

图3-10　赶集途中的阿卡女性正在整理头饰(2008年11月摄于芒龙县清锅乡)

图3-11　农作归途中的阿卡妇女(2010年1月摄于芒龙县)

(二)"亲密"的相互排挤

"亲密的排挤"(intimate exclusion)是霍尔、赫什和李(Hall, Hirsh and Li 2011)所创造的一个术语,来描述和概括"一种关系紧密的群体通过在土地获取方面互相排斥,从而获得一种资本积累的策略的过程"(2011: 145)。需要注意的是这种方式的排斥并不是由外部强大的人员所强加的。相反的是,排斥和剥夺通过日常的土地市场,或者通过社区的社会情境和活动而从"底层"出现。通过对曼卡村村民间的土地争夺的观察可以明确这个论点的有效性。

阿卡社会在政治上等级分层并不明显,但是和世界上其他地方一样存在着贫富差异,但是阿卡却渴望改变和颠覆结构性束缚。如一些阿卡民间小调揭示了富裕的阿卡怎么剥削贫困的村民,富裕阿卡是怎样从穷苦阿卡的饥饿中获得满足感。但是,通常小调是以乐观但是却理想化的方式结尾的:在嘎汤帕节(阿卡新年)的时候,有钱人突然失去了他们的钱和粮食。村里人与中国亲戚朋友的橡胶树合种是一种较为灵活的资源配置方式,对于经济上处于劣势地位的村民们,与中国人合种橡胶给一些人家带来与村里的权势家户(这些人经常会欺负他们,通常占有肥沃的田地)抗衡的可能性。

这些村民尝试改变在村里经济和权力精英眼里的"软弱无能"的形象。中国人在村子里的出现促进了他们的信心(尽管很多是在中国人的劝说下才进行土地交易和橡胶合种的),呼应了一种传统的"庇护"(patron and client)关系,他们找到"靠山"并且是一种信心的来源。在琅南塔省橡胶热的分析和研究中,围绕着橡胶合种所涉及的社会关系的意义和一些事实常常被忽略,而橡胶热通常用纯经济交易的角度来诠释。情绪,情感,以及其他不可量化的、非物质因素在物质交换中起着催化作用,使得橡胶种植不断攀升。

村里的一个老人很同情他的嫁给中国国防村而生活比较贫困的女儿(国界线附近的一个爱尼人村子)。和他的独子商谈了这种他们认为是令人痛心的局面后,他决定分给两个女儿一些橡胶地,以便她们能够保障生活来源。他的已经是中国公民的女儿和女婿们除了在平日里定期对橡胶地进行除草等管理外,每到割胶季节就会骑摩托车来割胶和采胶。我问这个老人,出嫁的女儿们已经不住在老挝了,而且按照阿卡传统,出嫁女儿一般不能继承娘家的财产,为什么她们能来分享橡胶所带来的利润?他告诉我如果他的女儿们太穷的话,他在村子里会觉得没有面子。除此之外,他希望他的女儿和女婿也能通过提供劳动力,利用村里混乱的土地使用状况来获取更多的土地。

毫无疑问,在琅南塔省萌发的小农户橡胶种植体现了老挝阿卡对更好生活的追求与渴望,但是老挝的结构性问题却限制着个体实现这些渴求的可能性。在阿卡的民歌里和口述迁徙史里不缺乏他们所经历的富裕和贫困,往往是社会结构化的证据。无论是过去还是现在,村里的权力机构(包括传统的和现代的)都在社会和自然资源的再分配(通常是不平等的)中起到了关键的作用。阿帕杜莱认为追求立志的能力在任何社会都不是平均分布的:"它是一种元能力(meta-capacity),而且相对来说权贵群体总是有着更全面和完整的立志能力。"(2004:68)从这个意义上来说,立志能力同时也增加了特权群体对附属群体的剥削机会。

老挝本地人逐渐有了更多的创造更好未来的机会和可能性,但是这种与未来的联系打开了社区内和社区之间基于原有社会分层的剥削之门。曼卡村村民和"有钱"的中国人的橡胶合种给他们打开了现金经济的便捷之路,但是这种对现金经济的急功近利的心情在很大程度上成为无产化和去资本化的诱因。很多情况下,由于投资失败,老挝阿卡把他们的橡胶树卖给了邻村的傣泐人。①在与橡胶树种植公司签订了种植合同的情况下,有报告称投资方通过提前分树②把橡胶园的管理成本转移到村民身上,然后由于资金不足,村民们又以低价把树转手给这些投资方(Shi 2008)。当老挝大部分阿卡都遵循相似的生计模式,曼卡村和其他迁移到低地的村子一样,旱谷种植变得对他们的生计不再重要,反而他们变得更依赖于单一物种种植、租地和卖地的生活方式。当芒新其余的村民(甚至包括清铿乡山区)在为他们未来以橡胶为基础的生计而改变他们的地貌的时候,开割橡胶树所带来的可用资本,在曼卡村土地争抢已经出现了恶性循环的特征。非常不幸的是,与琅南塔的市场化趋势并行的是阿卡生计的脆弱性及老挝阿卡互相剥削的倾向。

---

① Thongmanivong, S., Yayoi, F., Phanvilay, K., and Vongvisouk, T. Agrarian Land Use Transformation in Northern Laos: from Swidden to Rubber, *Land Use Changes in the Uplands of Southeast Asia: Proximate and Distant Causes*, vol.47, No. 3(2009), pp.330–347.

② 分树是合同双方的利润分配的一种形式,按照合同,分树一般在橡胶树成熟(7～10年不等)后分配。

五、总结性评论

在本章中,我有双重的目的。首先,对老挝阿卡从自给自足为导向的经济到呼应市场经济的逐步转型进行探讨。在山区,由于经济作物种植的机会不充分,以土地为基础的原始积累并不明显。山区人口向低地汇集给低地创造了大量劳动力,也给低地种植经济的扩张提供了前提。然而迁徙选择以及灵活的土地使用方式,在很大程度上阻碍着稳定、大量低地劳动力的产生。在阿卡社会,出现了规模经济雏形的生产(相对于闭塞的以自给自足为导向的农业生产),从组织形式上有别于传统家户积累方式(以家户劳动力规模扩大为前提条件),但是比较零星,大部分家户仍然依赖于传统的劳动力交换方式。另外,低地出现的土地租赁方式,无疑给从山区搬迁至低地的阿卡家户一种持续在低地定居的可能性。

其次,老挝阿卡对生计变化的最深刻体验,是从山区到低地的迁徙和与市场经济的接触,以及土地商业化。在阿卡积极地接受这些生活的变化时,由于参与市场经济和把物质转化为资本的能力有限,以及缺乏市场竞争力,他们也被有着成熟市场经验的中国人和低地老族人评判。在老挝国家和公民之间逐渐建立财产关系的过程中,不幸的是,并行的是老挝阿卡这个群体的脆弱性和老挝阿卡之间互相剥削的倾向和可能性。在老挝阿卡看重外来的价值体系的同时,他们也对自己的社会地位进行反思。随着市场为基础的经济趋势在老挝北部的到来,阿卡社会也在经历着剧烈的阵痛。借鉴丹斯和克雷曼(Das and Kleinman 1996)关于社会磨难(social suffering)的观点:人们对于所承受的政治、经济和体制化力量的推力的一种反应,从上述那些被动的经历中生发出来的不同形式的社会磨难,足够可以理解老挝阿卡随着市场建立和扩张的体验。

第四章　边疆的社会关系

在老挝山区的几个村落里住了超过一周后，我起初兴奋和浪漫化的山间生活想象，逐渐被一种被外面的世界驱逐和孤立的感觉所取代。这种反应性的厌倦和绝望让人昏昏欲睡。对于我，一名人类学的学生来说，在山区的逗留时间必须足够长，以获取某些人类现实的信息。而这种信息却让我与一个早已熟悉的世界、一个充斥着欲望的世界重聚。就在这样不安的一个夜晚，阿叶，我在老挝山区认识的一位阿卡女孩，向我敞开心扉，并告诉我她的故事：

> 为了更好地生活，我跟随着我的中国男朋友到了他在云南A县的老家。但是就像普洱市，我之前在中国住过的地方一样，A县也是一个穷地方。而A县和普洱市的不同在于：普洱市的农民种茶叶和稻米，而A县的人以种辣椒为生，A县还不能种橡胶树。我男朋友家也穷，比起老挝来，（更糟糕的是）他们还没有多少土地种。他的妈妈看见我在地里干活就高兴，但是除此之外，她觉得我在中国做事和对待人都很笨。她有一次对我说，我给她家带来了耻辱。和他妈妈吵了几次架后，我想来想去，最终还是最想回老挝种橡胶，只有自己种橡胶，我的生活才会好过。

阿叶在去A县之前去过中国两次。第一次是在她16岁的时候，她和几个来自洒腊村的阿卡女孩子，跟着在芒新街上认识的两个中国爱尼人到了西双版纳的勐满镇。第二次，阿叶的姐夫带着一个爱尼人到家里，阿叶做了饭给他们吃。之后阿叶姐夫建议他的朋友带阿叶去中国"看世

图 4-1　"寻找雇佣机会"：来自山区的阿卡妇女在通往芒新县城的路上(摄于 2008 年 9 月)

界"。在阿叶姐夫的撮合下,阿叶被带到云南普洱,并"嫁给"了一个中年男性。阿叶姐夫从她的"婚姻"得到酬劳的同时,阿叶被扔入了一个未知的世界里。面对语言障碍和不同的生活方式,她说道:"我实际上是他家的佣人。我想跑走,但是他家的人看得很紧,然而我还是跑出来了。"但是逃脱之路对于阿叶一个不识字的女孩子来说并不容易。凭着一些模糊的记忆,她找到了回老挝的路线。她回忆道:"我在回老挝的路上晕倒过几次,曾经喝过干牛粪积起来的雨水。多亏了一路上遇到的好心人,我得到了一些食物和钱,最终回到家了。"

虽然这些苦涩的记忆还留在她的脑海里,但阿叶把她痛苦的过去转化成了机会。在她回到老挝之后的两个月,被刚刚和阿叶村子签订了种植合同的开创橡胶有限公司雇用,同时她也遇到了随着公司初次从 A 县到老挝的小李。也许是阿叶有限的中文能力让她得到了这份工作,而她哥哥的村长职位也对她同样重要。无论如何,不难把阿叶的工作机会和公司创造的与村民的良好合作策略联系起来。

阿叶的两次中国之行被其他村民看作是一个奇迹,因为其他被带到中国的阿卡女孩子一般都一去不复返。对于村民来说,神奇的不但是阿叶在中国的经历,而且是她能凭借聪颖回到家。在村民的心中,阿叶成为"万事通"的女孩。就中国公司的员工而言,阿叶具备着和中国人相似的勤劳和意识。在开创橡胶公司和村民签订了合同后,投资者沈先生除了给村长即阿叶的哥哥购买了一台电视,安装了卫星座机电话,宰了两头黄牛在村里办了一场村宴之外,还给了阿叶一份公司的翻译和胶树种植监工的工作。鉴于各种因素,在2006年,开创橡胶有限公司撤走了在老挝的投资,阿叶的男朋友小李也由于无法获得长期居留签证的问题离开了老挝。而在一位当地官员的带领下,将8000多棵橡胶树重新在村民中分配,阿叶得到了其中的1000棵。阿叶没有资金维护公司留下来的橡胶树,她决定去芒新县城的菜市场里打工,并往返于山区与低地之间,以参与家里的劳动和其他事务。

本章将阿卡女性阿叶的经历作为一个例子,来探讨个体是如何成为老挝西北部资本扩张边疆的一个关联或者对话者的。前言部分对边疆的一些概念和理论梳理和评述的基础上,提出在本书中边疆这个概念所强调的是人际互动,而非特纳(Turner 1894)所强调的"本地与外来者"之间的防御性分界线。运用"过程地理"(process geography)①这一视角,查尔斯·帕特森·纪若诚(2010)依靠史料记载重构了在民族国家建立之前东亚东南亚之间的贸易流与经济网络。②与纪若诚的方法相似的是,本篇所要强调的是边疆上的关系是多重交互的(multiple engagement),这些人际间的交集有着难以预测的结果。

以人际交往与互动这一角度出发,本篇将展示外来人员与本地人之间的社会互动以及交往。在建立市场经济的政策导向下,山区土地和自然资源商业化进程不断加剧,规模经济的一些雏形已经在山区悄然发生,

---

① 这个概念的来源参见阿尔让·阿帕杜莱 Appadurai, Arjun.Grassroots globalization and the research imagination,*Public Culture*,vol.12, No.1(2000),pp.6-7。

② Giersch,C.Pat.Across Zomia with merchants, monks and musk: process geographies, trade networks, and the Inner-East-Southeast Asian borderlands, *Journal of Global History*, vol. 5(2010), pp.215-239。

跨境市场联系和跨境人际关系在日常生计中越来越显得必要,对于生活在中老边境的阿卡人来说,内生性亲属关系也发生了变化。在这一背景下,本篇将以反本质化和动态的视角对个体、家户以及边疆的社会关系进行讨论,默里(1999)呼吁在研究中要避免将某种民族视为一个连续一致或者同质的整体。①在此我首先要说明的是,即便是同一分析单位,阿卡各家户内部劳动力分工、家户的生计策略、社会性别实践也并不是完全一致的。

基于中越边境山区赫蒙人的长期研究,加拿大学者萨拉·特纳(Sarah Turner)提出了有关高地民族生计的概念。广义上涵盖了近期研究的几个与资产(资本)以及脆弱性相关的常见概念:在东南亚高地,个人和家庭生计受到当地公共财产资源获取的风俗、地方和国家土地占有规定的制约,某种社会关系(性别、种姓、亲属关系等)以及经济机会的影响。②从特纳的这个视角出发,我将阿卡社会的性别规范和家户作为一对相关的单位为起点来分析影响阿卡生计的因素。这个视角同时得到道格拉斯的启发,他写道:"家户是从物质、心理、社会文化习俗与道德观念等方面再生产与人本身的社会关系的主要节点。"(Douglass 2007:81)③同时,我将家户生计中的性别角色和关系置于更为广泛的社会关系、制度与进程中分析。

社会性别是关于女性和男性之间的关系研究,它涉及人类社会中最基本的组织原则之一,这样的讨论本身就需要一个动态的视角。家庭是社会变迁的一个承重点,而变迁下的家户结构中最为凸显的是女性的角

---

① Li,Tania Murray,Marginality,Power and Production:Analysing Upland Transformations,in Tania Murray Li,ed.,*Transforming the Indonesian Uplands: Marginality, Power and Production*, London: Routledge, 1999,p.1-46.

② Turner, Sarah. Making a Living the Hmong Way: An Actor-oriented Livelihoods Approach to Everyday Politics and Resistance in Upland Vietnam, *Annals of the Association of American Geographers*, vol.102, No.2 (2012), pp. 403-422.

③ Douglass, Mike. The Globalization of Householding and Social Reproduction in Pacific Asia, *Philippine Studies*,vol.55, No.2,2007, pp.81-157.

色变化。王爱华(1987)提出,全球化所带来的资本主义规驯和当地父权凝视下催生了一系列新的性别主观性(gendered subjectivies)。老挝西北部的疆域化给后来的跨境农业投资带来了新的劳动力利基——劳动力女性化。面对新的市场参与机会,阿卡女性同时又受到传统家户性别规范制约,新的性别渴求和能动性同样制约于家户这个生产社会关系的节点。

随着老挝现代国家力量在山区的渗透逐步加强,阿卡人的社会生活不断被其所极力构建的意识形态所影响,与此同时,在互动的边疆,新形式的渴求和想象以及叙述框架却不断涌现。在本篇,基于社会性别分析和通过对个人的故事、反思和叙述的连缀,我的意图在于理解具体的人际互动是如何促成老挝的经济作物种植;族群性、性别和亲密关系等社会因素,是如何通过社会关系的建立而被卷入到了市场与交换的盘算中的。

一、阿卡家户与性别化的劳动分工

家户(household)在发展和发展实践研究中是一个基本分析单位,同时也是一种现代民族国家和政府控制人口的方式。以新家庭经济学的角度看,家户里的成员会最大化地争取市场与非市场资源,并依据家庭成员的集体目标做出最优选择。而政治经济学家却认为家户策略并不以利益最大化为目标,家户存在于社会关系之中,其成员的活动和策略同时是为了维系特定的社会联系。

家户(pya/pja)是阿卡社会组织里的最小单位,同时是主要的生产单元,Pya/Pja在一些情况下可以翻译为扩展家庭,而荷兰人类学家列欧·阿尔丁·汪格索(1990)在对泰国的阿卡进行长期的研究后认为,"Pya/Pja"最精确的意义应该是"家户"(household)。汪格索所定义家户指的是一种扩展家庭,理论上由祖父母、一个已婚的儿子、未婚姐妹和其他已婚的还没有独自进行祖宗祭祀的儿子们以及他们的妻子也在同一块土地上劳作(其他传统的经济活动还包括采集和狩猎),从而为所属的家户做出经济贡献。尽管老挝的法律规定一夫一妻制,但是几乎在每一个阿卡村落都会有1~2例一夫多妻的家庭,无不例外的是这些一夫多妻家庭的经济状况都相对良好。这些零星的多妻现象体现了老挝对于一夫一妻制的执法力度不足，同时还存在一些实际问题。例如原配无法生育，丈夫会寻找有生育能力的未婚女性进行交往，如果该女性怀孕就会顺理成章地入住到男方的家里。但是这不代表女方就会继续维持与男方的关系，大部分情况下，女方会选择离开。①

图克（1998）则认为对于阿卡来说，"家户"这一概念本身并不一定带有规范性（normative）的理解。Pya既表示房子又表示房子里的人。但是家户不仅仅是居住单元的物质载体。同一阿卡家户的成员意味着共同参与祭拜同一祖先。她写道：

> 确定某一家户成员的主要方式为："背"着家户的祖先台的"赞"的人。这个祖先祭台叫做"apho poq loq"（直译：祖先芭蕉叶)，是连接所谓的"主房"的物质框架和这户人家田地的。一年到头无数的仪式在"apho poq loq"举行（Tooker 1998:84-85)。

与图克在泰国北部阿卡村的经历相似，在"apho poq loq"仪式期间我在阿卡人家里的逗留是非常不妥当的：外来者需要离开或者回避。对于一个外来者，在此期间阿卡家户成为一个小派系，变得非常排外。②同时，我也注意到出嫁的女儿也被排除在仪式之外，因为她已经不属于娘家的人。事实上，"apho poq loq"仪式使区别和识别某一家户成员成为可能。但是从日常生活中无一不体现阿卡家户的一个特征：家户各成员之间的日常利益是紧密联系的。就此，阿叶跟我解释道："不论与谁商量事情，每天在一个屋檐下吃饭的才是真正的一家人。"按照这种理解，已经成家并分家的家庭（family）成员并不一定是家户（household）成员。然而，无论在过去还是现在，在阿卡社会中寄养或者收养都很常见，如此一来，阿卡家

---

① 无论是阿卡男性还是阿卡女性都认为一夫多妻会导致家庭不和。

② 我能感觉到我居住房子的主人对于把我排除在仪式外感到非常不安；但是他们说"就应该这样做"。

户的定义除了包括直系或者由于婚姻关系而产生的成员之外,还应该延展到有着血缘或者非血缘关系的成员 。①

在第三篇中我们讨论到旱谷种植的土地使用很大程度上取决于家户劳动力,值得提出的是,作为社会中的最小生产单位,家户生计策略的自主性(autonomy)也比较强。2009 年 1 月份,琅南塔正处于橡胶种植热潮中,很多橡胶种植公司进行了劳动力招募:以村为单位,在村里选出 2 ~ 4 名招募者负责每天公司所需劳动力。尽管如此,劳动力来源的不稳定仍然困扰着大部分公司。然而有个来自西双版纳的承包商的运作比较稳定。他向我道出了原因,如果要获得稳定的劳动力来源一定要以户为单位,因为比起个人来说,家户有着较强的利益驱动,最关键的是一家之主(通常是男性)能够对家里的劳动力进行协调和管理,以确保任务的完成。②在老挝阿卡村落的农业庆典中,恰恰是以家户为单位进行捐赠和接受配给的祭祀(Tooker 1998)。在公共活动或是义务性劳动中,劳动力是以家户为单位来计算的。然而如果要把家户简单理解成为封闭的亲属联系的群体,执行家户稻米和经济作物生产的所有劳动力投入,那就是误导。家户并不是一个孤立存在的生产单位,在一个村里,家户之间从生产上的联系主要体现在平日的旱谷地除草和每年一次的收获。尽管家户和其他亲属、世系、村落权威等社会单元有相互依存关系,但是从劳动力使用和资源分配角度,把阿卡家户看作是农业和经济生产最稳定的单位是非常恰当的。

① 彼得·辛顿(Hinton 1983)在对泰国克伦人的研究中指出,由于克伦人相信孩子从亲生母亲那里获得一种生命延续所必须的精华,但是这些精华容易受到疾病的侵害,如果不同的女性进入到鳏夫家(有孩子同住)就会产生不同种精华之间的冲突,从某种意义上来说,妻子的离世并不代表婚姻的终结。由于这种认知论上的原因,如果家里还有未成家的孩子同住,克伦男性的再婚机会就会较小。与之相对的是,阿卡的男性再婚并没有这些宇宙观方面的限制。收养孤儿,特别是亲属的孩子情况也很常见,从效用主义角度考虑,再婚事实上也是为家里增加了劳动力。劳动力的增加对于罂粟种植非常有利,特别是在对体力和技术需求都不高的罂粟收获季节。

② 而这种招募模式也是跨境甘蔗订单农业的通用模式。云南 S 糖业有限公司从 2002 年开始在老挝琅南塔 X 县进行甘蔗订单农业。

鉴于子承父业在阿卡社会空间里的重要性，卡默勒（1998）把阿卡家户定义为"父系"家庭。有后代特别是子嗣，代表着家族的延续还有老了丧失劳动力时候的保护网。能够维持一个家户，反过来也说明一个人能给村子提供劳动力和服务。作为一个父系社会，阿卡的谱系是通过儿子来维持的。阿卡家户一般倾向多子女的大家庭。在第一篇中提到和大部分男权社会一样，阿卡传统观念中存在很强的偏好男孩子的思想，这一点可以体现在家户祭祖仪式里。祭祖仪式一般由男性主持。有一个儿子以上的家庭，在这些儿子结婚后，分家就是必然。父母将财产按照一定比例分给几个儿子。如果一个家庭里的户主（通常为父亲）在所有子女都结婚之前去世，那么已婚子女或者长子将肩负起照顾其余家庭成员的责任。

土地商业化与土地争夺的趋势使得家计策略总体上呈现出了马赛克似的变化。在土地资源丰富的山区，除了水田之外，土地一般不看作财产，分家后，儿子会重新开辟自己的土地。对于迁徙到低地的阿卡，特别是最近迁入的阿卡，由于土地稀缺，很多分家后的家户需要自己攒钱买地。而在临近中国边境在阿卡社会里，在女儿出嫁的时候也会分给她一部分土地。这些人中的一部分认为他们已经和中国人（城市）的观念差不多，女儿也应该继承家里的一些财产。但是这样的决定也有着现实基础。首先由于临近中国，中国人会租种村里的土地，商业化使土地变得有价值，所以土地也就成为财产的一部分。再则，由于村子里所占有的土地比较多，分地给出嫁的女儿也是一种便宜之计。分家就等于在经济上脱离原生家庭，自己和新加入的家庭成员开辟新的土地，拥有新的粮仓以及新的祖先祭祀台。

尽管阿卡社会政治体系相对平权，但是这并不代表两性权利的平等。即便阿卡在传统中缺乏政治等级，但是不意味着男性和女性的角色没有内部分化。根据目前老挝阿卡居住地理位置和生产方式的不同，运用哈佛分析框架对所调查的村子的劳动分工和资源使用进行简要分析（见表4-1）。同样地，山区与低地农业的区别也可以看作是阿卡社会经济转型的趋势。

尽管罂粟种植现在已经不常见或者更为隐蔽,但是罂粟作为一种影响阿卡社会经济、政治和文化领域的作物,也加入到山区农业的分析里。

表4-1 以性别为基础的劳动分工

项目			女性	男性
山区农业	农业	烧地	√	√
		播种	√	√
		拔草(田间管理)	√	×
		收割	√	√
		背运	√	√
		晒谷	√	√
		入仓	√	√
		罂粟种植	√	√
		烧地	√	√
	创收项目	放牛羊	√	√
	再生产活动	拾柴	√	×
		食物准备	√	×
		照看孩子	√	×
		家务	√	×
		采集(非木材林产品)	√	×
		狩猎	×	√
低地		旱谷种植	√	√
		食物采集	√	×
		甘蔗种植	√	√
		雇佣劳动	√	√

在一个全民参与的农业社会里,无论男女老少都需要投入到农作中,小童从4岁就开始逐渐学习家务劳动。而女性承担的是耗时而繁杂的家务,所以阿卡女性在支撑家户生计中起着主要作用。

表中所列的其他再生产活动包括罂粟地的田间管理(拔草),都是女性完成,一般来说旱稻地拔草一年要进行4~5次,每次要花至少15天。由于拔草是在女性之间进行换工完成,加上在地里和家里之间的来回时间,拔草是整个稻作期间最耗时的事项。根据1998年的统计,在芒新和芒龙,阿卡鸦片成瘾比例在所有民族中最高,但是比起男性来说女性成瘾率非常低。[1]再者,阿卡地区鸦片吸食者及成瘾者所带来的经济和劳动负担往往附加在已经需要完成繁重劳务的妇女身上(见上表4-1),而鸦片吸食非常耗时(一般是一天2~3次,每次所用时间为1~3小时),在鸦片供应不足的情况下,家人不得不用粮食、牲畜或者劳动力来与其他家户交换。

表4-2 使用与支配图表

项目		使用		支配	
		女性	男性	女性	男性
资源	土地	√	√		
	森林资源	√	√		
	劳动力	×	√		
	现金	√	√		
	教育/培训	×	√		
收益	外来收入	×	√	×	√
	资产所有权	×	√	×	√
	教育	×	√	×	√
	政治权利/声望	×	√	×	√

在一个几乎全民参与的农业社会里,每个开始具备劳动能力的人都要付出劳动。即便如此,如果不参与劳动,女性比男性所受到的舆论压力要大得多。这恰恰也解释了在家户层面女性是最主要和最可靠的劳动力来源。从另外一个方面来讲,家户是复杂关系的场域,这个互动和协商的情感场域从一定程度上自然化了不平等的性别关系。与其他以父权为基础建构的社会相似,阿卡女性在家庭领域里承担重复而繁重的家务和农业生产,而公共领域的参与度比较小,对村级事务几乎没有决定权(Cohen and Lyttleton 2002)。男性支配权反映在家里、政治、仪式/宗教和经济等领域。汪格索(1983:252)谈道:"父系祖先和先人崇拜形成了阿卡世界观的支柱,围绕其组织的是日常和仪式生活。"在老挝这个背景下,洒娅诺苏(Sayanouso)指出:"对于阿卡来说,保持谱系持续性是重中之重。儿子

---

[1] Epprecht(1998)对6个山区阿卡村的155户进行统计,发现89名成瘾者,其中只有占16.9%的15名女性成瘾者。

对于谱系的完整起到关键作用。"（2011：133）通过对性别身份、性行为、劳动分工和家庭结构的分析，洒娅诺苏（2011：156）总结道：

> 在老挝社会，很多女性无论在永久居住地还是在离异或丧偶的情况下都有一定的流动性。但是通常男性决定女性的来去。由于这种流动性，女性的生育角色和她生产男性后代的能力受到了强调。

德国学者瑞塔·戈伯特（Rita Gebert）博士指出："阿卡女性在村子里无法发出声音，或者根本没有影响。"（Gebert 1995，引自 Seger 1998：24）在传统农业方式下，由于家户劳动力决定了土地使用面积，在土地没有商业化的情况下，老挝山区每户的土地资源相对充沛。因此大多数阿卡受访者认为即便现存的土地资源的分配习俗中没有规定女人在出嫁或者离异的情况下可以得到土地所有权，也不影响女性的土地使用。总的来说在老挝，入学率偏低，而女童的入学率低于男童（Frisen 1991）。阿卡传统文化观念中强调女性的生育角色，但是注重儿子的传宗接代和主持宗教仪式的功能，所以偏好男婴。这种偏好赋予了男性行为的较大自由度。[①]按照当地阿卡的习惯法，无论是在任何情况下的婚姻解体（包括无过错离婚在内），阿卡妇女离婚就意味着永远失去对孩子的监护权。从传统礼仪和禁忌上来说：在有客人到访的时候，妻子、儿媳以及女儿（10岁以上）不能上桌与男人一起吃饭，要等男性用餐后，她们才能吃饭。[②]就阿叶的例子来说，她姐夫应该对阿叶被拐卖到中国负责任，但是她姐夫却没有为此受到家庭、社区甚至法律上的惩罚。总的来说，这些存在于家户内部的不平等的权力关系，对女性的市场活动参与有着很大的限制。

[①] 总的来说在老挝，入学率偏低，而女童的入学率低于男童。参见 Frisen, C.M.Population Characteristics in the Lao People's Democratic Republic, *Asia-Pacific Population Journal*, vol6, No.2 (1991)。

[②] 在我调查期间，我却被邀请一起和阿卡男性同桌吃饭。相似的，据我了解其他女性研究者以及老族女性也可以同桌吃饭。这有可能是阿卡给来自其他文化的人的一种例外和区别对待。

二、雇佣劳动力女性化与家计过程

麦克·道格拉斯（Mike Douglass）在其研究中提出家计过程（household-ing）这一研究概念，①以区别于指传统农政研究中的生计策略（livelihood strategies）。家计过程指的是一种持续和动态的社会过程，所涉及的家计策略（household strategies）具有多向性，在创建和维护家户的过程中，家庭成员满足各自需求并体现了家庭内部（包括性别）权力和矛盾。如果说生计策略是一种社会生产，那么家计过程是一种社会再生产。虽然道格拉斯的研究基于跨国移民的情境下，但是在对经济转型中山区人口向低地迁徙、定居或者寻找工作机会的老挝阿卡的家户关系的分析中也有借鉴意义。

在过去，坝区泰语民族会季节性雇用一些山区民族进行犁田和秋收，但是劳动力来源主要是鸦片吸食者（而女性占极少数），简单来说，是用鸦片换取劳动力。山区普遍的女性务工激增出现在2006至2010年间。在低地，新到的阿卡人面临着土地"无产化"的困境因土地价格持续上涨而加剧。普遍存在于阿卡社会的以家户为单位的亲戚朋友换工的互助形式，渐渐被商品化的劳动力所取代。这些村民大部分没有土地，缺乏生活来源，只能靠每天去寻找各种打工机会，出卖劳动力换得日常开销。有的家户也以租地的形式来种植旱稻。②一些在芒新进行种植农业投资的中国商人和工头甚至认为，比起阿卡男性来说，阿卡女性是更好的劳动力，因为她们更能吃苦更遵守纪律，与之形成对比的是，他们认为阿卡男性比较大男子主义而难以管理。

尽管劳动力雇用的性别偏好并不是促成大量女性劳动力的直接因素，但是这样的雇用选择偏好对于阿卡女性的市场参与是有积极作用的。

---

① 参见 Douglass, Mike.Global Householding in Pacific Asia,*International Development Planning Review*, vol.28, No.4 (2006), pp.421–445. 以及 Douglass, Mike.The Globalization of Householding and Social Reproduction in Pacific Asia. *Philippine Studies* ,vol.55, No.2(2007), pp.81–157。

②大部分搬迁到低地的阿卡新移民认为自己不熟悉水稻种植。

虽然乡土和亲属网络对于女性参与到市场经济所受到的冲击有着一定的缓解作用(Angie Ngoc Trân 2008)，但是一些到低地打工的阿卡女孩对于地理位置、亲属网络依赖性很高，很难脱离传统的以村子为基础的社会关系。再者，存在于家户内部的不平等的权力关系和文化宗教事项，也对女性的市场活动参与有着一定的限制。在这种情况下，个人的生计策略(livelihood strategies)也受到家户生计策略的影响。阿叶向我倾诉了她在打工和务农之间进退两难的境况：

> 在阿卡人家里，如果不去种稻米，那个人就不能吃家里的饭。虽然我在哥哥家里干很多活计，但是家里的一根柱子都不是我的。我没有钱用，哥哥连我买卫生纸的钱都不给，我就趁机会去芒新打工。但是打工就像下河捞鱼，一天能捞到，一天不能。没有足够的钱自己过，我也必须在家里需要的时候回去。每次回家我都给家里人买东西，哥哥也会向我要钱。但是回家后在家待的时间不由我自己决定，慢慢地原来用我的老板也就叫我去做工了。

这个例子从很大程度上反映了老挝农村女性(包括低地老龙族)参与市场经济的限制与障碍。用恰亚诺夫所提出的小农经济理论进行解释，在自给自足为主导的经济里，由于投入稻米这一主食生产的劳动力的需要，每个劳动力被捆绑在土地上。[1]个体很难纯粹依照个人意愿做出生计选择，特别是市场经济尚未成熟而无法提供长期稳定的工作机会的情况下，个体不愿意脱离依赖土地的农业生计。在此基础上，在父权主导的社会里，女性参与市场条件下的雇佣劳动受到的限制更多。

在这种生计主导方式逐渐转变的情况下，在新的经济机会出现的同时，传统家计安排出现了矛盾。像阿叶这样还未建立自己的家户的女性，

---

[1] Chayanove, A.V., *The Theory of Peasant Economy*, Madison: University of Wisconsin Press, 1986.

是无法直接占有务工所得的经济报酬,她必须在务工的同时尽量兼顾家里的劳动参与,并把一大部分收入回报于其他家户成员身上,以取得他们的接受与认可——因为阿叶一旦离开劳动力市场,她很难获得生产和自身再生产所需资料。这并不是说在老挝阿卡社会,像阿叶这样的单身阿卡女孩无法获得土地。单身女性的土地使用,更多受到生产所需的劳动力,以及个体生存所需要的家户和家庭亲缘等限制。在老挝阿卡社会,无论男女,土地、家户以及家庭成员构成了人们在整个生命周期以及就业变故的安全网。

三、经济机会与社会处境

新的经济机会(成为橡胶公司的监工和翻译)对阿叶起着增权作用,这种增权具体体现在她所掌握的技术和所获得的社会资源上。阿叶回忆到,在橡胶公司进驻村子的时候,几乎没有人懂得如何进行橡胶胶苗的培植、芽接、种植以及管理。而她却从公司前期的培训中熟练掌握这些技术,也给家里人(家户成员和其他家庭成员)带来了财富,自己占有了部分劳动所得的同时也获得了社会声望——村里人眼中的聪明女孩子。

但是,在阿叶从工作中享受到增权的力量的同时却逐渐感受到了强烈的孤立感。公司在需要时会招募一些村民劳动力进行锄地、挖坑等工作,当时的报酬以日计,但是必须得完成所规定任务。有一次村里的一些男性在没有完成所指定任务后就要离开,并向担任监工的阿叶索要报酬,阿叶进行了劝阻和干预,结果却被几位男性用刀相逼。最终,这一冲突由村里的几位长老出面解决。令阿叶感到吃惊的是,当时自己的几位哥哥也在场,但是他们都没有进行干预。我向阿叶的几位哥哥们问及这件事情,他们认为给村里人行方便是应该的。阿叶的解释是哥哥们宁愿得罪妹妹也不愿意得罪村里的男性。

道格拉斯写道:"家户是从物质、心理、社会文化习俗与道德观念等方面再生产出人本身的社会关系的主要节点。"(Douglass 2007:81)[1]作为社会关系的一种组成,社会性别是一种不稳定的关系。在驻村官员对于公司留下的橡胶树的处理中(阿叶作为女性却分到了全村1/8份额),在性别层面上来说,打破了传统性别规范。因此我们需要一种动态的视角来分析老挝山区社会的情况。

对主要的社会性别的定义进行综述,可以看出:社会性别是一种行为的相对的不断进行的进程,由父权制、经济、家庭、社区和国家等力量叠加所塑造的历史构成的和由文化决定的一套关系。[2]相应的,老挝阿卡女性在社会和经济领域中的角色是显而易见的,但是这不代表着男女两性在权利上的平等。如上面所述事例说明,性别的不平等是更为隐蔽的,正如王爱华(1989)指出的,即便在缺乏凸显的男性主导的文化里也应该用多重的非固定的标准去理解性别关系。在这种性别结构下,阿叶一方面遵从符合传统女性规范要求的一种角色[3]——极力满足家户以及家庭成员的要求,另一方面这种社会处境(social position)的性别参数也随着她在市场经济的参与中不断变化和受到挑战。

对于阿叶来说:传统的生产方式是一种接近于"无酬劳动"的生活方式,她所向往的是财产、劳动的收益等方面的自主权。在我访谈的所有阿卡女性中,阿叶的这种主观性的改变的要求比较具有代表性,但并不是独一无二的。在我和阿卡女性的互动过程中,虽然她们并没有用"妇女地位、性别关系"这样的词语来表达所处状态,但是从她们的叙述中频频提

---

① Douglass, Mike. The Globalization of Householding and Social Reproduction in Pacific Asia. *Philippine Studies*, Vol.55, No.2(2007), pp.81–157.

② 参见 Scott, Joan. Gender as a Useful Category of Historical Analysis, *The American Historical Review*, Vol.1, No.5(Dec. 1986), pp. 1053–1075;王金玲:《妇女/性别研究的十大维度——以福建妇女为例》,《云南民族大学学报(哲学社会科学版)》2015年第2期。

③ 对于社会性别这一源于西方的分析视角和概念,在非西方情境下,Karim (1995)指出东南亚文化和社会中有着差异性的认识:女性并不认为性别是一个重要的身份特征。她们虽然觉得自己处于劣势但是不觉得自己的角色是次要的,而男性认为两性的角色都很重要,具体参见 Krim, Wazir Jahan. *Male and Female in Developing South-East Asia (Cross-Cultural Perspective on Women)*, London: Bloomsbury Academic, 1995。

到的"阿卡女人很惨"(阿卡语:Akha rami yosa),可以看出她们模糊地觉得所处的社会空间存在着不合理的制度性安排,尽管这种认识有些时候很矛盾:在提供庇护的同时,家户本身也在生产着不平等的性别关系。

阿叶看到新兴经济机会所带来的生计多元化的可能性的同时,也体会到就业市场的不稳定性:橡胶公司并不能从制度上得到保障,最终开创橡胶公司突然撤离让她感觉到了一种无力感。虽然在以父权为基础的社会里,社会性别关系的不平等以及矛盾始终穿插在家户中,但是嫁人成家仍然是阿叶争取经济自主权的途径。

从以上的讨论中可以看出,应当把家户这个分析单位置于更为广泛的社会关系、制度与进程中考察。严海蓉在她的研究里描述了北京的女性家政工们经历着"自我发展"的挣扎。她论述到从农村流动到城市的女性家政工们自我内化了城市人话语中的"低素质"形象,同时通过否定以往的惯习以及农村的社会交往方式以达到城市雇主眼中"高素质"的人。这种价值的产生源于"主观性"(subjectivities)改变,不可否认的是新的经济规则要求新的主观性与之适应,但是转型中国家所进行的结构性调整也催生着新的社会想象空间。

老挝阿卡人有过上"好"生活的追求和想象:从罂粟种植、西方发展到目前以种植经济作物为经济补充的生活方式。以湄公河区域的其他阿卡人为例:与泰国北部山区泛滥的"西方宗教化"的现象(Kammerer 1990)所反映的对改造个体生活的渴求不同,老挝村民则普遍向往脱离经济贫困,并认为以商品经济为导向的发展才是一种更好的生活,而作为市场强大的、而地理上毗邻的中国,与中国人个人化的关系能给他们提供更多的市场机会(Li 2013;Lyttleton and Li 2017)。和阿叶相似,好的生活对于大部分阿卡女性来说是找到合适的伴侣。与中国(主要居住在西双版纳)有亲属往来的阿卡女孩子会让中国亲戚介绍结婚对象。我也不时遇到让我介绍中国汉族男性作为结婚对象的阿卡女孩子,她们在与我的交谈中透露的不但是对富裕物质生活的向往,而且有特定品质:不吸毒、勤俭持家、有责任、孝敬父母以及不打女人。而在她们的认知范围内,大部分中国男性具有这样的特质。与之相呼应的是越来越多的阿卡父母也鼓励女儿们嫁给中国汉族。

四、边疆的互动,社会网络与涵化

社会互动是社会学的一个基本分析单位,是微观社会学的主要课题,也是社会群体之可能的前提,作为个体层次与社会结构层次及文化层次的中介,是由个人走向群体以至更大的社会组织制度的转折点。毫无疑问,如第二篇所示,在中国与老挝交界之地,从历史上来看,外来人员互动从未间断。由于现有历史材料的限制,很难得到历史上细致的人际交往的图景。即便人际交往是持续的,但是几乎可以推断从20世纪90年代以来,特别是21世纪初期的跨境交往与互动的规模与程度是更为结构性的:外来农业投资特别是橡胶种植逐渐向山区延展的趋势下,种植园区或者以农业种植为主导的场所是产生这种结构性互动的场域。

以互利互惠为目标的人际关系的社会互动与网络的连接建立是人类社会的一种普遍现象。比如俄罗斯文化中的"Blat",中东"Wasta",以色列"Ksharim"这些概念都表明了人类文化中广泛存在的社会联系非正式形式。①在东南亚"主"—"客"之间的庇护关系(patron-client)是一种普遍存在的社会组织原则,这一原则也指导着老挝阿卡族际间的社会互动。列欧·阿尔丁·汪格索认为群体内部所存在的摩擦和矛盾会产生社会政治方面的波动,而节庆期间米、肉和酒的发放是提高声望的一种途径。发放对象一般是本村由于贫困而吃不上肉喝不上酒的村民,或者没有充足粮食的人家。想提升领导威望的人通常在阿卡新年的第四天杀一头猪让村民们共享。这种类似于夸富宴(Potlatch)的村宴体现了以赢得或者巩固在村里的领导地位为目的的财富再分配。在中国或者汉文化地区,人们把

① 参见 Ledeneva, Alena.*Russia's Economy of Favours: Blat, Networking and Informal Exchange*, Cambridge: Cambridge University Press, 1998,以及 Michailova, Snejina and Worm, Verner.Personal Networking in Russia and China: Blat and Guanxi, *European Management Journal*, vol.21,No.4 (2003), pp.509-519。

建立人际交往的联系概念化为"关系"(杨美惠1994;阎云翔1996)。这是一种古老的文化现象。关系通常被模糊地理解为各种人类互动的复杂总和。实际上,它建立在道德、仪式和互动的原则之上。杨美惠(Mayfair Yang 1994:6)把关系看作围绕:"礼物交换、恩惠和宴席;个人关系的培养和相互依存的网络,经营义务和恩惠。这种实践和本土的解读的预设是对个人关系的首位与约束力,以及满足日常需要和欲望的重要性的一种概念化。"杨美惠(1994,2002)和其他学者(Smart1993;Lovett et. al.1999;Luo 1997;Xin and Pearce 1996)指出,一种根植于中国社会的由夫妻、亲属和友谊关系组成的人际关系网络,在改革开放后在人们的经济生活中变得更加突出。万克(Wank 1996)则认为由于市场经济运作的普遍知识的缺位,私人关系取代了政府引导的正式资源分配渠道。以上所讨论的这些概念同样也指引着边境内外的一些互动方式,恰恰因为它们在建立人际关系方面也符合"关系"工具性原则。

对于在老挝中国投资者来说,他们认为在异国缺乏可靠的投资环境支持,便寄希望于通过与当地人的物质交换以减少社会和人际间的心理距离。特别对于投资周期比较长(7~10年)的橡胶种植来说,其种植过程涉及土地使用的协商,土地及种植和胶园管理,劳动力的协调等方面,特别是对一些需要占用到村民共有地和共有林的橡胶公司无疑是一项比较具有挑战性的投资。因此,投资者们会倾向于利用民族纽带、密切往来、文化和语言相似性等方式,与具有特定社会和经济地位的老挝人建立跨境社会关系和社会网络。在中国投资者们使用礼物赠予、宴请,甚至出资在当地村进行基础设施建设等方式来巩固这种社会关系和人际网络的同时,当地村民认为这些意图非常具有工具性目的,但是这种关系网络却能提升自己的经济和社会地位。这种"关系"互动中的儒家道德和价值观原则同样也体现在劳动力雇用方面,在劳动力需求处于淡季的时期,雇用标准相应提高,这时雇主会用一种比较人性化的方式拒绝处于哺乳期的妇女,即用一点现金来婉言谢绝。在租用村民土地进行橡胶种植的公司,一般会在项目启动之际宰牛宴请村民。至少在我进行调查的村子里,如果平日村里人有需要帮助的事情,投资者、外包商或者农业技术拓展人员会解囊相助,而这种个人的、非标准化的、非制度化的跨文化互动架构了边疆异变和流动的关系。①

格雷伯(Graeber 2011)指出"人类经济"(human economies)在新纪元的市场经济与货币财富到来之前已经存在。这是一种互惠式,个体作为社会关系网络中的一部分,通过人与人之间的交换从而达到维持关系网络的目的。②在1949年前,"傣、瑶、倮尼与境外互婚较多"(1983:94),从历史文献中得出在现代国家兴起之前,族内跨境婚姻呈现出比较普遍的趋势。③伴随着现代国家对人口和领土的控制加强,国界线对之前的社会交往形式产生了较大限制。从1992年中老边境重新开放后,中国境内哈尼族与老挝阿卡的通婚,或者中国汉族及其他少数民族与老挝阿卡通婚的趋势有所上升,在我所调查的芒新和芒龙的村子中,随着中国人在老挝的农业的发展、人员互动,境内外的互婚呈上升趋势。阿叶对我说,她和橡胶公司小李的恋爱是家里人和公司投资人所促成的。由于她之前的经历(被卖到中国),对于这样的结合她是非常犹豫的,这段关系从一开始就是迫于"人情"。投资人希望员工据此可以长期待在老挝以维持橡胶种植,为了鼓励小李,他甚至让小李承包苗圃里的胶苗种植。阿叶的几个哥哥希望与小李成为一家人,大哥说:"小李是中国人,会说中国话,懂得多,别人不敢骗。"小李是阿叶二哥心目中理想的家庭成员,他甚至计划用以前卖鸦片攒下的钱买一辆卡车让小李开,以后一起做生意。

在老挝西北部不成熟的市场经济下,法规与政策实施的随意性间接促成了人际礼物经济的兴盛。在跨界流动情形下,张雯勤的研究表明了关系网络在云南籍玉石商人在缅甸和泰国商业网络拓展中的作用。在她

① 阿里夫·德里克观察到随着华人在全球资本中地位的逐渐彰显,华人资本主义话语中所强调的"华人特质"(Chineseness)重申了一种威权主义。参见 Dirlik, Arif. "Critical Reflections on 'Chinese Capitalism' as Paradigm," *Identities*, Vol.3,No.3 (1997),pp.303–330。

② Graeber, David, *Debt: The First 5000 Years*, New York:Melville House Publishing,2011.

③《民族问题五种丛书》云南省编辑委员会编:《中国少数民族社会历史调查资料丛刊·西双版纳傣族社会综合调查(一)》,云南民族出版社,1983年。

的分析里,关系是依靠一种调节性的实践来起作用的网络。她写道:"相互信任并不一定能完全地支撑贸易活动中的关系……关于中国商业网络的研究往往带有文化视角,然而却倾向于过度强调基于亲戚朋友之间信赖的互惠,而却不承认其消极方面。"(2004:493)在老挝的中国人觉得自己的付出没有从老挝方得到相应的回报,而老挝人却认为中国人礼物馈赠等行为展现的是一种纯粹的自我显示或者炫耀。在离国境线数里之内的曼卡村,是中国跨境农业投资者的青睐之地,从2002年以来,村民们从这些投资者手里筹集到了资金进行道路和村议会室的修建,甚至村委会在缺乏活动经费的时候会向投资商进行索取。然而这种关系建立的消极方面首先体现于施与和馈赠并不一定带来预期的回报,或者可持续的利益平衡。这样的状况使得施与方压力颇大。

从社会网络视角出发可以看出边疆的互动与关系,文化融合发生在人们需要进行接触与交流的状况下。在农业投资为主导的边疆,维系人际之间的互动需要促进了涵化(acculturation),从表象看主要体现为语言和词汇的互借。部分投资者、分包人或者工人在来老挝之前就具备由于母语习得的相似于老挝语或者其他少数民族的语言基础。移居老挝时间相对要短的中国商人和商贩也逐渐从平日的面对面互动中逐渐学习和使用当地语言。一位原籍四川、在芒新居住了近10年的商人除了能流利使用老挝语外,还能用阿卡语与阿卡人交流。同样的,一些阿卡人也学会使用一些汉语常用语(云南方言),与农业和种植相关的汉语用语,甚至能够用中国的计量单位亩与老挝常用的"ha"(公顷)进行换算。

五、边疆的情感经济与市场参与

情感经济(affective economy)理论在经济学中主要运用于人类的情感驱动与消费行为之间的关系研究。[1]人类学研究将情感经济引入到更为

---

① Jenkins, Henry. *Convergence Culture: Where Old and New Media Collide*, London: New York University Press, 2006.

广泛的社会关系分析中,例如萨拉·艾哈穆德(Sara Ahmed 2004)把情绪纳入群体事件分析中,并指出"情感以资本形式运作,情感并非明确地存在于符号或者商品中,而是作为流通的一种效应而产生"(Ahmed 2004:120)。艾哈穆德把情感视为心理倾向、个人情绪与社区产生联系,产生了个体与集体、身体与社会之间的关系,这种"情感的涟漪效应"(2004:119)使得某种情绪得以增殖。在此,我将艾哈穆德的这个视角运用到老挝橡胶热兴起背后的情感层面,在此基础上再分析情绪和情感的驱动与市场参与的关系。

在第二篇中介绍了处于边境另外一边的西双版纳,伴随着国有化向个体化的转型,橡胶种植逐渐成为当地人所依赖的生计来源。查普曼(Chapman 1991)在20世纪90年代便观察并预言到西双版纳的橡胶种植的效应将会影响到周边国家和地区,从今天看来,这种效应是多方面的。21世纪第一个10年间全球橡胶价格的攀升,使得包括西双版纳在内的橡胶种植地区的胶农迅速致富。斯特金(Sturgeon 2010)论述了由于中国爱尼人居住的山区更适宜橡胶种植,从而获得更大橡胶种植面积,这种财富累积超越了原来在低地主导经济的傣族。收入的迅猛增长对于经常走访西双版纳亲戚朋友的老挝阿卡是非常震撼的。一位阿卡回忆到边境一带的生活变化:"几年前他们(中国爱尼人)和我们的生活差距不是非常大,但是这几年他们却突然有了一切:钢筋水泥房、摩托车,想吃什么就吃什么。"从中国亲属那里,老挝阿卡人目睹了橡胶种植是一种可行的致富之路。在这种从本民族生发出的经验驱使下,老挝阿卡人认为通过橡胶种植也能够使他们找到经济上的安全感,同时跨越自己在本国社会阶层等级中所处的从属地位。

第二篇中我介绍过早在老挝政府将橡胶种植确定为消除贫困的方法之前,从云南西双版纳遣送回国的老挝阿卡人,已经在安置后的村子里开始种植橡胶树并在开割后逐渐获益,在之后的几年中村里有几户家人也效仿种植。在21世纪初全球胶价急速攀升之时,几乎所有村民都已经拥有了橡胶林,由于树龄决定了开割,影响了从这一波热潮中获益的程度,因此催生出了另外一种投资潮:吸引了大批处于几千米之外的西双版纳居民前来购买橡胶树。处于老挝内陆即离中老边境线更远的阿卡村民开始种植橡胶的时间比较晚,在计划进行橡胶种植前,他们在与中国亲戚的互动过程中留意学习种植技术,并寻求种植、管理和销售等方面的信息。中国人投资的种植园同样也是受雇于种植园的村民们获得种植技术的来源。这些基于人际互动的信息和知识构成了橡胶种植技术在识字率较低的老挝群体中的传播渠道,同时在人际间的互动中产生的邻里之间的攀比、炫富行为,以及消费主义的兴起都是影响决策和投资行为的要素。

情感的驱动混杂了非理性因素和理性考虑,阿卡人很清楚罂粟种植曾经是脱离贫苦生活的途径,但是人们对其态度却是非常矛盾的。在罂粟种植非法化之后,在低地,甘蔗种植成为一种比较理想的生计选择,但是相对于罂粟种植,甘蔗种植需要大量的、密集的劳动力投入。橡胶种植的利润可观却有着较长的种植和投资周期,投资风险较前两者较高。随着作为疆域化举措之一的土地分配和土地注册的深化,村民们利用民俗法中对土地使用的规定:通过种橡胶树占地,间接地促进了山区特别是国界线一带的橡胶投资热潮。随着中老边境贸易的进一步深化,市场连通渠道的扩大,连接山区与低地道路的改善使得这种想法的实现有了现实基础。

对于有着一定经济知识的旁观者来讲,以三种经济作物罂粟、甘蔗和橡胶为基础的生计代表了不同程度的市场介入:自给自足、跨境订单农业以及与工业化程度更高的全球经济链。然而或许经历这种变迁的人们所没有意识到或者所关注的是不同市场介入在经济学上的意义。换句话说,国家从土地划分等方面进行政策上的引导以创造市场经济的条件,而实践却是无数的市场行动者所促成的,而行动者的决策是理性与感性杂合的。

六、总结性评论

有关老挝现代化进程的研究中很少涉及非物质经济(immaterial

economy）是如何影响到个体之间社会互动的讨论，尽管它构成了当地生活的中心部分。①本篇从人际关系和变化切入，将家户、家计进程以及性别关系纳入到了边疆资本扩张和市场化的分析中。国家疆域化和市场化的诉求不断塑造当地人对于生计方式的追求，然而民俗社会却要求通过土地的依赖以在万变中寻求生计安全保障。山区市场化程度要高的低地已经出现了劳动力的女性化，但是相应的传统性别规范和劳动分工却阻碍着女性完全脱离家庭参与低地市场经济。从传统上来说，在阿卡社会有着明显的以社会性别为基础的劳动分工，然而这种分工现在变得加剧了。阿卡女性仍然处于社会性别不平等相对显著的传统社会结构里。对于搬迁到低地的妇女来说，她们中的一些通过出卖劳动力所获得的收入的大部分，被用于满足丈夫的吸毒需求。随着宏观经济层面的转型，可见的道路的修复和日新月异的经济和社会变化，推动着本地和外界的不同交换（Lyttleton et al. 2004）。我在本书后半部分将说明，阿卡女性尽管受到传统的性别规范束缚，但她们在新的经济趋势下仍然积极寻求改变命运的机会。从自给自足为导向的经济向以市场为基础的经济的转型所带来的结构性震荡以及社会关系的变化中，阿卡女性一系列新的性别主观性同时也随之凸显。

在老挝北部边疆，商业化逻辑是多重的，没有单一的经济逻辑与原则指引边疆的商业化进程。巴尼指出"新自由主义经济，庇护主义，官僚与资源累积逻辑与省级，县级国家，以及当地的生计实践"（巴尼 2009：153），相互交叉并产生了合成的而又相对的运作方式。边疆的"相对性"在巴尼的论述中突出了当地人在资源商业化中的能动性，即面对外来的自然资源商业化趋势，当地人也通过种植经济作物来保障土地所有以及维持生计。如我之前指出的体现于人际互动而非特纳命题中体现的对

---

① Lyttleton, C. and Li, Yunxia. Rubber's Affective Economies: Seeding the Social Landscape in Northwest Laos, in Vatthana Pholsena and Vanina Bouté, eds., *Changing Lives:New Perspectives on Society,Politics and Culture in Laos*, Singapore: National University of Singapore Press, 2017,pp.301-324.

立,①而边疆的关系不仅是相对的,而且是互动与交融的。

在互动的边疆,随着外部物质结构的改变,一些新的渴求、想象、憧憬、梦想和机会也成为调节边疆生活的核心层面。从市场中获利的橡胶种植成功的故事,从边境一方的西双版纳传到了老挝山区,并成为其梦想的来源。从人员互动和信息传播的过程中,人们建构着对于对方客观和主观的认识。而这些微妙而难以量化的社会互动以及其效果是本篇中的分析核心,这呼应了罗安清(Tsing 2005:41)所说的"合法与非法,公共与私人,规驯的以及原生的之间的混淆,都在创造性地触发着人类对利润的追逐"②。

---

① Turner,F.J., The Significance of the Frontier in American History, Annual Report of the American Historical Association for the Year 1893, Washington: Government Printing Office, 1894.

② Tsing, A. Supply Chain and the Human Conditionk, *Rethinking Marxism*, Vol. 21, No. 2(2009), pp. 148–176.

第五章　边疆的现代性

　　芒新和芒龙县北部山区的地理边缘,湄公河流经的地带给沿岸各国的人员通行增加了一个新的连接方式。游轮和货船慢慢地划过水面,这些船只卷起的涡流把我们的小船推向了目的地——庞仰格屏小寨。5年前,为了让村里人放弃依赖罂粟的生计方式,老挝政府指定了3个新寨备选位置让村里人选择。由于这3个位置都离芒龙县城很远,路况也不好,村民们决定就把新寨建在湄公河泥泞的岸上。"如果不种罂粟,钱就没有地方拿。因为中国和缅甸就是一河之隔,(所以)至少这个地方(湄公河边)可以带来些做买卖的机会。"阿育,庞仰格屏小寨的老村长这样解释给我听。他指着一只来自中国(从船身上的字可以辨认出)被老挝海关扣押的商船,阿育接着说,等他们村的橡胶树成熟的时候,从海关检查站或者芒新、芒龙县城进行橡胶产品的销售都不是他们的理想计划,因为老挝海关人员会抓住机会滥用职权。反而,他们会在晚上先乘小船到对岸,然后沿着通向中国西双版纳的山路把橡胶产品卖到中国。由于对于边境地区合法或者不合法的跨境人员、毒品和商品的流通早有耳闻,这种违禁(transgression)并没有让我感到惊讶。但是,我被阿育简单的"销售"逻辑和对未来中国橡胶需求的确定而感到非常好奇。

　　阿育接着说:"(即使)我们不把橡胶胶水运到西双版纳,(中国的)中间商也会到这里收购的。"我问他:"你为什么那么确定呢?"他答道:"因为我们村子离中国非常近。只要有中国人,就不愁卖不出橡胶(产品)。"我追问道:"你怎么那么确定中国以后还会要橡胶呢?"阿育毫不犹豫地说:"5年前我们刚刚搬到这里的时候,一个中国老板来跟我们商量要向我们承包土地种橡胶。(甚至)在我们搬到这里之前,一个(中国)阿卡在这里盖了一些茅草房,还卖一些日常用品给旁边村子的人。后来他慢慢地在这里种了一片橡胶树。如果中国不需要橡胶,那么为什么中国人要来老挝种橡胶呢?"

图5-1　安装电视卫星接收器(2008年10月摄于南塔区的一个阿卡村)

和阿育的判断相似,狂热的橡胶树种植并没有减弱老挝阿卡对橡胶树种植美好未来的憧憬。在第二篇中,我谈到小农户橡胶种植是老挝农民在缩减的轮作面积和未来生计之间的权衡之计。第四篇探讨了通过社会互动和商品交易,在急速的市场化进程中,阿卡人明白了中国人是连接中国市场的重要联系人,而从某种程度上来讲,给阿卡带来生活改变的机会就是个人化关系和联系。在这一章里,我将分析阿卡人对于未来的梦想是怎么被这些个人化的机会和接触而进一步驱动的。

在不断升发的关于老挝人生计和生活的研究中,很多论据显示,当地人积极适应新介入的市场力量以及国家与公民关系的调整(Rigg 2005;High 2008;Barney 2009)。在承认发展和变迁所带来的一些负面影响的同时,这些研究者们提出,当地人并不用一种固守而不变的想法来设想未来,反而他们积极地进行回应并追求更好的生活。相似的,我的田野调查发现与这些观点相互呼应,在此基础上,我使用"本土化现代性"来概念化当地人的对于"好生活"的渴求。我所遇到的普通阿卡人用机遇和挑战来评论当地社会最近的变化,他们看到了低地的外资农业发展的积极一面,因为正是这些外来投资所带来的经济机会,使他们渡过了2003年罂粟铲除所带来的"去资本化"(de-capitalization)。有一个在被安置下山后失去田地的阿卡人说:"如果中国人不来芒新(投资)的话,我们早就饿死了。"普阿波,芒新的一个当地的阿卡政治精英对我这样评述近年来的变化:

> 老挝政府的能力有限,很多事情只能靠我们自己;西方式的发展项目(老挝语:Kronggan)太复杂了而弄不懂,他们开了很多会,但是实际做的很少。他们让我们种了很多东西但没有地方卖。不过他们给我们带来了水、蚊帐和药。如果你跟着中国人走,你会变得又聪明又有钱。

此番评论有力地反映了当地现实和生计变迁。如果现代化被理解为一系列向一个既定方向转型的技术的话,在之前的20年里,为了促成和达到一定程度的现代化,在老挝政府和国际援助组织的推动下,阿卡已经尝试了不同的发展模式。但是这些现代化尝试在阿卡看来却缺乏足够动力。

第一,作为西方发展和援助措施的被动接收者,阿卡已经接受过老挝政府旨在通过结构性措施和调整而实现从"前现代"到"现代"的跨越,以及西方发展机构可持续发展的实践。但是中国以经济增长为目标的务实发展和跨境市场渠道,对实现阿卡们的生计渴求起到重要作用。

第二,即便作为国家的老挝在百姓眼中并不是强大的,它仍然是老挝民众生活和解读生活的一个中心框架。老挝阿卡并没有把中国人看作纯粹的剥削者,他们反而认为老挝政府在实现现代化和发展方面能力很弱。

第三,通过用"跟着"这个词,这个阿卡男性在不否认中国人在老挝的重要性基础上,表明了与中国人的生意网络是通向财富的门道。老挝阿卡们认为中国人相对富有,并有较强的交际和沟通能力来对付那些在边境站或者其他场合肆意干预正当买卖的老挝官员们。而且老挝阿卡可以通过中国人而获取中国的市场渠道,或者进入到他们的商业网络里。一位没有受过正规教育的阿卡人把主要精力集中于买卖生意的同时,把他的孩子送到边境线另外一边的中国受教育,因为他说:"芒新未来的一切都会和中国有关。"

以上的评论性的叙述与一些现代性特定的概念紧密相连。伊恩·巴适考(Ian Bashkow 2006)在《白人的意义:厄若开瓦文化世界里的种族和现代性》一书里提出现代性存在于比较中,并和西方优越性和统治相联系。①于是现代性是一个"相对"的事物,即要通过比较才能得出什么是"现代的"。巴适考论述道,(西方)现代性在非西方情景下起作用的基础是存在于非西方社会的社会经济障碍与文化和种族鸿沟,由此(西方)现代性成为了解决非西方人所面临的问题的样板。然而这样的论点将非西方群体看作是现代性的后来者,仅仅是"白人"的仿效者。在老挝西北边疆,现代性有着一些特征:拥有一部手机,骑摩托,到城里打工,拥有砖/混凝土房,听泰国音乐,穿老族裹裙。这些都是老挝阿卡渴求的元素,但是并不是一定就与西方或者西方人有关。同样的,一些中国人通过种植橡胶而致富的道路可能给追求现代生活的老挝阿卡带来了启发,但是老挝阿卡所寻求的生活内容不一定就是中国式的。以萨林斯(1999)的"本土化现代性"(indigenized modernity)视角为出发,特纳、波恩和米肖(2015)观察到了当地人应对现代化的能动性。②他们对处于越南边疆的赫蒙族如何适应市场整合与民族国家建构进行了描述,在这些进程中越南边境的赫蒙在应对高山区日益发展的商业化以及现代化的同时,巧妙地保

① Bshkow, Ian. *The Meaning of Whiteman: Race and Modernity in the Orokaiva Culture World*, Chicago: Chicago University Press, 2006.

② Turner, Sarah, Christine Bonnin and Jean, *Michaud. Frontier Livelihoods: Hmong in the Sino-Vietnamese Borderlands*, Seattle, WA: University of Washington Press, 2015.

存了本文化里的很多因子,由此在自己的生活世界里实现了现代性的本土化。

同样的,老挝阿卡人把现代性表达为一种物质获取,在这里现代性与现代化混为一体,阿卡人有选择性地借用了一些能够帮助他们改变现状的特征与观念。例如,向往和效仿中国人的开拓精神(冒险精神和资本积累),学习一些中文日常用语;随着老族文化主导性不断增强,阿卡人同时也感到了一种矛盾的适应性,老族人的典型礼仪(说话轻柔,慢慢地吃饭等)成了老挝阿卡人所向往的个人转变;但是几乎所有阿卡人都说他们不可能像老族一样把糯米当作主食。①就如特纳、波恩与米肖所揭示的,实现人们所向往的"现代"的某种路径并不能使人们变成"一样"的人,而恰恰能让人和人区别开来。

同时阿卡对现代性的认识是感性和理性杂糅的,和官方语调不同,对于阿卡来说追求"现代"并不是与"过去"进行截然的分离,而是进行理性的比较和选择。我借用这个意义上的"本土化现代性"对所观察到和体会到的老挝阿卡对于当地社会变迁的感受进行概念化,同时可以看到处于多国交界的边民们对于现代化追求所呈现的多元特点。

一、阿卡的现代性

(一)现代化的困境

在炙热雨季的一个下午,一个德国学生(附属于GTZ)和我一起到嘎洒村去为她的渔业研究收集一些资料,对传统渔猎村落进行比较。村长的老婆告诉我们她丈夫去中国了,而且她也无法接受我们的采访。德国学生解释到她只是想大概了解一些关于村民怎么获取和分配村里的鱼类资源的信息。德国学生的问题包括从渔网以及网孔的大小、鱼类加工和

---

① 以糯米为主食是"老族特征"之一。参见[英]格兰特·埃文斯:《老挝史》,郭继光、刘刚、王莹译,东方出版中心,2016年。

保存方式到消费。将近30分钟过后,村长老婆看起来已经不耐烦了。德国学生接着强调了保存鱼的重要性,因为它保证村民可持续的蛋白质摄入。村长的老婆长长地叹了口气然后说道,通过盐渍或者烟熏对鱼进行保存,显然是一件好事,阿卡也用灶火烟熏的方式来保存鱼。但是每次亲戚来访,或者村子里有节庆,来访的亲戚和朋友都会把鱼吃光。

和许多其他GTZ引入到阿卡社会的项目一样,养鱼是一项支持可持续发展的项目:它针对水源地的保护和确保村民的蛋白质获取。但是当时的德国团队领导被他们眼中的阿卡的"无纪律性"弄得筋疲力尽。他说道:"如果人们的目光短浅而且缺乏社会责任感,只在意眼前的享受,难道他们不担心有一天会耗尽资源吗? 难道他们没有一项传统风俗能控制他们的行为吗?"对于过度渔猎,他建议每个村子都应该建立起监督机制和体系,为此每个村都应该指派一些人去对捕鱼的人进行监督和对试图使用破坏性措施(使用炸药)的人进行警告。当他征求我的意见时,我提醒他监督制度的计划可能行不通,因为芒新和芒龙的阿卡社会都是以亲属关系为基础的,换句话说,村民之间都是沾亲带故的。团队领导说:"就像过度渔猎一样,阿卡通过种橡胶将毁掉他们的生计系统。而且他们永远都不会做出改变。"在西方发展组织的眼中,被看作是"森林破坏者"或者"不遵循规则"的橡胶种植者的阿卡,不但是无法实现自我发展的人,而且他们经常偏离了西方发展组织长久以来已经为他们铺好的发展道路。在一阵沉默之后,团队领导问道:"为什么(老挝)阿卡那么听中国人的话? 我们是不是要雇用些中国人(中国阿卡)来指导他们(老挝阿卡)?"

老挝阿卡的"跟着中国人走"已经成为驻扎在老挝西北部的西方国际援助和发展机构的心病。他们认为由于中国的订单农业的迅猛发展而导致了很多集中在村子的发展项目无法实施。现代化与发展,同时也是从更"先进的"社会群体和地区汲取经验的一种过程(Pál Nyíri 2006)。在老挝北部,阿卡对旨在促进现代化和发展的项目并不陌生,如果将其理解成以既定方向为目标并促成改变的一系列控制技术,老挝阿卡已经经历了以发展为目标的不同路径,从1975年以来,对于罂粟种植的管控,减贫,扶贫,对人员的内部安置,以及人口的控制等。埃文斯(Grant Evans)在 Buddhism and Economic Action in Socialist Laos(《社会主义老挝的佛教与经济行动》)一文中谈到,老挝政府曾经试图用"社会主义新人"的意识形态来代替佛教在其社会中的结构性作用。同样,老挝政府也对信仰万物有灵的本国民族进行了对"封建迷信行为"的控制,但是收获甚微。与老挝政府极力推进的农业和土地商业化同步的是,国家也在强调农民在市场中的议价能力,其原理是如果农民们以集体的形式来组织生产和营销农产品的话,他们的议价能力就会提高。2009 年,老挝农业和森林部部长声明:

> 在农民身上投资非常重要。在农民身上投资意味着要保证农民们的土地所有权,他们的合同建立在公平基础上,保证他们获得信息的途径还有改善卫生、教育等服务的获得(引用自 Gebert,2010:iii)。

在一项由老挝农民与商业工作小组(Sub-Working Group on Farmers and Agribusiness,缩写为 SWGAB)委托的,德国专家瑞塔·戈伯特(Rita Gebert)的研究中,主要针对外国投资的"订单农业":种植材料、技术和市场都由外国投资者提供,农民只提供土地和劳动力。而随着这种农业投资形式在老挝的普及化,老挝政府担心长期以来这样的形式会极大地减弱农民们的议价能力。戈伯特认为在这种农业投资形式中的价值链的管理问题限制了老挝农民进行议价的可能性。然而她也对农民以集体的形式来进行议价能力的提升提出质疑,在研究中她提出:"农民们会自愿选择参加农民协会吗?"(Gebert 2010:iii)。这种以集体形式来组织生产方式似乎是政府的一厢情愿。从阿迪以上的评论看来,由于村民们都喜欢选择私人投资,他似乎不会在自己的村子里建立农民协会。

在我和德国学生走访嘎洒村的几天之后,在芒新的一家饭馆,我遇到了嘎洒村村长,阿迪。当我告诉阿迪我们走访他的村子的经过后,他说道:

养鱼？人们在饭都吃不饱的状况下养鱼有什么意思？让我们先种橡胶，然后在可以割胶的时候再谈养鱼好了。一旦有了钱，都没有必要自己养鱼。可以去市场里想买什么就买什么。一旦每个人都有了钱，就没有人去其他人家的锅里找鱼吃了！

阿迪的话中隐含着这样的意思：在老挝阿卡村里进行以集体为基础的项目是注定要失败的，从这个意义上来说，只有个人获益的经济形式才符合实际需要。阿迪将市场看作一种近似于魔术的前提下，发展经济将成为解决一切问题的途径。在市场经济这一原则下，以亲属原则为基础的传统物质分配方式、道德经济和义务逐渐发生改变。

（二）"榜样"与示范作用

普村（Ban Phu）是以普阿波来命名的，这个村是1986年从山区搬下山的。在其他老挝人和中国人的眼里，普阿波和普村都是老挝阿卡人和村子的模范，因为在普阿波的带领下这个村子首先和中国人开展了订单农业并从中致富，该村的儿童入学率几乎达到了100%，用当地人的话来说，普村不像一个"阿卡村"。

1949年以来，中国政府在不同时期都在强调"模式"和"榜样"来让民众遵循和学习。尽管随着社会发展，国家推崇的榜样标准不一，这些榜样都是起到了公众模仿的目的，并且向其追随者灌输了一种主观性，从而让这些人变得对国家有价值（Jeffreys and Edwards 2010）。随着中国个人和企业公司进入老挝（老挝语：borisat），这种"模式"和"榜样"的作用也被运用到农业推广中。而这种"模式"观念与斯科特对亚洲农民的观点相呼应。

斯科特在《弱者的武器：农民反抗的日常形式》一书中指出，由于常年的政治动荡，不定数的苛捐杂税和自然灾害，亚洲农民们需要一种已经验证过并且有效的模式进行农业生产创新（Scott 1985）。1998年，当中国人开始进行甘蔗种植的订单农业时，普阿波由于在阿卡人中的感召力和声

168

誉被中国投资者看作是进行农业宣传的理想人选。在普阿波的带领下，普村是老挝最先开始与中国人进行甘蔗订单农业的阿卡村，乃至在经济收入上变得富足起来。在我的采访中，投资人之一回忆当时他们和阿卡进行商谈时所遭遇的困难："你得证明（和中国人种甘蔗是能赚钱的），阿卡要看到实际效果。当时很难说服他们（签订种植合同），但是我能理解他们的处境。他们就像我们西双版纳的少数民族。要提高他们的市场经济意识是需要很长时间的。"普阿波对当时的实践和尝试做出了这样的解释："从山上搬下山后，我们没有太多选择。我认识的人大多也去过西双版纳亲戚家，从他们的口中和所看到的得到一些启发。与其穷下去没饭吃，我决定带领大家试一试。"

和其他只会说几个汉语单词的老挝阿卡不一样，普阿波的汉语（西双版纳的一种云南方言）非常流利而地道。在和他的交谈中他经常使用汉语中"银行""贷款"和"小额信贷"这些词汇，甚至有的时候我感觉在和一位中国的村主任交流。当我告诉他我的这种感受后，他笑了，并且告诉我他的汉语比他的母语老挝语要好得多。他在老挝没有受过多少学校教育，是在和中国人交往后他才变得聪明的。

对于普阿波来说，致富的道路有三条，而有两条路都必然和中国相关。第一条是"种"（阿卡语：kan），无论是已经被禁止的罂粟，还是订单农业下的甘蔗，都是低地阿卡生计策略的支柱；[1]或者种植西方发展组织引进的经济作物；或种植最近兴起的橡胶树。对于阿卡来说，想从种植旱谷中赚钱是不可能的，因为它只是一种最重要的果腹作物。就像其他老挝阿卡人家一样，普阿波都种过以上的作物，但是效果是不同的。

尽管普阿波家在罂粟种植合法的时期从种植罂粟和贩卖鸦片中积累了一些财富，而之后他们又买了一些水牛和黄牛，如今他坚定地认为鸦片是百害无益的。但是这种认识是普阿波和其他人交往过程中逐渐提升

---

① 关于鸦片在老挝阿卡中的社会作用，参见 Cohen, Paul T. Resettlement, Opium and Labour Dependence: Akha-Tai Relations in Northern Laos, *Development and Change*, vol.31, (2000), pp.179-200。

的。2008年,我和他第一次谈起这个问题时,他说:"如果你家里有一个人吸鸦片,你家人就不可能从种鸦片中挣到钱。因为在一般情况下,一家人一年出产的鸦片还不一定够一个上瘾者吸。总的来说,罂粟种植是会给没有上瘾者的家庭带来经济利益,但是只有小部分家庭才能获利。"2010年,当我再次走访普村的时候,恰逢云南西双版纳的一个进行关于金三角地区罂粟控制的摄制组来采访普阿波。摄制组的一个工作人员告诉我,老挝政府推荐了普阿波作为采访对象,因为他被看作老挝阿卡人当中的"抗击鸦片明星"。在老挝政府工作人员的陪同下,普阿波接受了关于铲除罂粟给普村带来的影响的采访。之后,他向我重述了这次采访。但是这次他着重强调了鸦片的危害性并且高度赞扬了中国的替代种植。在第二篇中我们讨论到铲除罂粟导致当地经济真空,同时给包括橡胶种植在内的中国农业投资创造了机会。对于西方发展组织在芒新县的村子推广一些经济作物(包括橡胶在内的木薯、芝麻、咖啡等经济作物)失败的原因,普阿波认为最主要的是这些机构不能解决一些实际的问题,特别是这些产品的营销问题。中国人能及时把出产的经济作物运到中国,但是这些西方国家离老挝太远了而不可能做到中国人的这一步。就像遥远的西方国家一样,西方项目和发展理念从根本上就是在很多阿卡人的理解范围之外。公平地说,普阿波承认西方发展中机构在改善阿卡的生活方面起到了一定的作用,然而中国人却给了阿卡一条实际可行的赚钱之路。

普阿波的第二条致富之道是"生意",就是让手中的钱变得更多。对他来说,种旱谷不是一种赚钱的有效方式,但是只有在家里存有充足粮食的情况下,一个人才能开始做生意。如现在很多阿卡所做的,山上的野生动物、木材和非木材树林产品(NTFPs)可以卖给中国人。但即便如此,不是所有的阿卡都能从中获得财富积累。在山区,一些阿卡把GTZ的小额信贷拿去买米,而不是用于投资。对此普阿波告诉我:"这些村民目光短浅而且不知道如何投资。更有甚者,有的人把赚来的钞票放在小罐子里,结果后来发现被虫吃掉。"和藏钱被虫子吃掉的人不同,普阿波还通过扩大经济规模来赚钱。他在清铿乡的山头上买了一些土地,并建了水牛和黄牛的一个小型牧场。传统上,老挝赫蒙和中国人(包括中国阿卡)会到老挝山区的阿卡村子里买这些牲畜。除了这个传统的市场需求外,普阿波还有新的考虑。由于很多村民为了种植橡胶而卖掉了牛羊等牲畜,从逻辑上来说未来对牲畜的需求会超过供给。鉴于这个原因,普阿波认为率先在山区规模化养殖将是一个非常好的做生意的机会。

第三条途径是打工(阿卡语:Ang mo mo)。很多年以来,阿卡都在傣泐的稻田里打工,最近几年他们开始在中国人的各种种植园里工作。傣泐季节性的打工机会给阿卡带来了生活来源的另一种选择。但是由于中国人的种植园一年四季都需要劳动力,所以他们提供的打工机会更稳定。然而与其终身打工,不如有自己的土地。普阿波凭借着他的威信动员了10户山上的人家迁到普村,接着到2009年为止,又有6户在他的允许下搬到村里。在普村的村边搭建了茅草房后,这16户人家等着从村里分配土地的机会。在此之前他们除了在坝子里找打工机会外,还在普阿波的旱谷地和橡胶园里打工。普阿波也会低价出售一点土地给这些家户,所以他们都认为普阿波是一个好心人。

(三)繁荣与和谐

在过去的一些历史阶段,缅甸阿卡人穿过湄公河到群山之间的老挝阿卡村子里避难。竹筏带着这些阿卡和他们的家畜漂流到湄公河另外一边的老挝阿卡村子,同时从动荡不安的缅甸带来了可怕的故事。和老挝阿卡对于老挝内战和一些对国家工作人员的恶劣行径的沉默相反,这些在缅甸这个国家的生活体验在老挝阿卡的村子里得以广泛传播,以至于阿卡把社会和谐理解为"没有战争"。还有部分在老挝政府部门工作的人,由于经常耳闻发生在泰国的暴乱,以至于认为只有像老挝、中国和越南这样的社会主义国家才能给人民带来和平与和谐。

阿卡从宇宙观的角度来解释繁荣。丰收被认为是村里关系融洽的象征和收到祖先庇荫的结果。而祖先被视为后代生产力的最终主宰者,来自于祖先的恩赐是通过对其在世时的孝敬获得和在其身后以各种祭献等方式创造社会和谐。繁荣也是自然和人类世界的平衡结果。例如，洒腊村里的人认为他们长达20多年的粮食短缺所得到的回报是村里没有任何先天残疾的孩子，这种观念映射了宇宙间能量恒定的自然观念。外村人不符合风俗的行为也会给村里带来灾祸——人类行为对平衡的干扰。比如在第一篇的一个例子：由于外村人到洒腊村里生了孩子，在接下来的几个月里这个村就有很多小孩子夭折。

　　一个现有和平和繁荣景象的参照在创造老挝边疆愿景的过程中起到了重要作用。对于中国是一个和谐和繁荣的国度的想象与一部分中国人不可靠的形象形成了鲜明的对比。而且，我的调查对象对中国人个体的印象不一定是愉快的。有的人这样评价道："他们（中国人）说话声音很大，有的人喝酒后就开始互相打架。"与中国人相比较，老挝阿卡更欣赏老挝社交礼仪中的行为举止和轻声细语。但是以上的这些对比引发了为什么个体平和的特质并没有给老挝这个国家带来繁荣的问题，为什么同样是阿卡，中国爱尼人能自由地通行于中国和老挝之间，而不是反过来的状况。在老挝阿卡来看，这是老挝政府的错误，因为政府只会从他们手里获取资源，而不是像中国政府一样"照顾"公民。

　　老挝政府从力图打造"社会主义新人"到重新确立和定义国家文化的过程中，少数民族逐渐感觉到他们扮演着"他者"的角色。老挝政府对山区以"同化"和"老族化"为标志的干预进程，在当地人个体上的影响是点滴和渐变的：穿本民族服饰的阿卡女性越来越少，新建房的人开始效仿老族建筑形式，学说老语，等等。国家化进程的提速，国家归属感的缺失，被强化的"他者"角色，以及对这种角色的无力感，这自然给跨境民族认同的增强留下了空间和机会。[1]在对于本民族高度认可的基础上以及相邻的中国爱尼人的生活水平不断提高的情况下，老挝阿卡开始认为本民族的

　　① Cohen, Paul T. Symbolic Dimensions of the Anti-Opium Campaign in Laos, *The Australian Journal of Anthropology*, vol.24(2013), pp.177-92, 以及 Cohen, Paul T. and Lyttleton Chris. Opium-reduction programmes: discourses of addiction and gender in Northwest Laos, *Sojourn: Journal of Social Issues in Southeast Asia*, vol.17, No.1(2002), pp.1-23.

经济、政治劣势不是文化(阿卡)所决定的,而是不同社会机制所赋予的机会决定了同一民族的不同命运。在这一点上,无论男女,阿卡人在与更广阔的社会的互动中也催生出了自我想象的新话语,以及对阿卡原生社会本身所不能承载的生活的渴望。这些矛盾的国家和个人特质凸显了边界的生计竞争模式的混乱,同时也展示了个体对灵活适应外部环境和结构的需要。

图5-2 "粮食保障特别项目与南南合作":从村民家里的墙面上贴的宣传画可以看出村民们所接受的国外援助项目(2008年10月摄于南塔区的一个阿卡村)

(四)流动与现代性

米尔斯(Mills1997;1999a;1999b)和惠特克(Whittaker 2000)指出在泰国乡村,当地人认为迁徙和流动到大城市也是获得"现代性"要素的过程。他们对现代性的认识也通常表现在个人的转变方面(穿衣风格和说话等身体上的改变),采用新的烹饪方法、新的说话方式和社交形式被看作是一种有价值的、导向现代性的个体转变。流动到更大的地方和城市构成了应对"现代"的过程,对"现代性"的体验就这样以内外部特征改变的形式呈现。从这个意义上来说现代性或许是身体上的一种体验,或许也是经验性的(experimental)。同样,对老挝阿卡村民的观察可以确定这个论点的有效性。

在阿卡看来，长期或者短期的流动，等于见世面，是一个吸收外部信息从而改变自我的过程。当阿叶从中国回到老挝以后，村民们认为她变得更有策略，更具有智慧。村民们把阿叶的汉语能力、驾驶摩托车(老挝阿卡人中鲜有女性自己驾驶摩托车的例子)、掌握橡胶树种植技术都归结于她的跨境流动。离开山里，走出村子去赶集或者跨境体验，也是获得新认识的机会。搬迁至低地的阿卡，无论境况如何，他们都不否认在一个更为开阔的社会空间所获得的见识。就阿卡女性的经历来说，使用香水、化妆品(增白霜、口红)、卫生巾等产品，从身体上是一种改变，这也构成了阿卡女性对于现代性的特别体验。

对于老挝阿卡来说，中国人成功的原因源于他们的流动性。中国人所具有的能力主要反映在两个方面：他们四处游历的能力，还有与不同的人进行交流的本领，这些特质让他们在异国他乡做生意，让他们能和老挝官员坐在一起吃饭谈生意。普阿波不否认阿卡也勇于进深山老林捕猎野猪、野兔、野鹿等，但是他们大多数都不敢离开自己相对局限的地理和社会空间，即缺乏一种四处游历的精神和能力。在老挝还没有禁止罂粟种植和鸦片贩卖前，一些村民会偷偷地抄山路到西双版纳进行售卖，然后用赚到的钱买些火柴、盐巴和其他日用品回来，之后再卖给需要的村民。而由于这些人能走出山村和外人进行交易，从而被看作是有见识和明智的人。在这个意义上来说，与跨文化与跨境世界的接触是一种资源，如果能正确利用，阿卡认为就能产生积极的改变。

二、中国人的作用

你是个懂得很多的成年人，就像中国人一样，
炎热的好季节已经到来，天上有着令人愉悦的阳光，
中国人无止境地从路上成排地走来，
穿着绿衣的中国人来了，群山从此不空寂，

他们金银无数以至马匹跌倒，

我是如此贫困，而别人不愿施舍我……

想着她在骡日出嫁，

那时正是中国人在第三个月(用骡)扛着盐巴来，

她忘记了(要准备她的婚礼)……

想着她要在马日出嫁，

看着中国人(用马)运着棉花，她(也会)忘记掉

(阿卡口述文本，引自汉森 1997:147)

这个文本用质朴的语言表现了山地民族阿卡对中国马帮的财富的仰慕。基于这些泰国阿卡的口述记录，汉森(1997)总结到对于泰国的阿卡来说，中国人具备富有与精明的特征。汪格索(1997)也发现："(泰国)阿卡之所以羡慕中国人是因为他们的智慧……阿卡也愿意和中国人做生意，因为他们比较直率而且保持承诺，所以在边境地区，很多阿卡选择说汉语而不是泰语。阿卡对中国人有亲近感，特别是阿卡处于社会和经济边缘化的情况下；一些阿卡头人认为他们能和中国人在(相对)平等的基础上进行交易。"(1997:4)在老挝，人们对于中国人在个人方面的评判比较模棱两可，并根据具体的交往情景做具体评判。在一些情况下，老挝阿卡贬低一些行为粗鲁的中国人，认为他们与平地老族轻柔的说话方式、注重礼节和性情柔和的特质截然相反。有些矛盾的是，阿卡也非常欣赏中国人的率直、不拘小节和行动力，对此他们评论道："中国人不跟你开玩笑的。"总的来说，在大部分情况下，他们称赞中国人优越的价值，并赋予一些令人渴望的有知识、开创精神和慷慨大方等品质。

"你知道作为一个(老挝)阿卡的意思是什么吗?"一天，我和卜江，一个村里的阿卡小伙一起爬到了山顶俯瞰依偎在群山之中的村子。看着村民们的房顶，卜江突然冒出了上面的那个问题。他自问自答并有些调侃

175

道:"阿卡就是'种'①的民族。我们只知道种洋烟和旱谷。大部分时间我们都在种,在收获季节我们背着谷子上山下山,但还是粮食不够吃。然后当(我们)死了后,就被埋在(我们)曾经种过的土地里,然后一点点地消失。一辈人接着一辈人都是这样。"卜江把阿卡人的生活看作是受制于永恒的"惰性"和"落后的乡村",突出了自己民族的"缺乏"和"不足"。

作为半自给自足的农民,老挝阿卡的自我认同主要与生计和土地联系起来。与土地分离的生活是很难想象的。即便在国家规划的低地迁徙安置中,老挝阿卡也是在寻求一点土地来种植经济作物。有些年长的阿卡对于年轻一辈离开土地去外地去寻找打工机会感到不可理喻。一个老人认为:"一辈子靠打工生活就像在一块稻米产出越来越少的土地上耕作一样。我很理解他们(为什么要离开家乡去外面打工),但是怎么可能天天有打工机会呢?打工就像去捕鱼,在好的日子里,你的竹篓里会装得满满的回来,有的时候你就是什么也没有拿到。"就这样,老挝阿卡的传统文化根植于传统土地经济依赖的现实里。作为以自给自足为导向的农民,土地首先就意味着生活的来源。大多数的老挝阿卡在每年的稻作周期末(11月份收获)开始农田外的活动,然后在来年的稻作周期(1月)开始农田劳作。在他们看来,如果离开土地就没有粮食吃,那些离开土地很长时间的人,一定是在家里存有了很多的粮食,或者手头一定有很多钱。我经常被老挝阿卡问到,为什么中国人不种任何作物也有钱花,还能到老挝待着?

中国人在芒新和芒龙花钱购买东西的景象,让一些刚刚进入现金经济交易的阿卡产生了中国人不用干体力活,只做买卖的错觉。中国人的礼节性馈赠小礼物也被一些阿卡看作是炫富的表现。这种中国人只靠做生意来生活的想法,被从丰沙里搬迁到芒新县早市里做蔬菜和干货买卖的汉家和来自中国做小生意的新移民强化了。但是,阿卡也开始意识到由于他们对中国的了解只是来自于他们周围的中国人,所以对于中国的

---

① 这里卜江取了Akha和阿卡语中"种植"的谐音。

认识还比较局限。尽管如此,他们认为越是在中国更远的地方,生活就更好更现代;除了做生意来赚钱外,橡胶树种植业提供了中国人财富之谜的解释。我经常被老挝阿卡问道我们家人是否也种橡胶树,或者是否所有中国人都靠种植橡胶树来生活。甚至一些得知我在西方国家生活过的阿卡,也会问我是否西方国家也种橡胶树。

随着以自给自足为导向的阿卡越来越依赖于经济作物生产,加上老挝阿卡个人化了市场机会,所以无论过去还是现在,中国人在他们生活里的出现和存在确实非常重要。老挝经济总体上是以农业为导向的(Bourdet 2000)。由于老挝国内市场狭小,其农业产品非常依赖中国市场的需求,由此再加上贸易壁垒,就为中国人建立了一种不平衡的优势。对于老挝小农户种植者来说,中国投资者有钱有能力来与边境检查站的老挝官员进行"协调",然后让他们的产品进入更为广阔的供应链。就像普阿波所说的:"我们(老挝阿卡)没有办法把产品运到中国,只有中国人可以。"至此,直到普阿波这句话才让我真正明白中国人对老挝阿卡的作用。

三、通往现代的道路

在《日常生活批判》中,列斐伏尔(Lefebvre)提供了一个日常琐事与更广阔的经济、社会和文化背景联系起来的例子。

由此,一个最简单的事件,例如一名妇女购买一磅糖也必须进行分析。知识会捕捉任何隐藏其中的东西。为了了解这一简单的事件,仅仅进行描述是不够的。研究将揭示理由和原因纠结一起的本质与"范围":这个妇女的生活、经历、工作、家庭、阶级,她的预算、饮食习惯,她怎样开支,她的观点和想法,市场的状态等。最后,我将会理解整个资本主义社会、国家和历史的全部。虽然我所掌握的会变得越来越深入,但是它是从小事件开始并包括在其中。所以我从日常生活中不起眼的事件里看到两面:微小,个人,偶然事件——同时是纷繁无限的社会事件,比其蕴含的许多"本质"还要丰富。(Lefebvre

1991:57)

在此，我们可以借用列斐伏尔从"以小见大"角度的对"日常性"(ev-erydayness)的剖析，从而对现代性进行问题化。董·麦德林·月和戈德斯坦认为："日常既是物质化的空间又是概念性的范畴，从而能够推动对现代性更具有批判性的研究。"(2006:6)他们所运用的平凡的"日常"，提示了现代化不但不是一个顺利的过程，而且必然是一个矛盾的尚未完成的过程。同时，这种对平凡琐事的关注可以洞悉到权力与阶层之间的关系。另外在此所揭示的"日常性"与杰克逊(2007)在《远足》中的一个观点相呼应：探究事情发生的原因，也许最终没有理解人们如何面对眼前的困境那么重要。①在一次和阿卡公务员阿四的交谈中，他说道：

> 几乎每天我都在想着挣钱的法子，这真让我头疼、发疯而睡不着觉。我看在老挝种橡胶(而赚钱)是没有任何问题的。在西双版纳的(中国)人过得非常快活。他们开着好车，在食馆里吃饭，然后去KTV唱歌。看看我，我一只脚在办公室，另外一只脚在地里。我曾经参加了保家卫国的战争，现在我是公务员，但是我在下班后还要去田里干活。

阿四所描述的只不过是中国城市生活的一个平常掠影。对于在中国长大的我来说很清楚两个国家生活水平的差距，我也很清楚进一步的比较会激发阿四的焦虑，所以我心里虽然不同意他所说的，但还是礼节性地点点头。他接着说："我听说在中国，那些打仗后活着的退伍老兵享有国家英雄的荣誉，而且可以领取薪水并配给好房子。在老挝，我甚至去食馆里吃一顿饭的钱都没有。"我试图去安慰阿四，同时也试图把我们的谈话变得更深入："但是，你的生活也不差……你还有房子和车子。很多中国

---

① Jackson, M., *Excursions*, Durham: Duke University Press, 2007.

人都只能住在很小的单元房里而你却拥有宽敞的房子。你还要什么？"阿四坚持认为即使中国人的住房更小，但是他们拥有的东西比老挝人多。

在没有进一步说明差异的情况下，他接着说："如果在划定中老国界的时候，边境线再往老挝这边划一点的话，芒新会成为中国的一部分，而我也会是个中国人而不是老挝人了。"看到他对中国人的生活有那么大的错位性思考，我对他的劝解也是毫无作用的。就在这时，他突然降低声音，看着我，呲牙一笑，说道："我可以算是在芒新最先种橡胶的人之一了，明年就可以开割（橡胶树）了。"我对阿四的言论有保留余地，因为他有喜欢夸大其词的倾向。他又接着幻想："中国是个物质生活丰富的国家，等我的橡胶开割了，我会在老挝、越南和中国三个国家各买一套房子和一辆车子。"之后，他转头看着我，眼神里充满了愉悦。

在近期的全球化研究中，"想象"（imagination）成为一个社会分析的要素（Appdurai 1996；Neferti Tadiar 2004；Jackson 2008）。阿帕杜莱认为想象从属于一种社会实践的（文化）组织化领域，各种能动性的根源，而这种想象是伴随着全球化的信息流通和电子媒体应运而生的。在安德森"想象的共同体"的论点的基础上，娜菲媞·塔迪阿则把"想象"看作是政治经济的中心元素。塔迪阿论述道，形式不一的想象不仅是民族国家的，而且是民族国家内部的，经济生产中心的一种"设想"（imagination）。对于塔迪阿来说，全球化和现代化充任了"幻想制造"（fantasy production）的角色，通过这种"幻想制造"，民族国家进行自我重塑，以便于参与全球秩序。①与上述结构性角度相对应，杰克逊论述道，社会想象（social imagination）既不是完全地基于特定的社会文化条件，又不受与世界和其他人相对的自我概念牵制（Michael D.Jackson 2008）。想象，可能是不成熟的，模糊的和不稳定的，通常不符合世间常态，或者超出一个人能力所及范围。

---

① 塔迪阿声称"幻想制造"指代了一个虚构的资本积累和普遍价值表达的机制，在其支配下资本主义国家各自或者集体地进行重新在"自由世界的体系"（2004:6）中自我组织。具体参见 Tadiar, N. X., *Fantasy-production: sexual economies and other Philippine consequences for the new world order*, Hongkong: Hongkong University Press, 2004。

毋庸置疑的是,全球化以及在千禧年到来之际产生的技术革新确实改变了我们日常生活的方方面面,这使得想象以一种新的作用形式影响着社会生活。然而阿帕杜莱论点的缺陷在于,将想象看作是全球化的全新产物——一种近乎绝对的现代主义者的无历史态度。从塔迪阿的视角出发,我们可以看到老挝这一国家的现代化想象通过一系列的具体措施在改变着地理和社会景观,同时试图在民众中灌输一种新的公民及国家意识。综合以上结构性(政治经济)和非结构性(超越政治经济的个体)对作为社会实践的想象概念分析,所得到的启发是:一方面,作为一种新的组织方式,全球化和民族国家的张力改变着想象的能动性(既促进又限制社会想象)——橡胶树的跨境拓展所代表的更为深入的经济互通、跨境市场关系以及市场经济。从另外一个方面来讲,在新的外部条件下(社会风险所带来的不确定性),个体想象成为一种既立足于现实又脱离现实的日常生存策略。阿四同时也沉溺于自己想象中的权力和权威中。对于我,和他近距离接触了一段时间的人来说,他的妄想已经吞噬了他的理性。有几次我从一些人那里听说,阿四会闯入中国人的饭局,然后用各种借口和他们交谈,并炫耀自己并不存在的政治权力。阿四一开始在一些中国小生意人身上试验时有些成效。小金是一个中国墨江的哈尼族人,但是后来通过改变国籍变成老挝公民。在他早些年来到老挝的时候,阿四曾经让小金误以为自己在老挝当地有很大的权力来帮助小金发展生意。随着时间的推移,小金发现阿四频频光顾自己的卡拉OK店,只消费不付账。凭着在老挝生活和谋生长达15年的经验,小金总结道:"其实老挝人也在慢慢地消耗中国人的财力和物力。现在老挝人知道中国人想从老挝得到的就是土地,而且老挝人的筹码也就是土地。所以他们会慢慢地压榨中国人。"小金的言语中牢骚不断,而且强调着中国人的牺牲和在老挝遭遇的挫折。

　　与在非洲的中国援助和投资的高度曝光相比较,老挝人对于中国不断增长的影响力的话语还没有得到足够揭示和充分讨论。总的来说,老挝人对于中国的经济影响所产生的焦虑是存在的,但是他们的反应往往受依靠外来经济开发和发展的需求而牵制。就像迈克·杰克逊(2007)笔下居住在伦敦的塞拉利昂移民,作为一种生存策略,他们运用积极的想象来应对在伦敦每一天的现实经历,同样作为橡胶树种植新手的老挝阿卡用他们的橡胶梦来平衡每天所面临的焦虑。有的人把种橡胶树比喻成把钱存在银行里,及时种下摇钱树。有的希望以后割胶的钱能送孩子到中国上学。这样一来,他们把现在作为赌注,赌一个未知的橡胶树种植未来。他们把未知的未来放在了遥远的地方,就像移民一样,追寻着一种暂时性牺牲的逻辑。即便在橡胶成熟即可以割胶前,有些阿卡就想象着橡胶树种植提供了一些和罂粟种植相似的好处:割开罂粟荚就像割橡胶树干一样;比起旱谷种植,罂粟和橡胶种植不需要很多劳动力投入,而在下一轮的割胶开始之前可以待在家里。

在阿四的积极支持下,开创公司留下的8000棵橡胶树在洒腊村重新分配。阿叶分到了其中的1000棵。但是听到这个消息,她变得歇斯底里。阿四称老挝政府并没有提供给驻扎在清铿乡的政府驻基层人员足够的日常支持,凭借着这条理由他已经在阿叶家吃住多年。在阿叶看来,阿四不但没有心存感激,还把大部分树都分给了村民,而这些村民中的一半人在当时是不愿意和开创公司合作而且还想方设法阻碍公司的运行。阿叶说道:"在这个村子里没有人值得拿到一棵橡胶树!"在之后的很长时间里,阿叶都陷入了非常糟糕的状态中。这可能因为她寄予橡胶树的意义太多:她对家人、中国男朋友的感情,试图把困难和起起落落变成幸福的期望,都以她所认为的背叛和失望而告终。

对于森林来说,橡胶树是一种残忍的植物:它能吸干水分而且破坏生物多样性。对于橡胶树种植者来说,比如老挝阿卡小农户种植者,橡胶树代表着一种新的开始,是对他们日常生活和经济差异进行定义的参数。在山区,橡胶树种植的欲望已经导致了剧烈的村民间和村子之间的土地抢夺,而这种土地争夺在橡胶种植兴起之前只发生在获取肥沃的水田的情况下。在橡胶树已经开始开割的曼卡村,已经拥有300亩(大约20公顷)的橡胶树的前村长继续扩大他的种植面积,他甚至把村里人的生活区域用铁丝围起来后，试图在空地里培育胶苗。由于这样的做法违背了阿卡的传统信仰对空间布局的规定，村里的老人们就站出来反对。然而他却放话将以杀人来威胁任何有异议的人。而且作为4500棵橡胶树的主人，他认为他能打赢任何官司。

　　同样在曼卡村，将近45%的村民把土地"卖"给了他们的中国"朋友"。村里的一个老人对这样状况叹息道："只要有土地，汉族也会变成亲戚。"在2009年底，曼卡的一个村民邀请我去参加他堂妹的婚礼。当我跨入村子的时候就发现到处都是中国牌照的车辆。婚礼按照传统的阿卡习俗进行，但是宴席却分为两个区域：村里被邀请的人就在屋子内，而中国人却被安排在屋外空地上，这个区域的桌椅都是新的，而且有一个遮阳大伞为客人遮阳。更让人感到吃惊的是，尽管是同村人，但是只有1/3的村民受到邀请。这种颇有等级之分的坐席安排与老挝腹地山区的阿卡村子不同：在山区通常是新郎家杀一头猪让全村的人分享，大家在一起吃饭。我从村民那里得知，由于新娘家比较富足，所以不同意新娘嫁给来自贫困家庭的新郎。当新娘家里人发现她嫁给他的决心已定，她家里人决定要准备一个隆重的婚礼来避免下嫁的尴尬。由于新娘家认识很多边境线另外一边的中国人，他们决定把客人分别安排在不同的区域。看到我的疑惑，一位村民解释道："如果请到了中国人，招待就不能太差，因为中国人都给结婚礼金，而且最少是50元人民币。除了中国人或者在中国居住过的人，其他村里人是不会给钱的。新娘家的人也不愿意把钱浪费在村里人身上。即使那几个割胶有了点钱的人也不会给钱，因为他们不知道中国的方式。所以他们就不被邀请了，不然新娘家就要在那些'又穷又小气'的人身上费钱了。"

　　尽管十年的时光已经消逝，自从被遣返的8户人家返回到曼卡村第一天起和村民积下的怨恨就持续酝酿着。这些遣返的村民时常回忆起他们几家人是怎么被拦在村外，以及后来其他村民是如何阻止他们8户人家种橡胶树的。如在上述流动与现代性的关系中所讨论的个人特质的转变一样，曾经在中国以难民身份居留多年的阿卡人，认为他们在中国的生活和经历是积极的,因为在中国长大的孩子都受过教育而且能讲流利的汉语。而这些技能和见识让他们发展得更好更快。回想起他们刚刚在曼卡村落脚的时候,他这样说道:"牛屎到处都是。我们这些小孩子由于不适应那种环境,天天都发烧生病。即便与中国就是几里路的距离,但是区别就像天堂和地狱一样。"但是从2000年以来,从橡胶树上收获的利润最终减轻了他们之前所遭受的痛苦。现在他们每户人家拥有的土地远远比在中国居留期间要多。在这8户人家从橡胶树种植中获益后,其他村民也跟风开始种起来。"他们能模仿形式(种橡胶树),但是他们永远学不到核心(生计计划的方式)。我们几家卖掉部分胶地是因为我们的种植面积太大不好维护,而这些村民却不一样,他们卖掉所有的地而仅仅靠现金生活。"对于村里人和中国人的土地交易,中国遣返回来的村民坚持认为自己有着更优越的思维,所以他们总是能超过其他村民。

转到本篇的开始,我将继续和阿育的对话。阿育观察到,随着日益增长的中国人拥入老挝山区,森林里的树变得越来越少了。但是对于他和村民们来说,好处就是他们再也不会在森林里遇到那么多"鬼"了(阿卡语:nèq)。在《希望的悖论》一书里,谢丽尔·马丁利(Cheryl Mattingly)提示到结构性条件对于我们的"社会实践和主观自我的日常经验"(2010:218)相当关键,但是我们也可以从不被桎梏的、朝着创造希望而努力的另外一种方式来思考。马丁利的民族志研究里描述了非裔美国人家庭照顾患有严重和慢性疾病孩子的案例。马丁利捕捉到了这些家长如何珍惜任何可能性来抓住自己孩子的存活机会,以及如何在强大的政治和种族分歧中培养起凝聚力以创造希望。她写道:"现实应该被呈现为可能性的空间,而不仅仅是因禁的空间或者一种结构性再生产。"(2010:39)

随着以市场为基础的经济发展对老挝阿卡生活的影响,阿卡自己深切地感觉到作为边缘人群的地位。这种体验的核心是他们并不具备生计活动中议价的优势。在老挝阿卡村子里也出现过一些零星的抵抗和抵触,最主要的是由于阿卡村民已经适应了各种剧烈的改变,所以他们采取了一种有些被动但是泰然处之的态度。然而他们把这些在自己身边发生的变化解读为与新的景象相遇,从而迎接变化,而不是被这些变化所束缚。阿育告诉我,不断攀升的橡胶种植确实减少了轮作的面积,但是总体来说他很欣慰,他比几乎没有出过山的祖辈看到了更多的东西。生活本身就是想象的建构,而且被梦想和希望所浸润。但是在拥抱改变生活机会的过程中需要保持强劲的想象力,并依靠自嘲、玩笑、妄想和幻想来与现实生活的残酷相抗争,这些具体的心理实践表明一种向往和想象的个人主动性。阿育说只要看到穿过湄公河的船只和货物就让他满足了,他也确信由于他的村子离中国很近,这将必然会实现他的橡胶梦。当然,在老挝西北部这样想象的不止阿育一个人。

结语　边疆积累和机会实践

在论著中，以老挝西北部的橡胶种植热潮为棱角，我使用了"边疆"和"现代性"作为核心概念，对老挝西北部的阿卡所面临的一系列社会、经济和政治变迁进行分析。我将情感层面纳入到橡胶热分析，这避免了传统经济学认知中对于商品生产和流通中的动态和非线性层面的忽略。我探寻了老挝西北部所孕育的橡胶种植的热潮背景，以及老挝阿卡从以自给自足为主导向商品生产转变的路径。对此我提出这些转型与老挝这个国家的疆域化进程，特别是与遏制罂粟种植的政策制定和实施密切相关。

我在王爱华（2006a）的概念——"自由的实践"的基础上使用"机会实践"来解释当代的全球化，区域经济整合和以内部疆域化为基础的国家治理如何给公民创造了实践机会，以及老挝阿卡们如何抓住、使用和理解这些机会。对此，我描述了在老挝国家与公民之间财产关系的调整过程中，老挝阿卡是如何利用此机会并转向橡胶树这种具有较大收益潜力的经济作物种植。相应的，我强调了老挝阿卡极力建立跨境市场关系的欲望，然而这些市场关系是高度个人化的，阿卡村民在诉诸策略性行动的同时，也尝试着调整自己的社会定位。阿卡对现代化生活的憧憬实际上是由这些个人化机会所推动的，而这个层面对于我们理解老挝阿卡的社会变迁是非常关键的。论著中最为核心的论点是商品生产（橡胶树）以及其扩张同样也由很多非经济因素所驱动。从罗安清的边疆与市场经济生产模式的视角出发，我展示了人际关系促进了老挝西北部的橡胶树种植发展，我们也看到在边疆的社会空间所萌发的市场关系作用下，阿卡内部产生了操纵、协商、合作以及反抗等异质性景象。

对随着橡胶树种植而来的生计变迁进行回顾,我将在本结论中重访两个主题:边疆与现代性,这些主题是相互关联,互相支撑,并说明了市场扩张所伴随的具有生产性、然而非明确的力量,在当地社会空间中所催生的特殊的实践和体验。在本研究中,这个当地社会空间是芒新和芒龙。讨论的核心是当地人如何应对外商投资和跨境投资者和工人,以及不断扩大的社会分层所展现出的适应性和韧性,这样的讨论避免了"外来者与当地人对立"的简化分析,也阻碍了在实践层面的人类能动性的复杂景象。约瑟·桑塔松巴(Santasombat 2008:159)写道:"资源管理总是多层面的。"在此基础上我提出,在以往老挝社会变迁议题的研究中常常被忽视的是情感关系在物质性变迁和现代化进程中的层面。对巴尼、罗安清和纪若诚的边疆概念进行拓展,我提出人际间关系和互动是理解老挝西北部边疆这一社会空间的关键。其中,边疆不仅是积累的空间,同时也是社会资源动员和愿景化的努力形成的空间。

老挝的一些相关研究关注处于经济转型时期中的个体对"存在"(being)反思的现象。在奔舍那(2006)的例子里,个体存在与民族国家的构建过程中的民族主义息息相关,她论述到,非老族人在老族和老挝少数民族的文化场域里选择,其结果是一种"存在的双重性"(2006:192)。奔舍那的讨论集中在老挝城市,研究对象是受国家意识影响的城市居民。在本文讨论中,对远离政权中心的山区少数民族的"存在"的讨论,则侧重于经济结构转型和现代性意识这一进程紧密相连的"自我塑造"过程,一种随着整个社会变得越来越多元化的形式下做出的个体塑造与选择。为此,我也论述了"自我塑造"的这一边疆进程影响了阿卡对于变化中的地景和社会经济景象的体验。面对国家疆域化所带来的空间挤对与蜂拥而至的外来商品、技术、人员和信息,老挝阿卡从个体和群体层面感受到了一种越发明显的边缘化体验(市场参与能力、商品经济意识和民族身份认同),并在经济区域化和国家化并行的进程中挣扎。一方面,阿卡的国家意识,即国家这一框架在解读日常生活和生计中的重要性的提高,另一方面,以社会互动为基础的边疆空间生产机制,有时候产生了无法预计的后果。土地政策与实施之间的空隙给了老挝阿卡人进行经济实践的机会,在"佐米亚"意识与投机逻辑相结合下,老挝阿卡人卷入到了全球商品生产链中。

在老挝西北部边疆,现代化与现代性混合在一起,成为边疆个体的想象来源,并激发老挝阿卡参与到边疆资源的商业化当中。但是,当这种愿景植入人心的同时,在现存的社会经济基础上的差异不断扩大,甚至成为亲密排斥的来源。以人际关系为基础的跨境投资商业精神(entrepreneurship)很大程度上涉及冒险和实验性的努力,在老挝西北部,这却是国家疆域化和市场化下村民们的尝试性选择所造成的结果。在边疆的物质化进程中,老挝阿卡期许着一种变革(transformation)和被识别的自我,我论述到这种自我认知是构架于结构性障碍之上的:市场渠道的获取,市场信息和知识。这种认知激发了阿卡的市场冒险精神,同时也促成了其对本族和自我的边缘化意识。

附　录

一、词汇表

集体化	collcctivisation
疏离	distance
全球家园	global ecumene
国界	international border
杂合	hybridity
家户自主性	household autonomy
少数民族化	minoritisation
少数民族	ethnic minority
生境	niches
选择性文化保存	Selective Cultural Preservation
现代性	modernity
安置	resettlement
使用权	usufructory right
乡	Khet/Tasseng
村	Ban/Baan
森林与土地的区分	baeng din baeng paa
土地与森林分配政策	mop din mop paa

二、阿卡语词汇

阿卡赞	Akhazan	阿卡习俗或者生活方式仪式
最玛	Doema	建立村子的人或者是其子嗣,也由他启动年度农业周期的每一阶段和每年的建寨门典礼
罢技	Baji	Baji是铁匠,他被认为是有知识的人因为他会制造工具还有擅长建筑
批玛	Pima	批玛能背诵阿卡历史和传统条例
波玛	Boemawa	波玛比批玛资历较浅,是神灵的媒介

尼玛	Nyipa	在生病的情况下，人们往往会去咨询尼玛
人	tshÓhà	与自然界的生物和动物相对
哩	nèq	鬼魂

三、专有名词

A

ADB	Asian Development Bank	亚洲发展银行
ACF	Action Contre la Faim	反饥饿行动组织
ASEAN	Association of Southeast Asian Nations	东南亚国家联盟

C

CCP	Chinese Communist Party	中国共产党

D

DAFO	District Agriculture and Forestry Office	县农业和林业局
DPCO	District Planning and Cooperation Office	县规划与合作局
DPI	Department of Planning and Investment	投资计划厅

E

ESF	Écoles Sans Frontières	无国界学校
EU	European Union	欧洲联盟

F—Z

FDI	Foreign Direct Investment	外国直接投资
GMS	Greater Mekong Sub-region	大湄公河次区域
GoL	Government of Laos	老挝政府
GTZ	German Technical Cooperation	德意志技术合作
INGOs	International Non-Government Organisation	国际非政府组织
IMF	International Monetary Fund	国际货币基金组织
Lao PDR	Lao People's Democratic Republic	老挝人民民主共和国
LCDC	Lao National Commission for Drug Control and Supervision	老挝国家毒品控制和监督委员会
LFA(P)	Land and Forest Allocation(Policy)	土地与森林分配(政策)
NCA	Norwegian Church Aid	挪威教会援助
NEM	New Economic Mechanism	革新开放
NGO	Non-Government Organisation	非政府组织

NTFPs	Non-timber Forests Products	非木材林产品
ODA	Official Development Assistance	官方发展援助
PAD	Poppy Alternative Development	罂粟替代发展
PAFO	Provincial Agriculture and Forestry Office	农业与林业办公厅
PLA	People's Liberation Army	人民解放军
PRC	People's Republic of China	中华人民共和国
RDMA	Integrated Rural Development Mountainous Areas of Northern Lao PDR	老挝山区一体化农村发展
RLG	Royal Lao Government	老挝皇家政府
RTG	Royal Thai Government	泰国皇家政府
SEZ	Special Economic Zone	经济特区
TLUCs	Temporary Land Use Certificates	临时用地证
UNDCP	United Nations Drug Control Programme	联合国禁毒署
UNFDAC	United Nations for Drug Abuse Control	联合国管制药物滥用基金会
UNODC	United Nations Office on Drugs and Crime	联合国毒品和犯罪问题办公室
ZOA	Refugee Care Netherlands	荷兰难民救助

四、地名、老挝少数民族英译

万象	Vientiane
波乔	Bokeo
琅南塔	Luang Namtha
芒新	Muang Sing（Muong Singh）
芒龙	Muang Long
清锉	Chiang Kaeng
阿卡	Akha
达	Doi
汉家	Haw；Ho；Yunnanese Chinese
赫蒙（苗族）	Hmong
拉祜	Kui
倮倮	Lolo
普溑	Phounoi, Phounoy
慕梭	Muser
掸人	Shan
傣泐	Tai Lue

泰朗姆(黑泰)	Tai Dam
泰讷	Tai Nua
白泰	Tai Khao
红泰	Tai Daeng
克木人	Khum
蓝靛人	Lantan
瑶族	Yao，Mien

参考文献

一、中文文献

1.[英]安东尼·吉登斯:《全球时代的民族国家》,郭忠华、何莉君译,《中山大学学报(社会科学版)》2008年第1期。

2.代兵:《论巴特寮的源起及其与越南党的关系》,《东南亚之窗》2013年第1期。

3.[英]丹·乔·艾·霍尔:《东南亚史(古代部分)》,赵嘉文译注,张家麟校订,云南历史研究所,1979年。

4.翟学伟:《中国人的脸面观》,台湾桂冠图书有限公司,1995年。

5.丁则民:《美国的"自由土地"与特纳的边疆学说》,《吉林师大学报》1978年第3期。

6.[英]格兰特·埃文斯:《老挝史》,郭继光、刘刚、王莹译,东方出版中心,2016年。

7.华南热带作物学院编:《橡胶栽培学》,农业出版社,1989年。

8.黄慧德编著:《橡胶树栽培与利用》,金盾出版社,2002年。

9.[老挝]坎平·堤汶达里:《老挝民族大家庭里的成员》,蔡文枞编译,《东南亚纵横》1991年第4期。

10.孔建勋:《泰国北部阿卡人的人类学调查》,《云南社会科学》2006年第1期。

11.李安宅:《边疆社会工作》,河北教育出版社,2012年。

12.李佛一译:《泐史》,国立云南大学西南文化研究室,1947年。

13.李云霞:《社会变迁下的老挝阿卡人生活伦理——以琅南塔省芒

新县洒腊新寨和老寨为例》,杨国才等编:《民族伦理与道德生活研究》,中国社会科学出版社,2016年。

14.刘绍华:《中国西南诺苏(彝)地区的集市与现代性》,《思想战线》2010年第1期。

15.《民族问题五种丛书》云南省编辑委员会编:《中国少数民族社会历史调查资料丛刊·西双版纳傣族社会综合调查(一)》,云南民族出版社,1983年。

16.[泰]母·耳·马尼奇·琼赛:《老挝史》,厦门大学外文系翻译小组译,福建人民出版社,1974年。

17.申旭:《滇老边境贸易的回顾与展望》,《郑州大学学报(哲学社会科学版)》1995年第2期。

18.申旭:《十四至十九世纪老挝土地制度初探》,《东南亚研究》1985年第2期。

19.申旭:《云南回族商帮及其对外贸易的发展》,《回族研究》1996年第22期。

20.王秉忠主编:《橡胶栽培学》,农业出版社,1989年。

21.王建娥:《国家建构和民族建构:内涵、特征及联系——以欧洲国家经验为例》,《西北师大学报(社会科学版)》2010年第2期。

22.王金玲:《妇女/性别研究的十大维度——以福建妇女为例》,《云南民族大学学报(哲学社会科学版)》2015年第2期。

23.[澳]威·贝却敌:《沿湄公河而上——柬埔寨和老挝纪行》,石英译,世界知识出版社,1958年。

24.杨生茂:《论弗雷德里克·杰克逊·特纳的边疆和区域说》,《美国历史学家特纳及其学派"绪论"》,商务印书馆,1984年。

25.[美]詹姆斯·C.斯科特:《国家的视角:那些试图改善人类状况的项目是如何失败的》,王晓毅译,社会科学文献出版社,2004年。

26.[荷兰]珍妮弗·佛朗哥:《资本的谎言:考问全球土地攫取的宏大叙事》(The Lie of the Capital: Challenging the Grand Narratives of Global

Land Grabbing),叶敬忠主编:《农政与发展当代思潮》,社会科学文献出版社,2016年。

二、英文文献

1. Accenture. China Spread its Wings: Chinese Companies Go Global, 2005, http://www.accenture.com.

2. ADB. A Study of NGOs: Lao People's Democratic Republic, 1999, http: www.adb.org/NGOs/docs/NGOLaoPDR.pdf.

3. Adams, V. and Pigg, S. L. *Sex in Development: Science, Sexuality and Morality in Global perspective*, Durham & London: Duke University Press, 2005.

4. Ahmed, Sara. Affective Economies, *Social Text 79*, summer 2004, Vol.22, No.2, pp.117-139.

5. Alting von Geusau, Leo. Dialectics of Akhazan: the Interiorizations of a Perennial Minority Group, in John McKinnon and Wanat Bhruksasri, eds., *Highlanders of Thailand*, Kuala Lumpur: Oxford University Press, 1983, pp.243-276.

6. Alting von Geusau, Leo. The History of Saen Chareon Akha and its People: an ethno analytical study, Chiang Mai Thailand, 1986-1990.

7. Alting von Geusau, Leo. Overview of Politico Economic Structures in Akha Culture, The Akha in the Muang Sing District of Luang Namtha PDR Laos and Expectations, Challenges, Stress, Responses of some Akha villagers in Muang Singh area regarding the problems of marginalisation and development Assistance, Report made on the request of GTZ Lao-German Integrated Food Project, 1997.

8. Alting von Geusau, Leo. Akha internal history: marginalisation and the ethnic alliance system, in Andrew Turton, ed., *Civility and Savagery: Social Identity in the Tai State*,Richmond: Curzon Press, 2000, pp.122-158.

9. Alton, Charles, David Bluhm and Somsouk Sananikone. Para Rubber Study: hevea barsiliensis Lao PDR. Lao–German Program Rural Development in Mountainous Areas of Northern Lao PDR, 2005.

10. Alton, Charles and Houmphanh Rattanavong. Service delivery and re-settlement: Options for Development Planning, Final report. Livelihood Study. Lao/03/A01, UNDP/ECHO, Vientiane Lao PDR, 2004.

11. Anagnost, Ann. *National Past-Times: Narrative, Presentation and Power in Modern China*, Durham: Duke University Press, 1997.

12. Anderson, Benedict.*Imagined Communities: reflections on the Origins and Spread of Nationalism*, London: Verso, 1991.

13. Appadurai, Arjun. Introduction: commodities and the politics of value, in A. Appadurai ed.,*The Social Life of Things: commodities in cultural perspective*, Cambridge: Cambridge University Press, 1986.

14. Appadurai, Arjun. *Modernity at large: Cultural Dimensions of Globalization*, Minneapolis: University of Minnesota Press, 1996.

15. Appadurai, Arjun. Grassroots globalization and the research imagination, *Public Culture*, 2000, Vol.12, No.1, pp.6–7.

16. Appadurai, Arjun. The Capacity to Aspire: culture and the terms of recognition, in Vijayendra Rao and Michael Walton, eds., *Culture and Public Action*, Stanford: Stanford University Press, 2004, pp.59–84.

17. Badenoch, Nathan and Tomita Shinsuke. Mountain People in the Muang: Creation and Governance of a Tai Polity in Northern Laos, *Southeast Asian Studies*, 2013, Vol.2, No. 1, pp.29–67.

18. Barney, Keith. China and the Production of Forestlands in Lao PDR: A Political Ecology of Transnational Enclosure, in Joseph Nevins and Nancy Lee Peluso, eds.,*Taking Southeast Asia to Market: Commodities, Nature and People in the Neoliberal Age*, Ithaca: Cornell University Press, 2008, pp.91–107.

19. Barney, Keith. Laos and the making of a "relational" resource frontier, *Geographical Journal*, 2009, Vol.175, pp.146–159.

20. Barney, Keith. Land, livelihoods and remittances: a political ecology of Youth Outmigration across the Lao–Thai Mekong Border, *Critical Asian Studies*, 2012, Vol.44, No.1, pp.57–83.

21. Baird, Ian and Bruce Shoemaker. Unsettling Experience: Internal Resettlement and International Aid Agencies in Laos, *Development and Change*, 2007, Vol.38, No.5, pp.865–888.

22. Bashkow, Ira. *The Meaning of Whitemen: Race and Modernity in the Orokaiva Cultural World*, Chicago and London: The University of Chicago Press, 2006.

23. Baud, Michiel and Willem van Schendel. Toward a Comparative History of Borderland, *Journal of World History,* 1997, Vol.8, No.2, pp.211–242.

24. Beck, Ulrich. *World Risk Society*, Malden: Polity Press, 1999.

25. Bestair Njoman George et. al. Lao PDR: Governance Issues in Agriculture and Natural Resources: a case study from the 2005 sector assistance program evaluation for the agriculture and natural resources sector in the Lao People's Democratic Republic, Operations Evaluation Department, Asian Development Bank, 2006.

26. Bhabha, Homi. Of Mimicry and Man: the Ambivalence of Colonial Discourse, *October*, 1994, Vol.28, pp.125–133.

27. Bosshard, Peter. *China's Role in Financing African Infrastructures*, Berkeley: International Rivers Network, 2007.

28. Bourdet, Yves. *The Economics of Transition in Laos: from Socialism to ASEAN Integration*, Cheltenham, UK: Edward Elgar, 2000.

29. Bradley, David. *Proto-Loloish*, Scandinavian Institute of Asian Studies Monograph Series, No.39, London: Curzon Press, 1979.

30. Bradley, David. *The State and Ethnic Politics in Southeast Asia*, Lon-

don: Routledge, 1994.

31.Bradley, David. Tibeto-Burman Languages of Lao PDR, *Linguistics of the Tibeto-Burman Area*, 1996, Vol.19, No.2, pp.19-27.

32.Breandt Loren, Huang Jikun, Li Guo and Rozelle Scott. Land Rights in Rural China: facts, fiction and issues, *The China Journal*, 2002, No. 47, pp.67-97.

33.Broch-Due, Vigdis and Richard A. Schroeder eds., *Producing Nature and Poverty in Africa*, Uppsala:Nordiska Afrikainstitutet, 2000.

34.Brown, David. *The State and Ethnic Politics in Southeast Asia*, London: Routledge, 1994.

35.Bruner, Edward M.Introduction: The Ethnographic Self and the Personal Self,in Paul Benson, ed., *Anthropology and Literature*, Urbana: University of Illinois Press, 1993, pp.1-26.

36.CederlÖf, Gunnel. Fixed boundaries, fluid landscapes: British expansion into Northern East Bengal in the 1820s, *Indian Economic Social History Review*, 2009, Vol.46, No. 4, pp.513-540.

37.Chang, Wen-Chin. Guanxi and Regulation in Networks: The Yunnanese Jade Trade between Burma and Thailand, 1962-1988, *Journal of Southeast Asian Studies*, 2004, Vol.35, pp.479-501.

38.Chazée, Laurent. *The Peoples of Laos: Rural and Ethnic Diversities*, Bangkok: White Lotus,2002.

39.Chen, Han Seng.*Frontier Land System in Southernmost China*, New York: Institute of Pacific Relations, 1949.

40.China Youth Daily. Xishuangbanna Forests Turned to Rubber Plantations with Environmental Consequences, 2007, 12 June.

41. Cohen, Paul T. Lue Ethnicity in National Context: a comparative study of Tai Lue Communities in Thailand and Laos, *Journal of the Siam Society*, 1998, Vol.86, No.1-2, pp.49-61.

42. Cohen, Paul T. Resettlement, Opium and Labour Dependence: Akha–Tai Relations in Northern Laos, *Development and Change*, 2000, Vol. 31, pp.179–200.

43. Cohen, Paul T. Lue across Borders: Pilgrimage and the Muang Sing Reliquary in Northern Laos, in Grant Evans, Christopher M. Hutton and Kuah Khun Eng, eds., *Where China Meets Southeast Asia: Social and Cultural Change in the Border Regions*, Singapore: Institute of Southeast Asian Studies, 2000, pp.145–161.

44. Cohen, Paul T. The Post–Opium Scenario and Rubber in Northern Laos: Alternative Western and Chinese Models of Development, *International Journal of Drug Policy*, 2009, Vol.20, pp.424–430.

45. Cohen, Paul T. Symbolic Dimensions of the Anti–Opium Campaign in Laos, *The Australian Journal of Anthropology*, 2013, Vol.24, pp.177–192.

46. Cohen, Paul T. and Chris Lyttleton. Opium–reduction programmes: discourses of addiction and gender in Northwest Laos, *Sojourn: Journal of Social Issues in Southeast Asia*, 2002, Vol.17, No.1, pp.1–23.

47. Cohen, Paul T. and Chris Lyttleton. The Akha of Northwest Laos: Modernity and Social Suffering, in Prasit Leepreecha, Don McCaskill, and Kwanchewan Buadaeng, eds, *Challenging the Limits: Indigenous Peoples of the Mekong Region*, Chiang Mai: Mekong Press, 2008.

48. Condominas, Georges. *L'espace social à propos de l'Asie du sud–est*, Paris, Flammarion, 1980.

49. Collins, Mark, Jeffory J. Sayer and Timothy C. Whitemore. *The Conservation atlas of tropical forests: Asia and the Pacific*, Simon and Schuster, New York, 1991.

50. Chayanove, A.V. *The Theory of Peasant Economy*, Madison: University of Wisconsin Press, 1986.

51. Chapman, E.C. The Expansion of Rubber in Southern Yunnan China,

The *Geographical Journal*, 1991, Vol.157, No.1, pp.36−44.

52. Chanthavong, Nitkham et al. Rubber Institutions in Ban Hat Nyao: Managing trees, markets, and producers, URDP Field Report #0903, 2009.

53. Cleary, David. After the Frontier: Problem with Political Economy in the Modern Brazilian Amazon, *Journal of Latin American Studies*, 1993, Vol.25, No.2, pp.331−349.

54. Chamberlain, James. Assessment of Economic Potentials and Comparative Advantage of the Ethnic Minority Groups of Lao PDR's, Prepared for the Asian Development Bank, 2002.

55. Choopah, Deleu and Naess, Marrianne. Deleu: A Life History of an Akha Woman, in Don McCaskill and Ken Kampe, eds., *Development or Domestication: Indigenous Peoples of Southeast Asia*, Chiang Mai: Silk Worm Books, 1997, pp.183−204.

56. Clifford, James. Introduction: Partial Truths, in James Clifford and George Marcus, eds., *Writing Culture: The Poetics and Politics of Ethnography*, Berkeley: University of California Press, 1986, pp.1−26.

57. Clifford, James. *The Predicament of Culture*, Cambridge, MA: Harvard University Press, 1988.

58. COC(China.org.cn). China's thirty years war on drugs, by Pang Li. 2008. November 1, http://www.china.org.cn/china/features/content_16699091.htm.

59. Committee for Planning and Investment. National Socio−economic Development Plan(2006−2010), Government of Lao PDR, Vientiane, Lao PDR, 2006.

60. David M. Anderson and Vigdis Broch−Due, eds., *The Poor are not Us: Poverty and Pastoralism in Eastern Africa*, James Currey: Ohio University Press, 2000.

61. Davies, H.R. *Yunnan: The Link Between India and the Yangze*, Cambridge: Oxford University Press, 1909.

62. Davies, D. J. China's Celebrity Entrepreneurs: Business Models for "Success", in Louise Edwards and Elaine Jeffreys eds. *Celebrity in China*, Hong Kong: Hong Kong University Press, 2010, pp.193–216.

63. Davis, Sara. Pre-modern Flows in Postmodern China: Globalization and the Sipsongpanna Tais, *Modern China*, 2003, Vol.29, No.2, pp.176–203.

64. DSLLC. Decree on State Land Lease or Concession (unofficial translation) No.135/PM,VCC, Prime Minister's Office, Lao People's Democratic Republic, May 25th 2009.

65. Diana,Antonella. Social-Economic Dynamics of Rubber in the Borderlands of Laos, Muang Sing, Luang Namtha, Internship Report, prepared for GTZ, 2006.

66. Diana,Antonella.Roses and Refiles: Experiments of Governing on the China-Laos Frontier, Unpublished PhD Thesis, The Australian National University, Australia, 2009.

67. Diana, Antonella.The experimental governing of mobility and trade on the China-Laos frontier: The Tai Lue Case, *Singapore Journal of Tropical Geography*, 2013, Vol.34, No.1,pp.25–39.

68. Dicken, Peter, Philip F. Kelly, Kris Olds, and Henry Wai-chung Yeung. Chains and networks, territories and scales: towards a relational framework for analysing the global economy, *Global Networks: A Journal of Transnational Affairs*, 2001, Vol.1, No.2, pp.89–112.

69. Dirlik, Arif. Critical Reflections on "Chinese Capitalism" as Paradigm, Identities, 1997, Vol.3,No.3, pp.303–330.

70. Dirksen, Hagen. Solving Problems of Opium Production in Thailand: Lessons learned from the Thai-German Highland Development Program, in Don McCaskill and Ken Kampe, eds., *Development or Domestication:Indigenous Peoples of Southeast Asia*, Chiang Mai: Silk Worm Books, 1997, pp.329–357.

71. Ducourtieux, Oliver, Jean-Richard Laffort and Silinthone Sacklokham. Land Policy and Farming Practices in Laos, *Development and Change*, 2005, Vol.36, No.3, pp.499-526.

72. Ducourtieux, Oliver. Lao State Formation in Phongsali Villages: Rising Intervention in the Daily Household and Phounoy Reaction, *Asian Studies Review*, 2013, Vol.37, No.4, pp.451-470.

73. Douglass, Mike. Global House holding in Pacific Asia, *International Development Planning Review*, 2006, Vol.28, No.4, pp.421-445.

74. Douglass, Mike. The Globalization of House holding and Social Reproduction in Pacific Asia, *Philippine Studies*, 2007, Vol.55, No.2, pp.81-157.

75. Dong, Madeleine Yue. and Goldstein, Joshua Lewis, eds., *Everyday Modernity in China*, Seattle: University of Washington Press, 2006.

76. Donnan, Hastings and Thomas M. *Wilson. Borders: Frontiers of Identity, Nation and State*, Oxford: Berg, 1999.

77. Dove, Michael. R. Theories of swidden agriculture and political economy of ignorance, *Agroforestry System*, 1983, Vol.1, pp.85-99.

78. Dwyer, M. Micro-geopolitics: capitalizing security in Laos' Golden Quadrangle, *Geopolitics*, 2014, Vol.19, No.2, pp.377-405.

79. Edwards, L. and Elaine E. Jeffreys, eds., *Celebrity in China*. Hong Kong: Hong Kong University Press, 2010.

80. Epprecht, M. Opium Production and Consumption and its place in the Socio-Economic Setting of the Akha People of North-Western Laos: the Tears of the Poppy as a Burden for the Community, MSc Thesis, Institute of Geography, University of Berne Switzerland, 1998.

81. Escobar, Arturo. *Encountering Development: The Making and Unmaking of the Third World*, Princeton, N.J.: Princeton University Press, 1994.

82. Escobar, Arturo. After Nature: Steps to an anti-essentialist Political Ecology, *Current Anthropology*, 1999, Vol.40, No.1, pp.1-30.

83. Evans, Grant. *Agrarian Change in Communist Laos*, Singapore: Institute of Southeast Asian Studies, 1988.

84. Evans, Grant. Buddhism and Economic Action in Socialist Laos, in C. M. Hann, ed., *Socialism: Ideals, Ideologies and Local Practices*, London and New York: Routledge, 1993.

85. Evans, Grant. *The Politics of Ritual and Remembrance: Laos since 1975*, Honolulu: University of Hawaii Press, 1988.

86. Evans, Grant. *A Short History of Laos: the Land in between*, New South Wales: Allen & Unwin, 2002.

87. Evrard, Oliver. Luang Namtha Resettlement and Social Characteristics of New Villages: Basic Needs for Resettled Communities in the Lao PDR, Vientiane: UNDP, 1997, pp.5–46.

88. Evrard, Olivier and Yves Goudineau. Planned Resettlement, Unexpected Migrations and Cultural Trauma in Laos, *Development and Change*, 2004, 35 (5):937–962.

89. Evrard, Olivier. Oral Histories of Livelihoods under Socialism and Post–socialism among Khmu of Northern Laos, in J. Michaud and T. Forsy the, eds., *Moving Mountains: Ethnicity and Livelihoods in Highland China, Vietnam and Laos*, Vancouver: University of British Columbia Press,2011,pp.76–99.

90. Farrell, Graham. A Global Empirical Review of Drug Crop Eradication and United Nation's Crop Substitution and Alternative Development Strategies, *Journal of Drug Issues*, 1998, Vol.28, No.2, pp.395–436.

91. Ferguson, James. *The Anti–politics machine: "development", "depoliticization" and Bureaucratic power in Lesotho*, Cambridge: Cambridge University Press, 1990.

92. Freeman, Duncan, Holslag Jonathan and Weil Steffi. China's Foreign Farming Policy: Can land provide security? *Asia Paper: Brussels Institute of Contemporary China Studies*, 2009, Vol.3, No.9.

93.Freeman,N.J. *Laos: Exiguous Evidence of Economic Reform and Development*,Southeast Asian Affairs, Singapore: Institute of Southeast Asian Studies,2004.

94.Frisen,C.M. Population Characteristics in the Lao People's Democratic Republic, *Asia-Pacific Population Journal*, 1991, Vol.6, No.2.

95.Farrer, J.*Opening up: Youth Sex Culture and Market Reform in Shanghai,* Chicago and London: The University of Chicago Press, 2002.

96. Fink, Christina. An Overview of Burma's Ethnic Politics, *Cultural Survival Quarterly*, 2000, Vol.24, No.3, No pagination.

97.Fold, N. and Hirsch, P. Re-thinking frontiers in Southeast Asia (editorial), *The Geographical Journal*, 2009, Vol. 175,No. 2, pp. 95-97.

98. Fox, Jefferson. Crossing Borders, Changing Landscapes: Land-Use Dynamics in the Golden Triangle, *Asia Pacific Issues, analysis from the East-west Center*, 2009, No.92, pp.1-5.

99. Foucault, Michel. *Discipline and Punish: the Birth of the Prison*, trans. by Alan Sheridan, New York: Vintage, 1979.

100.Foucault, Michel. *The History of Sexuality*, Vol.1. An introduction, trans. by Robert Hurley, New York: Vintage, 1980.

101.Fujita, Y., and Phanvilay, K. Land and Forest Allocation in Lao People's Democratic Republic: Comparison of case studies from community-based Natural Resource Management Research, *Society and Natural Resources: an international Journal*, 2008, Vol.21, No.2, pp.120-133.

102.Fujita, Y., Thongmanivong, S.and Vongvisouk Thoumthone. Dynamic Land Use Change in Sing District, Luang Namtha Province, Lao PDR. International Program for Research on the Interactions between Population, Development and the Environment. Faculty of Forestry, National University of Laos, 2006.

103. Gardner, Katy and Lewis David. *Anthropology, Development and*

Post-Modern Challenge, London: Pluto Press, 1996.

104. Gebert, R. Farmer Bargaining Power in the Lao PDR: Possibilities and Pitfalls. Sub-working Group on Farmers and Agribusiness (SWGAB), 2010.

105. Gebert, Rita and Chupinit Kesmanee. Drug Abuse among Highland Minority Groups in Thailand, in Don McCaskill and Ken Kampe,eds., *Development or Domestication: Indigenous Peoples of Southeast Asia*, Chiang Mai: Silk Worm Books.1997, pp.358-395.

106. Giddens, Anthony. *Modernity and Self-Identity: Self and Society in the Late Modern Age*, Malden: Polity Press, 1991.

107. Giersch, C. Pat. *Asian Borderlands: The Transformation of Qing China's Yunnan Frontier*, Harvard University Press, 2006.

108. Giersch, C. Pat. Across Zomia with merchants, monks and musk: process geographies, trade networks, and the Inner-East-Southeast Asian borderlands, *Journal of Global History*, 2010, Vol.5, pp.215-239.

109. Gladney, D. C. Representing Nationality in China: Refiguring Majority / Minority Identities, *Journal of Asian Studies*, 1994, Vol. 53, No. 1, pp. 92-123.

110. Government of Lao PDR. 1996 Forestry Law.

111. Government of Lao PDR. 1998 Agriculture Law.

112. Government of Lao PDR. 2007 Forestry Law.

113. GTZ. Study Report of Drug-Free Villages in Sing District, Luang Namtha Province. Luang Namtha, Lao PDR: Lao-German Program, Integrated Rural Development in Mountainous Regions of Northern Lao PDR, 2003.

114. Grabowsky, V. Introduction to the history of Muang Sing(Lao PDR) prior to French Rule: the fate of a Lu principality, *Bulletin de I'Ecole Francaise d'Extreme-Orient*, 1999, Vol.86, pp.233-291.

115. Grabowsky, V. Cao Fa Dek NÒi and the Founding Myth of Chiang

Khaeng, in Yukio Hayashi and Sayavongkhmdy Thongsa, eds., *Cultural Diversity and Conservation in the Mekong of Mainland Southeast Asia and Southwestern China, Regional Dynamics in the Past and Present*, Kyoto Center for Southeast Asian Studies, 2000, pp.95-143.

116. Graeber. *David Debt: The First 5000 Years*, New York: Melville House Publishing, 2011.

117. Granovetter, Mark. *Getting a Job: A study of Contacts and Careers*, Cambridge: Harvard University Press, 1974.

118. Granovetter, Mark. Small Is Bountiful: Labor Markets and Establishment Size, *American Sociological Review*, 1984, Vol.49, No.3,pp.323-334.

119. Granovetter, Mark. Economic Action and Social Structure: the Problem of Embeddedness, *American Journal of Sociology*, 1985 Vol. 91, pp.481-510.

120. Grumbine, Edward. End of the Frontier, an article excerpted from *Where the Dragon meets the angry river*, reproduced by permission of Island Press, Washington DC. http://www.chinadialogue.net/article/ show/single/en/ 3717-end-of-the-frontier, 2010.

121. GOSC of PRC (General Office of the State Council of the People's Republic of China),《国务院关于支持云南省加快建设面向西南开放重要桥头堡的意见》,3 November 2011, http:// news.ifeng. com/ mainland/ detail_ 2011 _11/03/10394713 _3.shtml.

122. Gupta, Akhil and James Ferguson Beyond Culture: Space, Identity, and the Politics of Difference, *Cultural Anthropology*, 1992, Vol.7,No.1, pp. 6-23.

123. Gunn, G. C. Laos in 1989: Quiet Revolution in the Marketplace, *Asian Survey*, 1990, Vol.30, No.1, pp.81-87.

124. Gunn, G. C. Laos in 1990: winds of change, *Asian Survey*, 1991, Vol.31, No.1, pp.87-93.

125. Hanks, R. Jane. The Power of Akha women, in N. Eberhardt, ed., *Gender, power and the construction of the moral order: Studies from the Thai Periphery*, Madison: University of Wisconsin, 1988, pp.13–31.

126. Hall, Derek, Philip Hirsch and Tania Murray Li. *Powers of Exclusion: Land Dilemmas in Southeast Asia*, Singapore: NUS Press, 2011.

127. Harrell, Stevan. Introduction: Civilising Projects and Reaction to them, in Stevan Harrell, ed., *Cultural Encounters on China's Ethnic Frontiers*, Seattle: the University of Washington Press, 1995.

128. Harrell, Stevan. *Ways of Being Ethnic in Southwest China*, Seattle and London: University of Washington Press, 2001.

129. Harvey, David. The *Condition of Postmodernity: an Enquiry into the Origins of Cultural Change*, Oxford, UK: Blackwell, 1989.

130. Harvey, David. *A Brief History of Neoliberalism*, New York: Oxford University Press, 2005.

131. Hannerz, Ulf. Notes on the Global Ecumene, *Public Culture*, 1989, Vol.1, No.2, pp.66–75.

132. Heilmann, S. From local experiments to national policy: the origins of China's distinctive policy process, *China Journal*, 2008, Vol.59, pp.1–30.

133. Henin, Bernard. Ethnic Minority Integration in China: Transformation of Akha Society, *Journal of Contemporary Asia*, 1996, Vol. 26, No. 2, pp.180–200.

134. Hefner Robert W. Introduction: Society and Morality in the New Asian Capitalisms, in Robert W. Hefner, ed., *Market Cultures: Society and Morality in the New Asian Capitalisms*, Boulder, Allen&Unwin: Westview Press, 1998, pp.1–38.

135. High, Holy. The implications of aspirations, *Critical Asian Studies*, 2008, Vol.40, No.4, pp.531–550.

136. High, Holy and Pierre Petit. Introduction: the study of the state in

Laos, *Asian Studies Review*, 2008, Vol.37, No.4, pp.451-470.

137. Hill, Ann Maxwell. *Merchants and Migrants: Yunnanese Chinese in Southeast Asia*, New Haven: Yale University Southeast Asia Studies, 1998.

138. Hill, Ann Maxwell. Chinese Dominance of the Xishuangbanna Tea Trade: An interregional Perspective, *Modern China*, 1989, Vol. 15, No. 33, pp.321-345.

139. Hirsch, P. Revisiting frontiers as transitional spaces in Thailand, *The Geographical Journal*, 2009, Vol.175, No.2, pp.124-132.

140. Hinton, Peter. Where Nothing is as it Seems: Between Southeast China and Mainland Southeast Asia in the 'Post-Socialist' Era, in Grant Evans, Christopher M. Hutton, and Kuah Khun Eng, eds., *Where China Meets Southeast Asia: Social and Cultural Change in the Border Regions*, Singapore: Institute of Southeast Asian Studies, 2000, pp.7-27.

141. Hinton, Peter. Why the Karen Do Not Grow Opium: Competition and Contradiction in the Highlanders of North Thailand, *Ethnology*, 1983, Vol.22, No.1, pp.1-16.

142. Holbig, Heike. The Emergence of the Campaign to Open Up the West: Ideological Formation, Central Decision-making and the Role of the Provinces, *China Quarterly*, 2004, Vol.178, pp.335-357.

143. Hopkins, T. K. and I. Wallerstein. Commodity Chains in the World Economy Prior to 1800, *Review*, 1986, Vol.10, No.1, pp.157-170.

144. Huang, X. Natural Rubber continues to be short of supply. China Chemical Reporter, 2007, http://www.highbeam.com/doc/1G1-164221624.html.

145. Ireson, Carol J. and W. Randall Ireson. Ethnicity and Development in Laos, *Asian Survey*, 1991, Vol.31, No.10, pp.920-937.

146. Isager, Lotte and Søren Ivarsson. Contesting landscapes in Thailand: Tree ordination as counter-territorialization, *Critical Asian Studies*, 2002, Vol.34, No.3, pp.395-417.

147. INCSR(International Narcotics Control Strategy Report). US State Department, Bureau ofInternational Narcotics and Law Enforcement Affairs, 2009.

148. Ivarsson, SØren. *Creating Laos: the Making of a Lao Space between Indochina and Siam, 1860–1945*, Copenhagen: NIAS Press, 2008.

149. Jackson, M. *Paths Towards a Clearing: Radical Empiricism and Ethnographic Enquiry*, Bloomington: Indiana University Press, 1989.

150. Jackson, M. *Excursions*, Durham: Duke University Press, 2007.

151. Jackson, M. The Shock of the New: On Migrant Imaginaries and Critical Transitions, *Ethnos*, 2008, Vol.73, No.1, pp.57–72.

152. Jeffreys, Elaine ed., *Sex and Sexuality in China*, London and New York: Routledge Taylor & Francis Group, 2006.

153. Jelsma, Martin; Kramer Tom and Vervest Pietje. Introduction, in Martin Jelsma, Tom Kramer and Pietje Vervest, eds., *Trouble in the Triangle: Opium and Conflict in Burma*, Chiang Mai: Silkworm Books, 2005, p.vii.

154. Jerndal, Randi and Jonathan Rigg. Making space in Laos: constructing a national identity in a "forgotten" country, *Political Geography*, 1998, Vol.17, No.7, pp.809–831.

155. Jenkins, Henry. *Convergence Culture: Where Old and New Media Collide*, London: New York University Press, 2006.

156. Jiang, Wenran. Fuelling the Dragon: China's Rise and its Energy and Resources Extraction Africa, *the China Quarterly*, 2009,Vol.199, pp.585–609.

157. Kammerer, Cornelia. Gateway to the Akha world: Kinship, Ritual and Community among Highlanders of Thailand, Unpublished PhD Thesis, University of Chicago, USA, 1986.

158. Kammerer, Cornelia . Shifting Gender among Akha of Northern Thailand, in N. Eberhardt, ed., *Gender, Power, and the Construction of the Moral*

Other: Studies from the Thai Periphery, Madison: Center for Southeast Asian Studies University of Wisconsin, 1998, pp.33-51.

159. Kammerer, Cornelia. Territorial Imperatives: Akha Ethnic Identity and Thailand's National Integration, in John McKinnon and Bernard Vienne eds., *Hill Tribes Today: Problems in Change*, Bangkok: White Lotus-Ostrom, 1989, pp.259-302.

160. Kammerer, Cornelia. Descent, alliance, and political order among Akha:the anthropology of highland continental Southeast Asia, *American Ethnologist*, 1998, Vol.25, No.4, pp.659-674.

161. Kelsky, K. Intimate Ideologies: Transnational Theory and Japan's "Yellow Cabs", Public Culture, 1994, Vol.6, pp. 465-478.

162. Keuleers, Patrick. Corruption in the Lao PDR: Underlying Causes and Key Issues for Consideration.UNDP: Sub-Regional Facility for the Pacific, Northwest and Southeast Asia, 2002.

163. Kleinman, Authur and Erin Fitz-Henry. The Experiential Basis of Subjectivity: How Individual Change in the Context of Social Transformation, in Joao Biehl, Byron Good and Arthur Kleinman, eds., *Subjectivity: Ethnographic Investigations*, Berkeley: University of California Press,2007, pp.52-65.

164. Kipnis, A.Suzhi: A Keyword Approach, *China Quarterly*, 2006, Vol. 186, pp.295-313.

165. Kipnis, A. Neoliberalism reified: suzhi discourse and tropes of neoliberalism in the People's Republic of China, *Journal of the Royal Anthropological Institute (N.S.)*, 2007, Vol.13, pp.383-400.

166. Krim, Wazir Jahan. *Male and Female in Developing South-East Asia (Cross-Cultural Perspective on Women)*, London: Bloomsbury Academic, 1995.

167. Kobayashi, Takaaki. Evolution of China's Aid Policy, JBICI Working Paper No.27, Tokyo: Japan Bank for International Cooperation, 2008, http://www.jbic.go.jp/en/research/report/working-paper/pdf/wp27_e.pdf.

168. Keonuchan, Kheungkham. The adoption of new agricultural practices in northern Laos: a political ecology of shifting cultivation, unpublished PhD Thesis, Sydney: University of Sydney, 2000.

169. King, Y. C. The Individual and Group in Confucianism: A Relational Perspective, in Donald Munro, ed., *Individualism and Holism*, Ann Arbor: Centre for Chinese Studies, University of Michigan, 1985, pp.57–70.

170. Kurlantzick, Joshua. *Charm Offensive: How China's Soft Power is Transforming the World*, Melbourne: Melbourne University Press, 2007.

171. Lattas, A. *Cultures of Secrecy: Reinventing Race in Bush Kaliai Cargo Cults*, Wisconsin: The University of Wisconsin Press, 1998.

172. Lancaster, Carol. The Chinese Aid System, Center for Global Development, 2007, http://www.cgdev.org/files/13953_file_Chinese_aid.pdf.

173. Lazarus, Kate. *In Search of Aluminum: China's Role in the Mekong Region*, Phnom Penh, Copenhagen, and Winnipeg: Heinrich–Böll–Stiftung, WWF and IISD, 2009.

174. Lazzarato, Maurizio. Neoliberalism in Action: Inequality, Insecurity and the Reconstitution of the Social, Theory, Culture and Society, Los Angeles, London, *New Delhi and Singapore:SAGE*, 2009, Vol.26, No.6, pp.109–133.

175. Leach, Edmund. The Frontiers of Burma, Comparative Studies in Society and History III, 1960–1961.

176. Lefebvre, Henri. *Critique of Everyday Life: Volume I(1947/1958)*, trans. by John Moore, London: Verso, 1991.

177. Lestrelin, G. Land degradation in the Lao PDR: Discourses and policy, *Land Use Policy*, 2010, Vol.27, pp.424–439.

178. Ledeneva, Alena. *Russia's Economy of Favours: Blat, Networking and Informal Exchange*, Cambridge: Cambridge University Press, 1998.

179. Li, Tania Murray. Marginality, Power and Production: Analysing Upland Transformations, in Tania Murray Li, ed., *Transforming the Indonesian*

Uplands: Marginality, Power and Production, London: Routledge, 1999, pp.1–46.

180. Li, Yunxia. In between Poppy and Rubber Fields: Experimenting a Trans-border Livelihood among the Akha in the Northwestern Frontiers of Laos, in Dan Smyer Yü and Jean Michaud eds., *Trans-Himalayan Borderlands: Livelihoods, Territorialities, Modernities*, Amsterdam: Amsterdam University Press. DOI:10.5117/9789462981928/CH11, 2017, pp.243–262.

181. Li Yunxia. Leaving the Mountain: Wage laborers and gendered yearnings in a Northwest Lao border town. In Dan Smyer Yü and Karin Dean eds., *Yunnan-Burma-Bengal Corridor Geographies Protean Edging of Habitats and Empires*, India:Routledge, 2021, pp.205–223.

182. Lin, S. FDI in Agriculture in Northern Lao PDR: a case study of Luang Namtha, Lao- German Cooperation GIZ, 2010.

183. Louie, K. *Theorising Chinese Masculinity: Society and Gender in China*, Cambridge: Cambridge University Press,2002.

184. Lovett, S., L.C. Simmons and R. Kali. Guanxi versus the Market: ethics and efficiency, *Journal of International Business Studies*, 1999, Vol. 30, No.22, pp.231–247.

185. Lu, Hanchao. Out of the Ordinary: Implications of Material Culture and Daily Life in China, in M.Y Dong and J. L. Goldstein, eds., *Everyday Modernity in China*, Seattle: University of Washington Press, 2006, pp.22–52.

186. Luo, Yadong. Guanxi: Principles, philosophies and implications, *Human Systems Management*, 1997, Vol.16, pp.43–51.

187. Lyttleton, Chris. Relative Pleasures: Drugs, Development and Modern Dependence in Asia's Golden Triangle, *Development and Change*, 2004, Vol.35, No.5, pp.909–935.

188. Lyttleton Chris. Market Bound: relocation and disjunction in Northwest Laos, in B. Yeoh, S. Jatrana, and M. Toyota, eds., *Migration and Health*

in Asia, Milton Park: Routledge, 2005, pp.41–60.

189.Lyttleton, Chris.AIDS and Civil Belonging: Disease Management and Political Change in Thailand and Laos, in Maj–Lis Follér and Håkan Thörn, eds., *The Politics of AIDS: Globalization, the State and Civil Society*, Houndmills: Palgrave Macmillan, 2008, pp.255–274.

190. Lyttleton, Chris and Amarapibal, Amorntip. Sister Cities and Easy Passage: HIV, Mobility and Economies of Desire in a Thai/Lao Border Zone, *Social Science & Medicine*, 2002, Vol.54, No.4, pp.505–518.

191. Lyttleton, et al. Watermelons, bars and trucks: dangerous intersections in Northwest Lao PDR: an ethnographic study of social change and health vulnerability along the road through Muang Sing and Muang Long, Institute for Cultural Research of Laos and Macquarie University, 2004.

192.Lyttleton, C. and D. Sayanouso. Cultural Reproduction and "Minority" Sexuality: Intimate Changes among Ethnic Akha in the Upper Mekong, *Asian Studies Review*, 2011, Vol.35, pp.169–188.

193. Lyttleton, Chris, Deng R. and Zhang N. Promiscuous capitalism meets "exotic" ethnicity: Intimate aspirations amongst cross–border Chinese Dai, *Australian Journal of Anthropology*, 2011, Vol.22, No.3, pp.314–331.

194.Lyttleton, Chris and S. Vorabouth. Trade circles: aspirations and ethnicity in commercial sex in Laos, *Culture, Health and Sexuality*, 2011, Vol.13, pp.1–15.

195.Lyttleton, C. and P. T. Cohen.Harm reduction and alternative development in the Golden Triangle, *Drug and Alcohol Review*, 2003, Vol. 22, pp.83–91.

196.Lyttleton, C. and P. Nyíri. Dams, Casinos and Concessions: Chinese Mega–projects in Laos and Cambodia. in Stanley Brunn, ed., *Engineering Earth: the impacts of Mega–engineering Projects*, Dordrecht: Springer Press + Business Media, 2011, pp. 1243–1266.

197. Lyttleton, C. and Li Yunxia. Rubber's Affective Economies: Seeding the Social Landscape in Northwest Laos, in Vatthana Pholsena and Vanina Bouté, eds., *Changing Lives:New Perspectives on Society, Politics and Culture in Laos*,Singapore: National University of Singapore Press, 2017,pp.301–324.

198. Lund, C. Fragmented Sovereignty: land reform and dispossession in Laos, *Journal of Peasant Studies*, 2011, Vol.38, No.4, pp.885–905.

199. LCDC/UNODC.National Programme Strategy for the Post Opium Scenario: the Balanced Approach to Sustaining Opium Elimination in the Lao PDR, Vientiane, 2006–2009.

200. Ministry of Agriculture and Forestry (MAF). Lao National Forestry Strategy to the Year 2020, Vientiane, Lao PDR, July 2005.

201. Matisoff, James. Variational Semantics in Tibeto–Burman: The Organic Approach to Linguistic Comparison, Occasional Papers of the Wolfenden Society on Tibeto–Burman Linguistics, Philadelphia: Institute for the Study of Human Issues, 1978, Vol.6.

202. Matisoff, James. Linguistic Diversity and Language Contact, in John McKinnon and Wanat Bhruksasri,eds.,*Highlanders of Thailand*, Kuala Lumpur: Oxford University Press, 1983, pp.56–86.

203. Masquelier, A. Narrative of Power, Imagine of Wealth: The Ritual Economy of Bori in the Market, In J. C. Comaroff, ed., *Modernity and its Malcontents: Ritual and Power in Postcolonial Africa*, Chicago: the University of Chicago Press, 1993, pp.3–33.

204. Mattingly, Cheryl. *The Paradox of Hope: Journeys through a Clinical Borderland*, Berkeley: University of California Press, 2010.

205. Maquet, Jacques. Objectivity in Anthropology, *Current Anthropology*, 1964, Vol.5, pp.47–55.

206. Manivong V. and Cramb R. A. Economics of Smallholder Rubber Production in Northern Laos, contributed paper(revised version) 51st Annual

Conference Australian Agricultural and Resource Economics Society, Queens town, New Zealand, 13–16 Feb.2007.

207.Manich, M.L. *History of Laos*, Bangkok: Chalermnit, 1967.

208.McCoy, Alfred. *The Politics of Heroin: CIA complicity in the global drug trade, Afghanistan, Southeast Asia, Central America, Colombia*, Chicago: Lawrence Hill Books, 2003.

209.Michailova, Snejina and Verner Worm.Personal Networking in Russia and China: Blat and Guanxi, *European Management Journal*, 2003, Vol.21, No.4, pp.509–519.

210.Mills, M. B. Contesting the margins of modernity: women, migration, and consumption in Thailand, *American Ethnologist*, 1997, Vol. 24, No. 1, pp.37–61.

211.Mills, M. B. Migrant Labor Takes a Holiday: Reworking modernity and marginality in Contemporary Thailand, *Critique of Anthropology*, 1999a, Vol.19, No.1, pp. 31–51.

212.Mills, M. B. *Thai Women in the Global Labor Force: consuming desires, contested selves*, New Brunswick, New Jersey, London: Rutgers University Press, 1999b.

213. Michaud, Jean. Handling mountain minorities in China, Vietnam and Laos: from history to current concerns, *Asian Ethnicity*, 2009, Vol. 10, No.1, pp. 25–49.

214.Michaud, Jean. Livelihoods in the Vietnamese Northern Borderlands Records in French Colonial Military Ethnographies 1897–1904, *The Asian Pacific Journal of Anthropology*, 2015, Vol.16, No.4, pp.343–367.

215.Milloy, M. J. and M. Payne. My Way and the Highway: Ethnic People and Development in the Lao PDR, in Don McCaskill and Ken Kampe, eds., *Development or Domestication? Indigenous Peoples of Southeast Asia*, Chiang Mai: Silkworm Books, 1997,pp.398–440.

216. Michaud, Jean and John McKinnon. Introduction: Montagnard Domain in the South-East Asian Massif, in J. Michaud, ed., *Turbulent Times and Enduring Peoples: the Mountain Minorities of the South - East Asian Massif*, *Richmond*, Surrey: Curzon Press, 2000,pp.1-28.

217. Michaud, Jean. Adjusting livelihood structure in the Southeast Asian Massif ,in Dan Smyer Yü and Jean Michaud, eds., *Trans-Himalayan Borderlands: Livelihoods, Territorialities, Modernities*, Amsterdam: Amsterdam University Press, 2017,pp.45-63.

218. Moore, Henrietta L. *Still Life: Hopes, Desires and Satisfaction*, Malden: Polity Press, 2011.

219. Moormann, F. R. and S. Rojanasoonthon. The soils of the Kingdom of Thailand: Explanatory text of the general soil map, Report SSR-72A, Soil Survey Division, Department of Land Development, Bangkok, 1972.

220. Morton, Micah. F. "If you come often, we are like relatives; if you come rarely, we are like strangers": Reformation of Akhaness in the Upper Mekong Region, *AEAS-Austrian Journal of South-East Asian Studies*, 2013, Vol.6, No.1, pp.29-59.

221. Moizo, Bernard. Land Allocation and Titling in Laos: origins, problems and impact on minority groups, in Prasit Leepreecha, Don McCaskill and Kwanchewan Buadaeng, eds., *Challenging the Limits: indigenous peoples of the Mekong Region*,Chiang Mai: Mekong press, 2008, pp.97-115.

222. Mumm, Meike. Drug Abuse in villages of Muang Sing District: causes and implications of drug consumption and production with different ethnic minority groups in northern Lao PDR. poverty oriented rural development project in Luang Namtha Province, Lao PDR with support from the Federal Republic of Germany through the German Agency for Technical Cooperation(GTZ), 2002.

223. National Statistical Centre. The 2005 population Census, Lao Gov-

ernment, available at http://www.nsc.gov.la/PopulationCensus2005.htm.

224.Narayan, Kirin.How Native is a "Native" Anthropologist? ,American Anthropologist, *New Series*, 1993, Vol. 95, No.3, pp. 671-686.

225. NPEP. National Poverty Eradication Campaign, A Comprehensive Approach to Growth and Development, Eight Round Table Meeting, Vientiane, 2003.

226. Nguyen, Duy Thieu. Relationships between the Tai-Lua and other minorities on the social- political systems of Muang Xinh (Northern Lao PDR), Paper presented at 5th International Conference on Thai Studies, London:S. OA.S., 1993.

227.Nyíri, Pál. The Yellow Man's Burden: Chinese Migration on a Civilizing Mission, *China Journal*, 2006, Vol.56, pp.83-106.

228. Nyíri, Pál. Foreign concessions: the past and future of a form of shared sovereignty, Inaugural Addresses, Amsterdam: Vrije Univeriteit, 2009.

229.Ong, A. *Spirit of Resistance and Capitalist Discipline: Factory Women in Malaysia (Second Edition)*, Albany: State University of New York Press, 1987.

230.Ong, A.Anthropology, China and modernities: the geopolitics of cultural knowledge, in H. L. Moore, eds.,*The future of anthropological knowledge*, London: Routledge, 1996, pp.60-92.

231.Ong, A. Experiments with Freedom: Milieus of the human, *American Literary History*, 2006a, Vol. 18, No.2, pp.229-244.

232. Ong, A. Corporate Players, New Cosmopolitans, and Quanxi in Shanghai, in Melissa S. Fisher and Greg Downey eds., *Frontiers of Capital: Ethnographic Reflections on the New Economy*, Durham and London: Duke University Press, 2006b,p.160-190.

233.Ong, A. *Neoliberalism as Exception: Mutations in citizenship and sovereignty*, Duke and London: Duke University Press, 2006c.

234. Ong, A. Neoliberalism as a mobile technology, *Royal Geographical Society*, 2007, Vol.32, No.1, pp.3–8.

235. Ong, A. and Li Zhang. Introduction: Privatizing China, power of the self, Socialism from afar, in Li Zhang and A. Ong, eds., *Privatizing China: Socialism from Afar*, Ithaca: Cornell University Press, 2008, pp.1–19.

236. Ohnuki-Tierney, Emiko. "Native" Anthropologists, *American Ethnologist*, 1984, Vol.11, pp.584–586.

237. Ovington, J.D., K. P. Macgrath. R.G. Florence and H. D. Waring. A report under the Australian Colombo plan aid programme, Department of External Affairs, Canberra, 1968.

238. Pholsena, Vatthana. Nation/Representation: ethnic Classification and Mapping Nationhood in Contemporary Laos, *Asian Ethnicity*, 2002, Vol. 3, No.2, pp.175–197.

239. Pholsena, Vatthana. *Post-war Laos: the politics of culture, history and identity*, ISEAS Publication, 2006.

240. Pholsena, V. and R. Banomyong. *Laos: from buffer state to crossroads?* trans. by M. Smithies, Chiang Mai: Mekong Press, 2004.

241. Phraxayavong, Viliam. *History of Aid to Laos: Motivations and Impacts*, Chiang Mai: Mekong Press, 2009.

242. Poncet, Sandra. Economic Integration of Yunnan with the Greater Mekong Subregion, *Asian Economic Journal*, 2006, Vol.20, No.3, pp.303–317.

243. Progress in Poppy Alternative Development in Yunnan China, Edited by Department of Commence of Yunnan and Yunnan Narcotic Committee, 2008.

244. Rathie, Martin. The History and Evolution of the Lao People's Revolutionary Party, in Vanina Boute and Vatthana Pholsena eds., *Changing Lives in Laos: Society, Politics and Culture in a Post-Socialist State*, Singapore: Singapore University Press, 2017, pp.19–56.

245. Renard, Ronald D. The making of a problem: Narcotics in Mainland Southeast Asia, in Don McCaskill, Don and Ken Kampe, eds., *Development or Domestication: Indigenous Peoples of Southeast Asia*, Chiang Mai: Silkworm Books, 2001, pp.307–328.

246. Renard, Ronald. *Opium Reduction in Thailand 1970–2000: a Thirty–Year Journey*, UNDCP: Silkworm Books, 1997.

247. Rigg, Jonathan. Uneven development and the (re) engagement of Laos,in C. Dixon and D. Drakakis–Smith, eds., *Uneven Development in South East Asia*, Ashgate: Aldershot, 1997,pp.148–165.

248. Rigg, Jonathan. *Southeast Asia: the Human Landscape of Modernization and Development*, London: Routledge, 2003.

249. Rigg, Jonathan. *Living with Transition in Laos: Market Integration in Southeast Asia*, OXON: Routledge, 2005.

250. Rofel, L. Rethinking Modernity: Space and Factory Discipline in China, *Cultural Anthropology*, 1992, Vol.7, No.1, pp.93–114.

251. Rofel, L. *Desiring China: Experiment in Neoliberalism, Sexuality, and Public Culture*, Durham: Duke University Press, 2007.

252. Roux, Henri. Deux tribus de la région de Phongsaly (Laos septentrional), *Bulletin de l'Ecole française d'Extrême–Orient*, Tome 24, 1924, pp. 373–500.

253. Roux, Henri. *The Akha and Phu Noi Minorities of Laos in the 1920s*, translated and with an Introduction by Walter E. J. Tips, Bangkok: White Lotus Press, 2011.

254. Rosaldo, Renato. *Culture and Truth: The Remaking of Social Analysis*, Boston: Beacon Press, 1989.

255. Rosaldo, Renato. *Other Modernities:gendered yearnings in China after socialism*, Berkeley and Los Angeles, California: University of California Press, 1999.

256.Romagny, Laurent and Steeve Daviau.Synthesis of Report on Resettlement in Long District, Luang Namtha province, Lao PDR, Action Contre la Faim mission in Lao PDR, 2003.

257. Sahlins, Marshall. What is Anthropological Enlightenment? Some Lessons of the Twentieth Century, *Annual Review of Anthropology*, 1999, Vol.28, pp.i–xxiii.

258.Sack, D. Robert. Human Territoriality: A Theory, *Annals of the Association of American Geographers*, 1983, Vol.73, No.1, pp.55–74.

259.Sack, D. Robert. *Human Territoriality: Its Theory and History*, Cambridge: Cambridge University Press, 1986.

260. Santasombat, Y. Flexible Peasants: reconceptualizing the Third World's Rural Types. Chiang Mai: Regional Centre for Social Science and Sustainable Development Faculty of Social Science, Chiang Mai University, 2008.

261.Sautman, B. and Yan, H. Friends and Interests: China's Distinctive Links with Africa, *Africa Studies Review*, 2007, Vol.50, No.3, pp.75–114.

262. Sayanouso, Douangphet. Changing Lives: Development and Reproduction Health amongst the Akha, an Ethnic Minority Group in Northwest Laos, Unpublished PhD thesis, Macquarie University, Australia, 2011.

263.Santucci, Marc. Globalization of the Auto Parts Industry, *Journal of International Marketing*, 1997, Vol.5, No.3, pp.85–89.

264.Scott, J. C. *Weapons of the Weak: Everyday Forms of Peasant Resistance*, New Haven, CT: Yale University Press, 1985.

265.Scott, J. C.*The Art of Not Being Governed: An Anarchist History of Upland Southeast Asia (Yale Agrarian Studies Series)*, Yale University Press, 2009.

266.Scott, Joan. Gender as a Useful Category of Historical Analysis, *The American Historical Review*, Dec. 1986, Vol.1, No.5, pp. 1053–1075.

267.Schein, Louisa. Performing Modernity, *Cultural Anthropology*, 1999,

Vol.14, No.3, pp.361-395.

268.Sentences, Stiff. Emerging Donors in International Development Assistance: the China Case, One of five reports on the role played by emerging economies in funding international development (based on a research consultancy report by Gregory Chin and Bernie Frolic), 2007.

269.Shen, Hsiu-Hua.The Purchase of Transnational Intimacy: Women's bodies, transnational masculine privileges in Chinese Economic Zones, *Asian Studies Review*, 2008, Vol.32, No.1, pp.57-75.

270. Shi, W. Rubber Boom in Luang Namtha: A transnational perspective, Report prepared for GTZ RDMA, 2008.

271. Shrik, L. Susan. The Political Logic of Economic Reform in China, *Regents of University of California*, 1993.

272.Smart, A.Gifts, Bribes, and Guanxi: A Reconsideration of Bourdieu's social capital, *Cultural Anthropology*, 1993, Vol.8, No.3, pp.388-408.

273.State Planning Committee and National Statistical Center,The Households of Lao PDR (socio and Economic Indicators 1997/98), Vientiane: SPC and NSC, 1999.

274.Steinberg, David Joel ed., *In Search of Southeast Asia: a modern history*, Honolulu: University of Hawaii, 1988.

275.Stuart-Fox, Martin. *Buddhist Kingdom, Marxist Sate: The Making of Modern Laos*, Bangkok: White Lotus, 1996.

276.Stuart-Fox, Martin. The Culture of Political Corruption in Lao PDR, *Asian Studies Review*, 2006, Vol.30, pp.59-75.

277. Sturgeon, J. C. *Border landscapes: the politics of Akha land use in China and Thailand*, Seattle: University of Washington Press, 2005.

278.Sturgeon, J. C. Governing minorities and development in Xishuangbanna China: Akha and Dai rubber farmers as entrepreneurs, *Geoforum*, 2010, Vol.41, No.2, pp.318-328.

279.Sigley, Gary.Sex, politics and the policing of virtue in the People's Republic of China, in Elaine Jeffrey, ed., *Sex and Sexuality in China*, London & New York: Routledge Curzon, 2006, pp. 43–61.

280.Sit, F.S. Victor and Liu Weidong. Restructuring and Spatial Change of China's Auto Industry under Institutional Reform and Globalization, *Annuals of the Association of American Geographers*, 2000, Vol.90, No.4, pp.653–673.

281.Tang, Zongli. *China's Foreign Economic Policy in Post-Mao Time*, New York: Nova Science Publishers, 1996.

282.Tambiah, J. Stanley.The Galactic Polity: the structure of traditional kingdoms in Southeast Asia, *Annals New York Academy of Sciences*, 1977, Vol. 293, pp.69–97.

283. Tapp, Nicholas. *Sovereignty and Rebellion: the White Hmong of Northern Thailand*, New York: Oxford University Press, 1989.

284.Tapp, Nicholas. Minority Nationality in China: Policy and Practice: Indigenous Peoples of Asia, in R.H. Barnes, Andrew Gray and Benedict Kingsbury, eds.,Michigan: the Association for Asian Studies, 1995.

285. Tapp, Nicholas. Introduction Yunnan: Ethnicity and Economies-Markets and Mobility, *The Asia Pacific Journal of Anthropology*, 2010, Vol.11, No.2, pp.97–110.

286.Tadiar, N. X. *Fantasy-production: sexual economies and other Philippine consequences for the new world order*, Hongkong: Hongkong University Press, 2004.

287. Thrupp, L.A., S.B.Hecht and J. O. Browder. *The Diversity and Dynamics of Shifting Cultivation: Myths, Realities and Policy Implications*, World Resources Institute,Washington DC., 1997.

288. Thongmanivong, S., Fujita Yayoi, K.Phanvilay, and T. Vongvisouk. Agrarian Land Use Transformation in Northern Laos: from Swidden to Rubber, *Land Use Changes in the Uplands of Southeast Asia: Proximate and Distant*

Causes, 2009, Vol.47, No. 3, pp.330–347.

289. Tooker, Deborah E. Irrigation Systems in the Ideology and Ritual Practices of Akha Shifting Agriculturalists, paper presented at the Second International Conference on Hani–Akha Culture, Chiang Mai and Chiang Rai, Thailand, May 12–18, 1996.

290. Tooker, Deborah E. Inside and Outside, Schematic replication at the levels of village, household and person among the Akha of Northern Thailand, Unpublished PhD dissertation, Department of Anthropology, Harvard University, 1998.

291. Tooker, Deborah E. Modular Modern: Shifting Forms of Collective Identity among the Akha of Northern Thailand, *Anthropological Quarterly*, 2004, Vol.77, No.2, pp.243–288.

292. Trocki, C. A. *Opium, Empire and the Global Political Economy: a study of the Asian opium trade 1750–1950*, London: Routledge, 1999.

293. Trân, Angie Ngoc. Contesting 'Flexibility': Networks of Place, Gender and Class in Vietnamese Workers' Resistance, in Joseph Nevins and Nancy Lee Peluso eds., *Taking Southeast Asia to Market: Commodities, Nature and People in the Neoliberal Age*, Ithaca&London: Cornell University Press, 2008, pp.56–72.

294. Trankell, I. B. The minor part of the nation: politics of ethnicity in Laos ,in I.B.Trankell and L. Summers, eds., *Facets of Power and its Limitations: Political Culture in Southeast Asia*, Uppsala: Department of Cultural Anthropology, 1998, pp. 45–64.

295. Tsing, A. The Global Situation, *Cultural Anthropology*, 2000, Vol.15, No.3, pp.327–360.

296. Tsing, A. Natural Resources and Capitalist Frontiers, *Economic and Political Weekly*, 2003, Vol.38, No. 48, pp.5100–5106.

297. Tsing, A. *Friction: An Ethnography of Global Connection*, Princeton

and Oxford: Princeton University Press, 2005.

298.Tsing, A.Supply Chain and the Human Condition, *Rethinking Marxism*, 2009, Vol.21, No.2, pp.148–176.

299.Tilly, Charles. *The Formation of National States in Western Europe*, Princeton, NJ: Princeton University Press, 1975.

300.Tilly, Charles. *Coercion, Capital and European States AD 990–1990*, Cambridge MA. Basil Blackwell, 1990.

301.Turner, F.J. *The Significance of the Frontier in American History*, Annual Report of the American Historical Association for the Year 1893, Washington: Government Printing Office, 1894.

302.Turner, Sarah. Making a Living the Hmong Way: An Actor–oriented Livelihoods Approach to Everyday Politics and Resistance in Upland Vietnam, *Annals of the Association of American Geographers*, 2012, Vol.102, No.2, pp. 403–422.

303.Turner, Sarah, Christine Bonnin and Jean Michaud. *Frontier Livelihoods: Hmong in the Sino–Vietnamese Borderlands*, Seattle, WA: University of Washington Press, 2015.

304.UNDCP. Country drug profile Lao PDR,2000.

305.UNODC. Opium cultivation in South East Asia: Lao PDR, Myanmar, Thailand, 2008.

306.United Nations Office on Drugs and Crime Opium. Poppy Cultivation in Southeast Asia: Lao PDR, Myanmar, Thailand, 2008.

307.Van Schendel, Willem.Spaces of Engagement: How Borderlands, Illicit Flows, and Territorial States Interlock, in Willem van Schendeland Itty Abraham, eds., *States, Borders, and the Other Side of Globalization*,Bloomington and Indianapolis: Indiana University Press, 2005, pp.38–68.

308.Van Schendel, Willem. Geographies of knowing, geographies of ignorance: jumping scale in Southeast Asia, *Environment and Planning D: Society and Space*, 2002, Vol.20, No. 6, pp.647–668.

309. Vandergeest,Peter. Land to some tillers: Development–induced displacement in Laos, *International Social Science Journal*, 2003a, Vol. 55, No.1, pp.47–56.

310. Vandergeest, Peter. Racialization and Citizenship in Thai Forest Politics, *Society and Natural Resources*, 2003b, Vol.16, pp.19–37.

311. Vandergeest, Peter and Lee N. Peluso. Territorialization and State Power in Thailand, *Theory and Society*, 1995, Vol. 24, No.3, pp.385–426.

312. Viswanathan P.K. *Critical Issues Facing China's Rubber Industry in the Era of Market Integration: An Analysis in Retrospect and Prospect*, Ahmadabad: Gujarat Institute of Development Research Gota, 2007.

313. Volker, G. Introduction to the history of Muang Sing (Laos) prior to French rule: the fate of a Lu Principality, *Bulletin de I'Ecole francaise D'Extreme–Orient Tome*, 1999, Vol.86, pp.233–291.

314. Wade Geoff. The Southern Chinese Borders in History, in Evans Grant, Hutton Christopher and Khun Eng Kuah eds., *Where China meets Southeast Asia: Social and Cultural Change in the Border Regions*, Singapore: Institute of Southeast Asian Studies, 2000, pp.28–50.

315. Walker, Andrew. *The Legend of the Boat: Regulation, Trade and Traders in the Borderlands of Laos, Thailand, China and Burma*, Honolulu: University of Hawai'i Press, 1999.

316. Wank, D. L. The Institutional Process of Market Clientelism: Guanxi and Private Business in a South China City, *The China Quarterly*, 1996, Vol.147, pp.820–838.

317. Westermeyer, Joseph. *Poppies, Pipes and People: Opium and its Use in Laos*, The Regents of the University of California, 1982.

318. Whittaker, A.*Intimate Knowledge: Women and their health in Northeast Thailand*, St. Leonards: Allen & Unwin, 2000.

319. William, Raymond. *The Long Revolution*, London: Chatto and Windus, 1961.

320. William, Raymond. *Marxism and Literature*, Oxford: Oxford University Press, 1980.

321. Winichakul, Thongchai. *Siam Mapped: A History of the Geo-body of a Nation*, Honolulu: University of Hawaii Press, 1997.

322. World Bank, SIDA and Government of Finland. *Lao PDR: Production Forestry Policy: Status and Issues for Dialogue*, Vol. I, Main report, 2011.

323. Xin, K. R. and Pearce, J. L. Guanxi: Connections as substitutes for formal support, *Academy of Management Journal*, 1996, Vol.39, No.6, pp.1641–1658.

324. Xu, Jianchu. The Political, Social, and Ecological Transformation of a Landscape: The Case of Rubber in Xishuangbanna, China, *Mountain Research and Development*, 2006, Vol.26, No.3, pp.254–262.

325. Young, Gordon. *The Hill Tribes of Northern Thailand: a Socio-ethnological Report*, New York: AMS Press, 1962.

326. Yan, Yunxiang. *The Flow of Gifts: Reciprocity and Social Network in a Chinese Village*, Stanford: Stanford University Press, 1996.

327. Yan, Yunxiang. *Private Life under socialism: Love, Intimacy and Family Change in a Chinese village, 1949–1999*, Stanford: Stanford University Press, 2003.

328. Yang Bin. Horses, Silver, and Cowries: Yunnan in Global Perspective, *Journal of World History*, 2004, Vol.15, No.3, pp.281–322.

329. Yang, B. *Between Winds and Clouds: The Making of Yunnan (Second Century BCE to Twentieth Century CE)*, New York: Columbia University Press, 2009.

330. Y, Hairong. Self-Development of Migrant Women and the Production of suzhi (quality) as Surplus Value, in M. Y. Dong and J. Goldstein, eds.,

Everyday Modernity in China, Seattle: University of Washington Press, 2006, pp.227-259.

331.Yang, M. Mei-hui. *Gifts, Favors and Banquets: the art of social relationships in China*, Ithaca&London: Cornell University Press, 1994.

332.Yang, M. Mei-hui. The Resilience of Guanxi and Its New Deployments: a critique of some new guanxi Scholarship, *China Quarterly*, 2002, No.170, pp.459-476.

333.Yeh, Emily T. An Open Lhasa Welcomes you: Disciplining the Researcher in Tibet, in Maria Heimer and Stig Thogersen, eds., *Doing Fieldwork in China*, Honolulu: university of Hawai'i Press, 2006, pp.96-109.

334.Zhang, Juan. Border Opened up: Everyday Business in a China-Vietnam Frontier, Unpublished PhD Thesis, Macquarie University, Australia, 2011.

335.Zhang, Xiaoming.China's Involvement in Laos during the Vietnam War, 1963-1975, *Journal of Military History*, 2002, Vol.66, No.4, pp.1141-1166.

336.Zheng, T. Cool Masculinity: male clients' sex consumption and business alliance in urban China's sex industry, *Contemporary China*, 2006, Vol.15, No. 46, pp.162-182.

337.Zheng, T. Commodifying Romance and Searching for Love: rural Migrant Bar Hostesses: Moral Vision in Post-Mao Dalian, *Modern China*, 2008, Vol.34, No.4, pp.442-476.

338.Zheng, Y. *The Social Life of Opium in China*, New York: Cambridge University Press, 2005.

339.Zhou, Yongming. *Anti-Drug Crusades in Twentieth-Century: Nationalism, History and State Building*, Lanham: Rowman and Littlefield, 1999.

致　谢

　　这本书是在我 2013 年提交的博士论文基础上翻译及修改完成的。为此,我首先要感谢我在博士学习期间的各位导师:Chris Lyttleton, Pál Nyiri, Greg Downey 和 Paul Cohen。Chris 丰富的田野调查经验和他的批判性思维一向是我的灵感来源。我要感谢他在指导我的几年以来不厌其烦地对我写的文稿提出建议。如果没有他的支持和持续不断的鼓励,我的博士论文是不可能完成的。Greg 总是能给我的思考带来新的启发,同时他也是一位有着犀利观点的学者,有一次在我对他的指点表示赞同的时候,他反问我:"你为什么那么快就表示肯定了?"Pál 在中国文化、历史、政治和发展方面的广博知识和敏锐的洞见,对我的研究有着巨大的推动作用。Paul 的研究方向主要是东南亚的宗教和毒品问题,他阅读了我的部分文稿,除了鼓励之外,他还给我的研究提出了一些具有建设性的批评。

　　在平日的学习中 Chris Houston, Kalpana Ram, Lisa Wynn, Daniel Fisher 以及 Jaap Timmer 等老师不遗余力地给学生们创造了一个良好和开放的学术环境。Estelle Dryland 是我的英文校稿者,但是在我眼里她不仅是一个非常严肃的文字编辑,也是一位严格的老师。她给我校稿的方式是直接在稿子上改,而不是在电子文档上修改,每次取稿都要乘车去悉尼的 Circular Quay 与 Estelle 见面。见面时她也会和我进行谈话,督促我的学习和研究,甚至提出她对文稿中的某些观点不一致之处,作为一名学生每次与她见面都有点忐忑。Estelle 在 85 岁的高龄还对工作如此投入,我为她高度的认真和严谨的态度表示敬意。在很大程度上,系行政负责人 Payel Ray 在人类学系促成了一个愉快的工作环境,我想借此对她几年来的帮助表示感谢。

我在麦考瑞大学的朋友以及同学们：Juan Zhang, Mukdawan Sakboon, Deng Rui Douangphet Sayanasou, Lindy McDougall, Anupom Roy, Anton Piyarathne, Nila Sharma , Muhammad Bilal, Caroline Grillot, Monica Dalidowicz, Sumant Badami, Sverre Molland, Merriden Varrall, Joe Rickson , Johanes Herlijanto, Paul Mason,Casimir MacGregor , Melanie Tan Uy，他们都是我的精神支柱。

　　麦考瑞大学提供了我2008年至2010年间田野研究的经费、后勤服务和行政支持。高等学位研究办公室和人类学系分别为本研究提供了奖学金和研究经费资助。在此，我要感谢该研究办公室Jane Kim和Maryanne Hozijan为我的学习和论文提交提供了帮助。

　　在老挝，GTZ为我提供了很多后勤便利，同时在这个机构里，同事们之间的交流使我的实地研究受益匪浅。老德合作老挝北部山区农村综合发展项目的 Elizebeth Vochten, Peter Reckhaus, IP的项目领队者 Adrian Schuhbeck，琅南塔省的区域规划专家Klasuse Goldnick，对于我在老挝芒新和芒龙的实地调查中提供了大量支持，同时感谢他们和我一起交流和分享在阿卡社区的工作经验。

　　如果没有老挝芒新和芒龙阿卡村民对我的接纳，这个研究是无法进行的。和他们一起度过的日子构成了我生命中非常重要的篇章，他们的坚强和乐观助我成长。其中Bujian, Suo'er和Midu对我在阿卡村子里的调查给予了非常关键的帮助。

　　调查后期的史料研究是在泰国清迈大学社会科学与可持续发展中心（RCSD）完成的，在此我对该研究中心同事的热情接待表示感谢。我在清迈采集史料期间，已故荷兰人类学家列欧·阿尔丁·汪格索的遗孀德勒（Choopah Deleu）女士（阿卡人）热情设家宴款待，带我参观汪格索先生的藏书馆，并让我影印了部分珍贵的藏书和手稿。在此我要对汪格索先生及德勒女士表示最诚挚的谢意。

　　从田野到案头，从澳大利亚悉尼，到老挝再到中国昆明，从一个博士论文到这本中译版图书的出版，都是跨境交往和交流的成果。在云南省教育厅科学研究基金《中老边境地区哈尼族跨境互动和认同研究》(项目编号:2015Y234)的支持下,田野调查的部分信息得以更新。

无论是在前期学习阶段还是这本书的完成,我的家人特别是先生都给予了我莫大的支持和鼓励。本书的翻译和出版过程同时也是我孕育和生产女儿的过程。读、写与尽母职成为一种特别的人生体验。

最后,这本书要献给我的父亲李建新(哈尼名:洛则)。他在我博士学习期间逝世,古人曰"父母在,不远游",为此我对父亲一直有深深的歉意。在此,我对在孩子成长、学习和工作中给予充分自由和最大支持的父亲致以最崇高的敬意。

"云南民族大学社会学学术文库"
书目

已出版：

《牛与玉米：国家建构下的蒙古族乡村社会变迁》

《云南民间经籍的文化传播研究》

《边疆与现代性：老挝西北部阿卡人社会变迁的民族志》

《中国环境社会学(2018—2019)》

即将出版：

《中国女性的法律地位研究》